행정사

창업 & 실무

길 라 잡 이

행정사 창업 & 실무 길라잡이

펴낸날	2017년 8월 25일 1판 1쇄
	2018년 8월 20일 1판 2쇄
	2021년 7월 15일 개정판 1쇄
지은이	김우영, 박노철
펴낸이	정병철
펴낸곳	도서출판 휴먼하우스
등 록	2004년 12월 17일(제313-2004-000289호)
주 소	서울시 마포구 토정로 222 한국출판콘텐츠센터 420호
전 화	02)324-4578
팩 스	02)324-4560
이메일	humanpub@hanmail.net

행정사 개정판
창업 & 실무 길라잡이

김우영 · 박노철 지음

휴먼
하우스

개정판을 내며...

이 책의 초판을 세상에 내놓으며, 행정에 대한 국민의 어려움과 불편함을 원만하게 해결하여 행정사의 업무와 역할이 제대로 평가받기를 바라는 마음이 컸다. 다행이 많은 선배·동료 행정사분들의 과분한 응원과 격려가 이어졌고, 개정판 출간 요청도 있어 수고를 마다하지 않았다.

개정판을 준비하면서 책에 소개된 내용의 관련 법령과 규정을 다시 꼼꼼히 확인하고 개정된 내용을 반영하였다. 그럼에도 이 책에 모든 내용을 세세하게 모두 담을 수 없었다는 아쉬움은 있지만, 현업에서 행정사 업무를 하시는 분들이 방향을 잡고 영감을 얻은 데 도움이 될 것이라 자부한다.

모든 행정사분들의 성취를 기대하고, 초판 당시 글 쓴 의도와 문제의식은 아직도 유효하다 생각하여 머리말은 개정판에 그대로 남겨두고자 한다.

행정사가 하는 일이 뭐야?

도대체 행정사가 뭐야?
행정사가 하는 일이 뭐지?
행정사가 할 수 있는 일이 뭐가 있을까?

　이러한 질문을 수도 없이 받았고, 지금도 주변 지인들로부터 계속 받고 있다. 저자 스스로도 행정사가 하는 일이 막연하여 관련 책도 보고 강의도 들어봤지만 딱히 뭐라고 설명하기는 쉽지 않았다.

　현재 많은 행정사들이 행정사사무소를 차려 놓고 현업에서 활동하고 있지만, 기존에 해오던 업무만을 고수하면서 그것만을 행정사의 업무로 한정 짓는 경향이 있다. 이는 행정사의 업무 범위를 너무 협소하게 보는 것으로, 업무에 대한 이해와 지식이 부족한 게 아닐까 한다. 그러다 보니 행정사의 역할과 위치가 모호하고 변호사, 법무사 등 유사 직종과 비교하여 크게 변별력이 없는 직종이라고 말하는 사람들도 있다. 하지만 행정사는 단순한 대행 업무가 아닌 전문성을 필요로 하는 국가자격제도이다. 그 전문성에는 오랜 기간 행정업무에 종사한 사람들의 실무 경험 또한 포함된다고 할 수 있다.

　우리 저자는 십수 년 동안 국회에 근무하면서 여러 위원회에서 예산, 입법,

행정부 감사 활동을 수행해왔다. 그리고 행정기관에 대한 많은 민원을 접하기도 하였다. 생활의 어려움을 해결해달라는 민원, 기업 활동에 보탬이 되게 해달라는 민원, 법률에 반영해달라는 민원, 피해구제를 요청하는 민원, 재산권 침해를 해소해달라는 민원 등 그 종류도 다양하였다. 행정기관을 대상으로 한 이러한 다양한 민원과 법률입법 지원에 대한 경험을 살려 '행정사가 무엇이며, 하는 일은 무엇인가'에 대한 대답으로 이 책을 쓰게 되었다.

이 책은 다음과 같은 분들을 염두에 두고 썼다.

첫째, 행정사 자격을 취득한 퇴직 공무원이다. 이분들은 행정적 전문성과 소양을 구비하고 있는 사람들로, 실무 전문성은 뛰어나나 행정사의 업무와 역할, 창업에 대한 지식과 정보가 부족한 사람들이 많다. 이들이 책을 통해 자신의 전문성과 행정사 업무를 매칭하여 행정사사무소를 창업하는 데 도움이 되도록 하였다.

둘째, 행정사 시험을 준비하거나 합격한 분들이다. 이분들은 행정사 자격 준비를 통해 행정사에 대한 법적, 제도적 이해는 높으나 실무 경험이 부족하여 업무 방향에 대한 탐색 비용이 많이 드는 사람들이다. 이들에게 다양한 분야의 실무를 소개함으로써 적성과 업무의 적절한 선택 기회를 제공하고자 하였다.

셋째, 행정사사무소를 창업한 분들이다. 전문성을 발휘할 수 있는 다양한 업무 분야와 아이템을 소개해 현업 행정사들이 새로운 분야를 탐색하고 사업 영역을 확장할 수 있도록 하였다.

마지막으로 행정기관으로부터 권익을 침해당한 분들이다. 이분들이 행정기관의 위법부당한 행정행위에 적극적으로 대응하여 스스로 권익을 보호할 수 있는 방법을 모색할 수 있도록 하였다.

　모쪼록 이 책을 접하신 모든 분들이 행정사의 업무와 국민권익에 대해 새로운 생각을 갖기 바라며, 특히 행정기관과 업무를 할 때 심리적 부담 때문에 스스로 권익을 포기하는 일이 없기를 기대한다.

　이 책을 쓰면서 많은 분들의 과분한 도움을 받았다. 그동안 함께 일해온 각 부처와 지자체 공무원, 국회 보좌진과 사무처 직원, 주변 지인에게 뒤늦게나마 지면을 빌려 깊은 감사의 마음을 전한다. 특히 서울시 감사담당관 출신으로 후배 행정사들의 길잡이를 해주시면서 바쁜 와중에 이 책을 꼼꼼히 검토해주신 소람행정사 백원성 대표님, 도시정책·계획과 건축의 전문회사인 이스트그룹의 유창수 대표님과 이광석 이사님, 오랜 기간 국회에서 함께 고민해왔고 책의 방향과 내용에 의견을 주신 남기석 보좌관님께 심심한 감사를 드린다.

　모든 국민이 자존을 지키며 행복을 찾는 그곳에 행정이 있기를 기대하며…….

공동 저자 드림

차례

1장

행정사의
역할과 업무는

01 행정사 시대가 오고 있다

1. 복잡하고 다양한 사회에서 살다

　알파고와 이세돌의 세기의 대결을 앞두고, 바둑은 무한에 가까운 경우의 수를 고려해야 하는 두뇌 싸움이기에 '기계는 인간을 이길 수 없을 것이다'라는 생각이 지배적이었다. 그러나 대국이 진행되면서 관전하던 많은 바둑 애호가들의 생각은 바뀌었다. 사람들의 예상과는 달리 이세돌은 수많은 데이터를 기반으로 한 알파고의 수에 난감한 표정을 지었고, 결국 5전 1승 4패로 패하고 말았다. 그나마 1승이라도 거둔 것이 사람들에게는 위안이었고 희망이었다. 대국을 지켜보던 사람들은 인공지능의 급성장에 당혹감을 감추지 못했고, 인공지능이 바꾸어 놓을 미래 사회에 대해서 많은 관심을 가지게 되었다.

　4차 산업혁명은 우리가 생활에서 느끼지 못하는 사이에 이미 곁에 와있는지 모른다. 정보통신기술, 로봇, 인공지능, 사물인터넷, 생명과학, 드론, 무인항공기, 무인자동차 등 4차 산업혁명의 키워드는 누구나 한번쯤 들어봤을 것이다. 그러나 이러한 키워드가 우리 삶을 어떻게 획기적으로 바꿔놓을지는 언뜻 와

닿지 않는다. 우리의 생활이 어떻게 바뀔지는 스마트폰의 사용 전후를 비교해 본다면 어렴풋이나마 추정해볼 수 있을 것이다.

스마트폰이 우리의 생활에 얼마나 많은 변화를 가져왔는가? 전화기로서의 통화와 문자 기능은 이제 스마트폰의 부가적 기능이 되었고, 사람들은 스마트폰으로 TV를 시청하고 사진을 찍으며 금융 거래를 한다. 뿐만 아니라 언론이나 공공기관에 동영상 제보를 하고, 영화나 드라마를 시청하고, 음성통화 없이도 호텔이나 항공표를 예약하고, 학습 도구로도 이용한다. 이 모든 것이 이동 중에 가능하다. 스마트폰은 이미 우리 생활과 문화에 많은 변화를 가져왔으며, 앞으로도 계속될 것이다. '스마트폰 시대'에 여러분의 생활에는 어떤 변화가 있었는가?

4차 산업혁명 시대는 예측하기 힘들 정도의 변화가 예상된다. 자동차가 사무 공간이 되고, 줄기세포로 신체 조직이나 장기를 복원하며, 침의 유전 정보로 질병을 예측하는 등 언론에서 소개하는 생활 변화는 어쩌면 지극히 작은 부분일지도 모른다.

스마트폰의 출현으로 제도적인 측면에서도 많은 변화가 생겼다. 개인정보보호를 위한 규정이 만들어지고, 모바일 금융 도입에 필요한 새로운 제도적 장치가 마련되었다.

이처럼 우리가 눈치 채지 못하는 사이에 매일 새로운 제품과 기술이 생겨나고 발전하고 있다. 또한 현대사회는 기술 발달로 인해 더욱 높은 전문성을 요구하고 있고, 생산기술의 발달로 인한 고도화된 제품의 생산은 새로운 제도를 만들어내고 있다.

이러한 변화와 발전은 과거와는 차원이 다른 경쟁시대를 열었다. 갈수록 경쟁이 심해지고 새로운 산업이 생겨나면서 시대 변화에 적응하지 못하는 산업이나 기업은 도태되고 있다. 경쟁은 동종·이종 업종을 가리지 않고 얽혀 진행되고 있다. 물론 이러한 경쟁이 언제나 고통스럽기만 한 것은 아니다. 극단의 경우 경쟁에서 낙오하면 도태되는 적자생존식 경쟁도 있으나, 발전된 사회에서의 경쟁은 경쟁하면서 함께 성장하고 발전하며, 일시적 낙오나 실패는 오히려 더 큰 발전의 밑거름이 되는 포괄적 포용 경쟁이라 보아야 할 것이다. 물론 그만큼 사회 시스템을 갖추어야 하는 것도 과제이다.

비단 산업과 기업뿐만이 아니다. 그 속에서 터 잡고 일하는 근로자 역시 복합 경쟁을 통해 전문가로 성장해야만 생존할 수 있는 시대에 살고 있다. 시대의 흐름에 맞지 않으면 퇴출되는 시대에 우리는 살고 있다.

오랫동안 같은 직업에 종사해왔다 하더라도 같은 기술과 방식으로 직업을 유지해온 경우를 찾기는 쉽지 않다. 새로운 기술을 익히고 습득해야 하며, 새로운 장비나 설비를 구비해야 한다. 평생직장은 없다는 생각이 어느덧 당연시되고 있다. 빠르게 변하는 시대의 흐름에서 하나의 직업으로 평생 삶을 꾸려가기는 쉽지 않은 듯하다. 새로운 직업이 생겨나고 또 없어지기도 한다. 이러한 역동적인 생활 변화에 새롭게 주목받는 직업이 바로 국가자격사인 행정사이다.

한때 정부는 행정사 제도를 폐지하려고 하였다. IT 기술의 발달로 인한 행정 전산화와 국민 교육 수준의 향상으로 민원인이 직접 행정사무를 처리할 수 있다고 본 것이다. 행정기관의 서식함에 비치되어 있는 출생·사망·혼인신고 등의 단순한 서류는 일반 국민이 행정사의 도움 없이도 작성할 수 있으며, 정부가 운영하는 「민원24」 홈페이지를 통해 가정에서도 서류의 신청과 발급을 할 수 있다고 본 것이다.

그러나 이는 단편적이고 협소한 시각이며, 국가자격사로서의 행정사의 업무와 사회적 필요성에 대한 이해가 부족하였기 때문이다. 정보 공개와 행정 전산망 구축으로 단순한 민원서류를 작성·대행하는 것을 행정사의 업무로 한정하여 생각한다면 행정사의 존폐를 고려해볼 만하다. 그러나 누군가의 조력을 받지 않고서는 처리하기 어려운 문서의 작성, 서류 준비, 복잡한 행정절차, 많은 시간의 소요 등의 문제 때문에 결국 일반 국민이 행정기관이 요구하는 업무를 직접 수행하지 못하는 경우가 허다하다.

시대의 변화에 따른 다양성과 복잡성, 4차 산업혁명으로 이어지는 산업기술의 발달은 행정업무 처리에 있어 보다 높은 수준의 전문성을 요구하게 되었다.

행정사는 국가자격사로서, 까다롭고 복잡하며 많은 시일이 걸리는 등록이나 인·허가뿐 아니라 국민의 권익을 위해 법령을 이해하고 처리해야 할 행정구제의 업무 또한 수행한다.

대부분의 행정사 업무가 행정기관과 관련된 국민권익 보호와 직결된 중요한 업무인 것을 고려해볼 때, 그리고 다양해지고 복잡하며 전문화되어가고 있는 현대사회가 요구하는 행정업무를 원활히 수행하기 위해서는 전문성이 있는 자격사의 조력이 필수적이라고 할 것이다.

2. 행정도 점점 다양·복잡·전문화되고 있다

행정사란 행정업무의 원활한 운영과 국민의 권리구제를 목적으로 국민의 권리의무, 사실조사 및 행정업무와 관련된 국민 편의를 도모하는 국가자격사라 할 때, 국민과 법인을 대행·대리하여 행정기관과의 업무를 수행하는 것이 주요 업무가 된다. 즉 행정기관에서 요구하는 서류를 작성하고 제출하는 일을 대행·대리하는 것이다.

그런데 모든 행정기관은 법령에 근거하여 업무를 수행해야 하며, 법령에 어긋난 행위를 해서는 안 된다. 물론 행정기관의 재량 행위가 있으나 이 역시 법령에 근거하여야 하며, 특히 국민의 권익을 제한하거나 의무를 부과하는 침해적 행정행위는 법령 규정을 더욱 엄격하게 따라야 한다.

따라서 행정사는 행정기관과의 업무를 수행함에 있어서 관련 법령을 숙지하고 이에 근거하여 일을 처리해야 한다. 행정기관의 업무와 행위의 근거가 되는 법률은 사회가 복잡·다양해지면서 새로운 규정이 만들어지거나 조문이 삭제 또는 신설되는 경우가 많으므로 꼼꼼히 챙기지 않는다면 낭패를 보기가 십상이다.

예를 들어, 「개인정보보호법」은 2011년에서야 제정되었다. 지금은 일상으로 받아들이지만 생각처럼 그리 오래되진 않았다. 개인정보보호와 관련된 법률이 개별법을 통해 영역별로 규정되어 있어 개인정보보호의 사각지대가 발생하고 보호 수준이 낮다는 문제점 때문에 「개인정보보호법」을 새로이 제정하였다. 이 법을 만든 배경에는 개인정보의 활용가치가 높아지고, 정보수집 및 처리기술의 비약적 발전으로 개인정보의 침해 위험성이 날로 높아졌기 때문이었다. 「개인정보보호법」 제정으로 행정기관은 당연히 이 법에 따라 행위를 해야 하며, 행정기관과 주로 업무를 하는 행정사도 이를 꼼꼼히 살펴야 한다.

이처럼 기술의 발달과 사회의 변화는 법률의 변화를 이끌고 이는 다시 우리 생활과 업무 전반에 영향을 미치게 된다.

법령의 제개정은 국민의 삶에 직접적으로 영향을 미친다. 이러한 법령이 매년 100개 전후로 만들어지고 있다. 법제처에 따르면 2010년 3,711개이었던 법령이 2021년 현재 4,726개로 10년 사이에 무려 1,015개의 새로운 법령이 만들어졌고, 한 법령 내에서 개정되는 조문까지 포함한다면 수를 헤아리기 힘들 정도이다. 이는 그만큼 사회가 복잡 다양해지고 빠르게 변화하고 있다는 방증이며, 행정도 이에 발맞추어 연일 새로운 지침을 쏟아내고 있다. 또한 행정기관이 행위를 함에 있어서도 다양한 분야의 전문가 의견을 청취하고 이를 정책에 반영하고 있으며, 전문가로 구성된 각종 위원회를 구성하기도 한다. 이러한 시대 흐름에 따라 행정사 역시 법령 규정의 기본적 이해를 바탕으로 행정절차와 행정구제를 임하는 데 있어 매년 쏟아지는 법령, 판례, 심판례 등을 면밀히 살펴서 대응을 해야 하며, 전문성을 요구하는 업무가 갈수록 많아지는 것에 대비해야 할 것이다.

3. 행정사! 국민권익 도모와 행정제도 발전의 주역이다

행정사는 다른 사람의 위임을 받아 행정기관에 제출하는 서류의 작성 등을 대행·대리하는 사람이다. 행정의 복잡한 절차와 바쁜 일상생활로 국민이 스스로 처리하기 번거롭거나 하기 힘든 행정기관이 요구하는 사무와 처분에 대한 구제 업무를 주로 수행한다. 사회의 복잡·다양·전문화와 이에 따른 법령의 잦은 개정, 그리고 행정기관의 위법부당한 처분은 현대사회에서 국가자격사인 행정사가 필요한 이유이다. 따라서 행정사 업무의 영역은 더욱 넓어질 것이며 수준 높은 전문성을 요구할 것이다.

행정사가 하는 일은 국민권익 증진과 행정제도 발전에 기여한다는 점에서 자부심을 품을 만하다. 「행정사법」 제1조에서도 "행정사제도를 확립하여 행정과 관련한 국민의 편익을 도모하고 행정제도의 건전한 발전"을 위한 것임을 밝히고 있다.

이 외에도 권익침해로 발생하는 분쟁의 해결을 통한 사회갈등의 해소, 정부업무나 사회공공사업의 참여로 행정의 효율성 증대 및 행정집행의 사각지대 해소, 정부정책에 따른 다양한 보조금사업이나 인증·등록사업에 참여하고, 행정구제를 통한 국민생활의 경제적 지원의 효과를 낼 수 있도록 하는 데도 행정사가 기여할 수 있다.

국민권익 도모

행정사는 행정기관에 제출하는 서류의 작성, 권리·의무나 사실증명에 관한 서류 작성, 인가·허가 및 면허 등을 받기 위하여 행정기관에 하는 신청·청구 및 신고 등의 대리 업무를 수행할 수 있다. 여기에서 단순 서류의 제출뿐 아니라 행정구제를 위한 이의신청이나 행정심판의 서류 작성도 포함되어 있다. 이는 행정기관이 내린 위법부당한 처분에 불복하여 문제를 제기하고 그 결과가 수용되거나 인용되었을 때, 설령 그렇지 못한 경우라 하더라도 민원인이 긍정할 만한 결론에 이르렀다면 그 역시 국민권익에 기여했다고 볼 수 있다. 이와 같이 행정사는 행정기관으로부터 예기치 못한 위법부당한 처분으로부터 국민권익을 지키고 보호하는 역할을 수행한다.

행정제도 발전

중앙부처, 광역자치단체, 기초자치단체와 그 관련 기관 등이 행하는 구체적인 행정행위는 수를 헤아릴 수 없을 정도로 많다. 이러한 행위가 과거에는 일방적인 단독행위 위주였다면 갈수록 행정 대상 주체와의 협력행위로 발전하고 있다. 민원인의 의견수렴을 위해 공청회, 청문, 진정, 청원, 이의제기 등의 행정절차를 때에 따라서는 반드시 거쳐야 하고 사회적으로도 이러한 행정절차에 대한 인식이 높아져 가고 있다. 이를 통해 부당하고 불합리한 행정처분을 예방하고 행정제도의 개선을 도모할 수 있다. 행정 관련 업무를 대행·대리하는 행정사의 역할은 궁극적으로 행정제도의 발전으로 이어지는 계기가 된다.

사회갈등 해소

갈수록 환경, 의료, 건축, 고용, 거래, 소비 등 많은 분야에서 빈번하게 분쟁이 일어나고 있다. 당사자들은 최종적으로 법원의 판단을 구하는 것으로 해소되길 기대한다. 법적 판단으로 결론이 난다 하더라도 패소한 측의 불만이 완전히 해소되는 것은 아니다. 갈등과 분쟁의 해결 방법으로 법원의 판단만을 추구하는 것은 성숙한 사회가 아닐 것이다. 권익침해에 대해 당사자 간에 화해·조정을 통해 해소하는 것이 법의 판단을 구하는 것보다는 바람직하다 할 것이다. 행정사는 분쟁의 합리적 방안을 모색하는 데 기여하여 사회갈등 해소에 기여할 수 있다.

행정력 제고

예산, 인력의 한계로 수많은 행정의 집행점검 및 조사업무가 미진하거나 사각지대가 발생하게 된다. 행정을 잘 이해하고 있는 전문가가 행정기관의 각종 통계조사를 대행하고 행정기관이 주관하는 특정 사업에 협력하여 임무를 수행함으로써 행정력을 뒷받침할 수 있다. 또한 부족한 행정력 보완을 위해 행정기관의 행정지도 및 점검업무에도 함께하여 위법한 행위를 미연에 방지하거나 민원을 발굴하여 대책 마련에도 기여할 수 있다.

정부정책 효과 제고

어느 정부이든 규제완화정책, 일자리정책, 중소기업지원정책, 복지정책 등의 큰 틀에서 중점적으로 추진하는 정책이 있다. 벤처기업이나 창조기업 육성, 고용취약계층의 고용지원, 생활취약계층 지원사업 등 다양한 정부사업이 있으며, 이러한 정책의 효과를 달성하기 위해 재정, 금융, 세제의 수단을 동원한다. 그러나 과거 정부 주도 방식의 직접적인 지원으로는 효과가 제한적인 시대가 되었다. 민간의 참여와 협력 없이는 그 정책 목표를 달성하기 어려운 시대가 되었다.

예를 들어 최근 정부는 일자리창출의 일환으로 유턴기업 유치에 많은 공을 들이고 있다. 이들 기업에 대한 지원법안도 만들고 많은 지원책을 준비했다. 그러나 정작 유턴기업은 어려움을 호소하고 있다. 유턴기업 관련 법령과 규제가 여러 부처로 세분화되어 있어 기업들이 서류를 따로따로 제출해 허가를 받아야 해서 국내 복귀 후 최소 6개월에서 1년이나 걸린다는 것이다. 이러한 고충이 고착화 된다면 어느 기업이 돌아올 결심을 하겠는가? 행정사의 조력으로 정책의 효과도 기대할 수 있을 뿐 아니라 민간경제 활력에도 기여할 수 있을 것이다.

생활경제 지원

「행정심판법」에서 "처분"이란 행정청이 행하는 구체적 사실에 관한 법집행으로서의 공권력의 행사 또는 그 거부, 그 밖에 이에 따르는 행정작용을 말한다. 이러한 처분은 법령의 기준에 따라 취하는 행정행위로 일방적이고 획일적인 측면이 있다. 법규 위반의 경중에 따라 영업정지 혹은 영업취소 처분을 내리고, 또는 운전면허 정지 혹은 취소 처분을 한다. 이러한 처분이 항상 적법한 처분인 것은 아니며, 때로는 위법부당하거나 가혹한 경우도 있다. 다음의 심판례는 음주운전으로 면허취소에서 정지 처분으로 감경된 사례이다.

 자동차운전면허 취소처분 취소청구
[국민권익위원회 2014-19205, 2014. 11. 18. 인용]

> 부동산영업에 종사하던 자가 운전면허 취소기준치(0.1%)를 넘어 술에 취한 상태에서 자동차를 운전하여 면허취소처분을 받았는데, 행정심판에서는 '운전면허를 취득한 이래 23년 2개월 동안 사고 없이 운전한 점, 이 사건 음주운전으로 피해가 발생하지 않은 점 등을 고려할 때 이 사건 처분은 다소 가혹하다'며 정지처분(110일)으로 변경하였다.

생계 유지수단이 되는 영업점이나 운전면허 등이 때로는 영업주나 운전자의 위법행위로 인해 영업정지나 운전면허 취소 등의 행정처분을 받게 된다면 본인은 매우 곤란한 처지에 빠지게 될 것이며, 일가족의 형편이 어려워질 수도 있다. 또한 예기치 못한 과실로 앞으로의 인생을 계획하지 못할 수도 있다. 행정사는 사소한 과실을 예방하고 부당한 처분을 바로잡는 역할로 국민 생활경제를 지원하는 지렛대가 될 것이다.

행정 불이익,
02 언제까지 참고 있어야 하나

1. 행정이 우리 생활을 항상 응원하나?

　법령에 대한 이해 부족으로 인한 위법부당한 처분, 재량의 범위를 벗어난 권한남용, 가혹한 처분, 행정처리의 지연, 과도한 서류제출 요구 등 행정기관의 행위로 인하여 번거롭거나 불편한 일들이 생기고 심지어 재산상 피해가 발생하는 경우도 있다. 합당한 처분이라 하더라도 그 처분으로 인해 다급한 처지에 내몰리는 경우도 허다하다.

　행정행위인 처분으로 피해가 발생했다면 당연히 처분 주체가 피해에 대해서도 직접 나서서 구제해야 할 것이나 그 처분이 하자가 있더라도 권한 있는 기관에 의하여 취소될 때까지 그 효력이 인정되는 공정력을 갖는다. 때문에 민원인이 직접 나서서 스스로 구제를 신청하고 위법부당하다는 판단이 내려져서야 비로소 그 처분이 변경된다. 즉, 위법부당한 처분이라고 생각하면 행정행위의 대상이 되는 국민이 직접 나서서 소명해야 하는 시스템이다. 이러하다 보니 부당한 처분이라 할지라도 전문지식과 절차를 제대로 알지 못하는 사람들은 그 피해를 온전히 감수해야 하는 처지에 놓이게 된다.

예를 들어 행정처분을 받은 영양사가 있다. 행정청은 고등학교 집단식중독 사고 발생으로 영양사의 직무상 책임을 물어 1개월의 영양사면허정지 처분을 내렸고, 이에 영양사는 불복하여 행정심판을 청구하였다. 중앙행정심판위원회는 비록 식중독이 발생하였다 하더라도 '학교급식 때문에 집단식중독이 발생한 사실이 명확히 입증되지 않고, 역학조사 결과 정확한 감염원을 확정 지을 수 없을 경우 영양사에게 그 직무상 책임을 물을 수 없다'(2013-22795 영양사면허정지처분 취소청구, 재결일 : 2014. 2. 25.) 하여 청구인의 주장을 인용하였다.

다행히 이 영양사는 절차를 거쳐 구제받았지만, 만약 영양사가 행정심판을 청구하지 않았다면 어떻게 되었을까? 입증자료 구비가 미비했거나 소홀했다면 인용될 수 있었을까? 직장과 생업을 유지하기도 빠듯한 국민이 행정처분에 대한 전문가적 소견으로 입증자료를 구비하고 청구서를 작성해야 하는데, 행정기관의 처분이 불합리하다는 생각만으로 쉬이 할 수 있을까?

또 4차 산업혁명 시대의 길목에 있는 상황에서 행정이 국민생활과 경제활동을 응원하고 있는지 의구심이 드는 일들이 종종 발생한다. 3D 프린터 업체가 법원으로부터 벌금 판결을 받았다. 이 업체는 소비자가 직접 부품을 조립하여 완제품을 만들어 사용할 수 있도록 부품을 판매했는데, 완제품에 대해 안전성 신고를 미필했다는 것이다. 또한 비트코인을 이용해 해외 송금을 하는 업체 역시 기획재정부는 외국환거래법을 위반했다고 판단한 바도 있다. 신기술과 신산업에 대한 법적 준비 부족과 소극적 행정으로 국민생활과 기업활동이 위축되는 결과로 이어지는게 아닌가 한다. 이러한 사례는 민간영역에서 행정전문가의 필요성이 더욱 높아지는 이유이기도 하다.

2. 행정으로 인한 불이익, 구제 방법은 없나?

이미 언급했듯이 행정행위가 추구하는 목적과 작용에 있어서 국민권익에 부합되지 않는 경우가 종종 있다. 행정기관의 처리지연, 위법부당, 재량의 일탈 남용, 공무원의 고의나 과실 등으로 큰 피해를 입는 경우도 있다. 안타깝게도 국민이 직접 나서서 이의제기나 진정, 청원 등을 하거나 행정심판과 소송을 제기해야 구제를 받을 수 있다. 행정권의 행사로 발생한 침해로부터 국민의 권익을 구제하는 제도가 행정구제이다. 행정기관의 처분에 대한 대표적인 구제절차로 이의신청, 행정심판, 행정소송이 있다. 이 외에도 다른 사람 또는 기업으로부터 피해가 발생했을 경우 조정 및 중재를 위한 분쟁조정이 있다. 자신의 생활경제를 지키고 행정으로 인해 눈물을 흘리는 일이 없도록 이러한 제도를 적극적으로 활용할 필요가 있다.

이의신청

행정과 민형사에 대한 이의신청이 있으나, 여기서는 행정청의 처분에 불복하여 제기하는 절차로 한정하여 보고, 이의신청에는 영업정지처분, 과징금, 과태료, 음주운전처분 등에 대한 이의신청이 있다. 처분청에 대한 불복제기로 민원인의 입장에서 이의신청이 수용된다면, 가장 효율적이고 효과적인 방법이라 할 수 있다.

행정심판

행정심판은 행정청의 위법·부당한 처분이나 부작위로 침해된 국민의 권리 또는 이익을 구제받기 위한 절차이다. 행정심판을 둔 이유는 행정청의 처분에 대하여 자율적으로 시정할 수 있는 기회 부여와 법원의 전문성 부족을 보완하는 측면이 있다. 이로 인해 행정소송에 비하여 신속하게 분쟁을 해결할 수 있고, 비용면에서도 장점이 있다.

행정심판의 종류에는 행정청의 위법 또는 부당한 처분을 취소하거나 변경하는 행정심판(취소심판), 행정청의 처분의 효력 유무 또는 존재 여부를 확인하는 행정심판(무효등확인심판), 당사자의 신청에 대한 행정청의 위법 또는 부당한 거부처분이나 부작위에 대하여 일정한 처분을 하도록 하는 행정심판(의무이행심판)이 있다.

행정소송

행정소송은 행정청의 위법한 처분이나 그 밖에 공권력의 행사·불행사 등으로 인한 국민의 권리 또는 이익의 침해를 구제하고, 공법상의 권리 관계 또는 법 적용에 관한 다툼의 해결을 위한 법원의 정식 소송절차를 거치는 행정쟁송이다. 행정소송은 법률문제를 판단할 뿐 행정의 적절성 여부를 판단하는 것은 아니다. 판결기관이 법정이라는 측면에 있어서 공신력은 높으나 절차와 비용, 기간을 고려해 신중하게 진행하는 경향이다.

분쟁조정

누군가의 피해 주장으로 분쟁이 발생하게 되면 당사자가 직접 분쟁을 해결하기는 쉽지 않다. 그래서 소송제도를 이용하게 되는데 이는 처리시간이 오래 걸리고 과도한 비용으로 인해 많은 부담을 지게 된다. 이로 인해 소송 대체 방법의 하나로 분쟁조정제도가 있으며, 정부는 환경·의료·금융 등 각 분야에 분쟁조정위원회를 운영하고 있다. 이 제도는 제3자가 관여하거나 또는 관여 없이 당사자 쌍방의 자율적 의사 및 합의에 의하여 분쟁을 해결할 수 있도록 하는 방안이다. 법률문제를 판단하는 소송보다는 유연하게 분쟁을 처리할 수 있으며, 전문가의 참여로 전문성을 확보할 수도 있다. 조정이 성립되면 재판상 화해와 동일한 효력이 발생한다.

03 행정사가 하는 일이 뭐길래

1. 행정은 많고 할 일은 더 많다

현대인은 요람에서 무덤까지 행정의 공기 속에서 살아가고 있다. 토지·주택·건물에 대해 국민이 요청하지 않았는데도 매년 가격을 매기고 있으며, 출생·혼인·사망 신고하는 것부터 각종 증명서 발급과 등록, 인허가 등의 업무를 통해 행정과 관련되어 살아가고 있다. 이와 같이 우리가 생활에서 느끼지 못하고 있더라도 행정과 함께 하거나 또는 반드시 거쳐야 하는 절차로 모든 국민, 단체, 기업은 행정과 관계되어 살아가고 활동하고 있다.

또한 행정청은 법령을 지키지 않은 행위, 즉 과속·음주운전, 영업장의 불결한 위생, 불량식품의 유통, 불법건축물 등에 대해서는 그에 따른 면허취소, 영업정지, 유통금지, 원상복구 등의 처분을 한다. 이를 따르지 않거나 위법이 반복되면 더욱 무거운 처분이 기다리고 있다.

그러나 법령에 위반한 처분이나 지나치게 가혹한 처분이라면 누구도 수용할 수 없을 것이다. 이에 대응하기 위해서는 전문성이 필요한 경우도 있고, 시간과 거리상의 문제로 생업을 제쳐두고 해야 하는 경우도 발생한다. 이러한 행정처분에 당사자가 직접 대응하기는 쉽지 않아 행정사를 찾는다.

행정사는 다른 사람의 위임을 받아「행정사법」제2조에 따른 업무를 하는 전문자격사이다. 예를 들면「변호사법」,「법무사법」,「공인노무사법」,「세무사법」, 등에서 정한 업무, 즉 다른 법률에서 제한하는 업무 외에「행정사법」에서 정한 업무를 대행·대리하는 것이다. 여기에는 개인 간 또는 국가나 지방자치단체와 개인 간의 서류를 작성하거나 대리하는 업무와 권리관계서류, 사실관계가 존재함을 증명하는 서류의 작성도 포함되어 있다. 구체적인 행정사의 업무와 관련하여서는 이후 장에서 자세히 다루고자 한다. 행정사의 업무범위가 넓고 또 행정행위에 대한 국민의 권리의식이 증대되어 향후 업무영역이 더욱 확대될 것이다.

그러나 아쉽게도 행정사의 업무가 과거의 '대서방', '대서소'와 같이 단순한 민원서류만 작성·대행하는 것으로 인식되고 있고, 전문성 부족으로 국가자격사로서의 업무에 적합한 서비스를 제공하고 있지 못하다는 지적이 있다.

경륜과 전문성을 갖춘 선도적인 행정사는 이의신청, 탄원, 진정, 행정심판 등의 절차 외에도 행정행위에 적극 참여하여 수준 높은 서비스를 제공하는 경우도 있으나, 주된 업무가 음주운전 구제, 음식업 영업정지, 출입국 업무, 국가유공자, 보훈대상자 등록, 자동차등록, 토지보상 등 한정된 분야에 집중되어 있는 점은 새로이 개척해야 할 분야가 넓다는 것이 아닐까 한다. 물론 국민권익을 도모함에 있어 업무의 단순·복잡함과 수준의 높낮이에 따른 것은 아니지만 전문성 부족으로 국민권익 구제의 기회가 유실된다면 안타까운 일이 아닐 수 없을 것이다.

또한 제도적인 한계도 있다. 행정기관 관련 서류 작성은 행정사의 업무이나 고소·고발장을 행정청에 제출한다 하더라고 행정사의 업무가 아니며, 행정심판의 서류 작성은 가능하나 대리는 행정사의 업무가 아니라는 것이다. 행정심판의 서류 작성은 가능하나 대리하지 못하는 것은 반쪽짜리 서비스를 제공하는 결과로 이어져 국민권익 도모 측면이나 행정사제도의 도입취지로 볼 때 개선되어야 할 점이 아닌가 한다.

2. 새로운 업무영역을 개척하자

일반 국민은 행정을 몰라도 일상생활을 하는 데 불편함은 없다. 그러나 무엇인가를 하고자 한다면 행정기관을 찾아 신고하거나 등록해야 한다. 그리고 법령을 준수하지 않으면 처분을 받게 되고, 이 처분으로 인해 심하게는 생계에 위협을 받을 수도, 기업 활동을 포기해야 하는 경우도 있다.

살다 보면 일조권이나 소음 또는 구매한 제품의 하자 등으로 본인의 권익이 침해되는 경우도 있다. 이러한 분쟁이 발생할 경우 권익을 되찾기 위해서는 관련 기관을 찾아 피해를 입증해야 한다.

또한 흔히들 행정은 관리·통제의 측면을 우선하여 인식하나, 재화와 서비스를 국민에게 제공하는 측면도 있다. 국민과 기업의 활동을 응원하는 행위도 많이 한다. 국가 정책상 필요성이 인정될 때 정부가 지자체에 교부하거나 법인·단체 또는 개인의 시설자금이나 운영자금을 지원하는 정부보조금이 있고, 특정 산업을 육성하기 위해 예산·금융·세제·행정을 지원한다. 지원 대상을 선정하기 위해 별도의 기준과 등록절차를 마련한다. 예를 들면 벤처기업이나 사회적기업 등의 인증·등록제도가 있다.

이상에서 언급한 행정 관련 업무에 행정사가 참여하고 수행할 수 있다. 이와 같이 수많은 분야의 업무가 있고, 그 업무에 전문성과 경륜을 갖춘 행정사가 있기에 더욱 큰 발전이 있을 것으로 예상된다. 그 중 몇 가지를 개괄하여 살펴보고 뒷장에서 좀 더 자세히 다루고자 한다.

정부지원금

정부와 지자체가 특정 분야나 사업, 개인을 지원하기 위해 예산, 기금 등의 자금으로 정부보조금, 지원금, 정책자금 등을 통칭한다. 지원금사업은 의료, 복지, 문화, 산업 등 정부정책 전반에 걸쳐 있고, 대상은 지자체, 행정기관, 기업, 개인 등으로 정부정책을 수행할 수 있는 모든 주체이다. 정부지원금 지원은 중앙정부가 직접 수행하는 경우도 있고, 중소벤처기업부, 중소기업진흥공단, 중소기업중앙회, 신용보증기금, 기술보증기금, 특수은행, 각종 진흥원과 공단 등을 통해 지원하는 경우도 있는데, 그 사업에는 창업지원, 고용지원, 수출지원, 복지지원, 연구개발지원 등이 있다. 정부지원금을 위법부당하게 사용하였을 경우 환수조치는 물론이고 탈루가 확인되면 세무서에 통지한다. 또한 행정상, 형사상의 조치도 내려질 수 있으니 각별히 유의해야 한다.

기업인증제 등록

정부가 지원(예산·금융·세제·행정)하기 위해서는 정부정책에 부합하는지 기준을 먼저 정하며, 기준에 맞는 대상을 선정한다. 이 과정에서 등록, 인가, 확인 등의 절차를 거치게 된다. 등록이 되면 즉시 정부지원을 받거나 우선 지원 대상으로 선정되어 기업 활동에 큰 힘을 얻을 수 있다. 예를 들어 벤처기업임이 확인될 경우 각종 법령과 규정에 의해 세제감면(법인세, 소득세, 취득세, 재산세 등), 정책자금 및 신용보증, 마케팅 등에서 지원을 받을 수 있다. 확인을 위해서는 우선 벤처확인 신청을 해야 하며, 신청에 따라 기술보증기금, 중소기업진흥공단, 한국벤처캐피탈협회 등의 확인기관에서 「벤처기업 육성에 관한 특별조치법」에 따라 평가하여 요건에 부합하면 벤처기업으로 확인하고 정보를 공시한다. 기술융합기업, 녹색기업, 사회적기업 등도 정책 목적에 따라 기준을 잘 살펴 등록하게 되면 기업 성장에 큰 보탬이 될 것이다.

관급 공사 및 제품 등록

기업의 입장에서는 공공기관이 사업 파트너가 된다면 시장에서 제품과 기술력을 인정받을 수 있고, 안정적이고 지속적으로 사업을 영위할 수 있을 것이다. 이러한 이유로 사업자는 공공기관이 발주하는 사업에 참여하거나 공공기관에 제품을 공급하고자 한다. 하지만 누구나 파트너로 선정될 수는 없다. 요건에 맞아야 하기 때문이다. 입찰을 한다 하더라도 미리 대상 기업이 되는지 심사를 한다. 예를 들어 한국토지주택공사의 사업도 자체 적격심사 기준에 부합해야 하며, 조달청 등 대부분의 공공기관이 공사발주와 물품구매 시 별도의 적격심사기준이 있기에 기업은 적격심사 신청서를 작성하여 제출하여야 한다. 기술력과 품질이 우수하여도 심사에 통과되어야 사업을 진행할 수 있으니 등록 준비에 신중을 기해야 한다.

2장

등록 · 인허가
업무를 하려면

재외국민·외국인인데 한국에서 살고 싶어요

01

　최근 국제 이주자의 증가 현상이 두드러지고 있다. 급격한 인구 변화나 경제적 불확실성으로 인해 국제 이주의 규모나 구성도 크게 변하고 있다. 국내적으로 저출산·고령화의 급속한 진행으로 2017년부터는 65세 이상 고령인구(14%)가 14세 이하 유소년 인구(13.4%)보다 더 많아지고 생산가능인구도 감소할 추세이다. 반면, 법무부 출입국 외국인정책본부에 따르면 국내 체류 외국인은 2019년 말 기준 총 252만 명으로 전년 대비 6.6%가 증가하는 등 매년 그 수가 급증하고 있고, 장기 거주외국인 또한 지속적으로 증가하고 있어 우리나라도 다문화사회로 급속히 변하고 있다.

　이러한 국내외 상황에 대응하기 위해 정부는 장기적으로 해외 우수인재 유치 및 효율적 이민정책을 수립해가고 있다. 양질의 외국인 노동력 확보를 위해 노력하고 또 이들이 국내에서 안정적으로 정착하도록 사회통합을 위한 발전방안도 마련 중에 있다. 미래지향적인 출입국 서비스와 재한 외국인을 위한 이민정책의 실현을 위해 행정사가 개입할 수 있는 업무는 무엇이 있는지 알아보자.

1. 출입국 민원 대행,
   이렇게 준비하자

출입국 관련 민원은 신변의 거처나 국적, 가족관계, 재산관계, 권리 의무의 발생·변동·소멸 등 민원인 입장에서는 상당히 중요한 사항이다.

출입국민원 업무는 법무부장관이 인정한 출입국 관련 각종 신청 및 신고업무를 대행하는 것을 뜻하며, 이 업무를 하기 위해서는 출입국·외국인관서에 등록된 변호사, 행정사 또는 외국인 관련 업무를 수행하는 법무부 등록법인으로 등록해야 한다.

출입국민원 대행기관 소속직원의 경우에도 변호사법 제22조에 따라 채용된 사무직원 또는 법무부 등록법인의 직원으로서 대행기관을 대표해서 출입국기관에 등록해야 대행 업무를 할 수 있다. 단, 사무소 등록기관 소속직원은 1명만 등록이 가능하다.

출입국민원 대행기관 근거법령은 「출입국관리법 시행규칙」 제34조(각종 허가 등의 신청 및 수령)에서 다음 각 호에 해당하는 신고, 허가 등의 신청이나 수령은 본인이 직접 하거나 법무부장관이 정하는 사람이 대리하게 할 수 있다고 명시하고 있다. 법무부는 행정지침인 「출입국 민원 대행업무 관리지침」에서 대행업무의 가능한 범위를 「출입국관리법 시행규칙」 제34조에 준용하도록 하면서도 대행이 제한되는 체류자격은 기술연수(D-3), 구직(D-10), 영주(F-5), 결혼이민(F-6)이며, 영주(F-5)자격 외국인의 '영주증 재발급 신청 및 재발급된 영주증의 수령' 업무는 예외적으로 대행을 할 수 있다고 명시하고 있다.

출입국업무를 대행하고자 하는 기관은 사업장 소재지 관할 출입국기관에 직접 방문하면 되고 대행기관 등록 시 제출서류는 다음과 같다.

출입국 민원 대행기관 등록 시 제출서류

공통서류	대행기관 통합신청서, 반명함판 사진 1매, 사업자등록증 사본, 교육 수료증명서, (사업자등록증상의 대표자)이력서, 신분증 사본, 사무실 임대차계약서, (법인의 경우) 법인등기사항전부증명서
변호사	변호사 개업 신고확인 서류, 변호사법 제48조에 따른 법무법인의 분사무소인 경우 분사무소임을 입증하는 서류, 자격증 사본
행정사	자격증 사본, 행정사업무신고확인증, (합동행정사의 경우) 운영규약, (시험면제자의 경우) 경력증명서, 사무공간 확보 여부 확인서류(간판, 사무실 등 촬영 사진)
소속직원	대행기관(소속직원 등) 출입증 발급신청서, 반명함판 사진 1매, 이력서, 주민등록증사본 법률사무소 사무직원 : 변호사 협회 발행 신분증 법무부 등록법인 소속직원 : 위임장 및 재직증명서

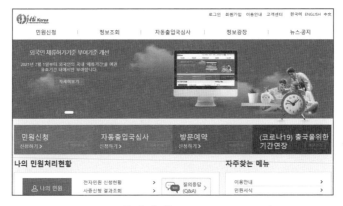

Hi Korea 홈페이지(www.hikorea.go.kr)

대행기관은 발급받은 출입증을 다른 사람에게 양도·대여할 수 없고, 대행업무 수행을 위해 출입국관리기관에 방문할 때에는 출입증을 소지해야하고, 서류를 제출할 때에는 출입증 및 대행업무 수행확인서를 제시 및 제출해야 한다. 또한 영업소에 대행 업무 처리대장을 비치하고 출익국관리공무원이 필요하다고 요청하는 경우 이를 제출해야 한다.

대행기관이 대행업무를 수행하기 위해 출입국관리기관(청·사무소·출장소)에 방문하는 경우 방문하기 전날까지 온라인 방문 예약을 하거나, 청장·사무소장·출장소장이 지정하는 대행기관 전용 민원창구를 이용해야 한다.

2. 한국에 체류하려면
사증(VISA) · 외국인등록 신청을 해보자

사증(VISA)이란

사증(VISA)이란 외국인의 입국허가 신청에 대한 영사의 입국추천행위를 의미한다. 따라서 외국인이 사증을 소지한 경우에도 공항만 출입국 · 외국인관서 심사관의 입국심사 결과가 입국허가 요건에 부합하지 않으면 입국 허가를 하지 않을 수도 있다.

사증(VISA)은 입국허가의 기본 요건으로, 대한민국에 입국하고자 하는 외국인은 원칙적으로 사증을 소지해야 한다. 다만, 다음의 경우에는 사증(VISA) 없이 입국할 수 있다(출입국관리법 제7조 제2항).

법상 사증(VISA) 없이 입국할 수 있는 자

· 재입국허가를 받은 자 또는 재입국허가가 면제된 자로서 그 허가 또는 면제받은 기간이 만료되기 전에 입국하는 자
· 대한민국과 사증면제협정을 체결한 국가의 국민으로 그 협정에 의하여 면제대상이 되는 자
· 국제친선 · 관광 또는 대한민국의 이익 등을 위하여 입국하는 자로서 대통령령이 정하는 바에 따라 입국허가를 받은 자
· 난민여행증명서를 발급받고 출국하여 그 유효기간이 만료되기 전에 입국하는 자

사증(VISA)의 종류

사증의 종류는 단수 사증(유효기간 내 1회, 발급일로부터 3개월)과 복수 사증(유효기간 내 2회 이상, 사증 종류에 따라 다름)으로 나뉜다. 사증발급 승인을 요청한 자가 그 승인 여부가 결정되기 전에 국내에 입국하게 되면 그 신청을 포기한 것으로 간주하여 불허 처리되므로 주의해야 한다. 특별한 규정이 없는 한 모든

증빙서류는 신청일로부터 3개월 이내에 발급된 증명서를 제출해야 한다. 사증 발급 신청을 할 때 체류자격별로 필요한 서류를 함께 첨부하여 제출하면 된다.

외국인의 체류 업무

외국인이 대한민국에 체류하는 기간에 따라 단기체류(체류기간 90일 이하), 장기체류(체류기간 91일 이상), 영주(체류기간 제한 없음)로 구분되며 장기체류와 영주의 경우에는 입국일로부터 90일 이내에 외국인등록 또는 국내거소신고를 해야 한다. 외국인은 체류자격과 체류기간의 범위 내에서 체류할 수 있으며, 법률이 정하는 경우를 제외하고는 정치활동을 할 수 없다. 체류자격 부여 또는 변경허가를 받은 외국인은 그 허가를 받는 때 즉시 등록을 해야 한다.

외국인 체류자격 통합신청 방법

공통제출서류	
– 여권 – 컬러사진 1매(3.5cm*4.5cm) 　(6개월 이내 촬영한 흰색 바탕 　천연색 정면 얼굴 사진) – 통합신청서(Application Form) – 수수료(3만 원) – 체류자격별 추가 제출서류* 　(유효기간 : 발급일로부터 3개월 　이내) – 결핵진단서(보건소 무료)	

출처 : 하이코리아 정보마당

외국인이 우리나라에 체류하면서 취업하고자 할 때에는 취업을 할 수 있는 체류자격을 소지해야 하고 지정된 근무 장소에서만 근무해야 한다. 지정된 근무 장소가 변경된 경우에는 사전에 또는 일정 기간 내에 관할 출입국·외국인관서에 허가를 받거나 신고를 해야 한다.

외국인을 고용하려는 사업자도 취업할 수 있는 체류자격을 소지한 외국인을 고용해야 하며 외국인을 고용할 경우 외국인등록증을 소지했는지, 취업할 수 있는 체류자격을 소지했는지를 확인해야 한다. 법을 어길 경우 사업주도 출입국관리법 위반으로 처벌 대상이 된다.

정부는 우리 국민의 건강을 보호하고자 중국, 베트남 등 18개국에서 입국하는 외국인 중 국내에 3개월 이상 체류할 목적으로 입국하는 외국인은 비자발급 단계에서 건강진단서를 제출하도록 하고 있다. 체류자격변경, 기간연장허가 신청 때에도 결핵건강진단서를 제출해야 한다. 만약 결핵 판정을 받았다면 완치 전까지 비자 발급이 제한돼 입국할 수가 없다.

체류기간 계산 및 사증(VISA) 읽는 법

체류기간 계산의 기본원칙은 초일은 산입하지 않고 기간 만료일이 공휴일인 경우 그 다음날을 만료일로 본다. 체류기간 만료 2개월 전에 각종 허가 등을 신청하는 경우 허가일로부터 기산한다. 다음 표는 여권이나 사증(VISA)에 기재된 체류기간의 구체적인 사례를 들어 설명한 자료이다.

외국인등록증에는 사진 우측 하단에 기재된 날짜 중 아래 날짜가 체류기간 만료일이 되며 체류기간을 연장한 경우 등록증 뒷면에 기재된 날짜가 체류기간 만료일이 된다.

(1) 사증(VISA) 없이 입국하는 경우	(2) 사증(VISA) 소지하고 입국하는 경우
입국 시 입국심사관이 여권에 날인한 입국심사인에 기재한 체류기간이 체류기간 만료일이 됨	입국일로부터 계산하여 사증에 기재된 체류기간이 체류기간 만료일이 됨

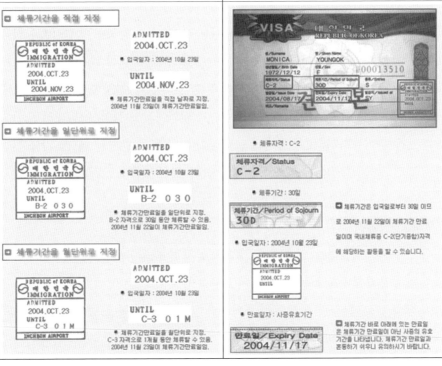

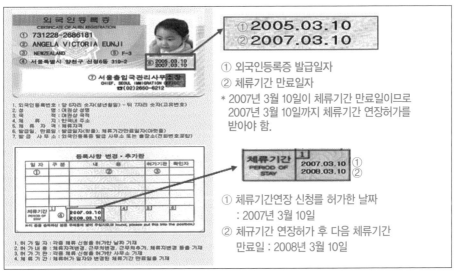

① 외국인등록증 발급일자
② 체류기간 만료일자
* 2007년 3월 10일이 체류기간 만료일이므로 2007년 3월 10일까지 체류기간 연장허가를 받아야 함.

① 체류기간연장 신청를 허가한 날짜
: 2007년 3월 10일
② 체규기간 연장허가 후 다음 체류기간 만료일 : 2008년 3월 10일

출처 : 하이코리아 정보마당

체류기간 연장

이전에 허가받은 체류기간을 초과하여 계속 대한민국에 체류하고자 하는 외국인은 체류기간 연장허가를 받아야 한다. 관할 출입국·외국인관서에서는 체류기간 만료일 4개월 전부터 사전방문예약 신청이 가능하다. 인터넷 신청을 통해 방문일자 및 시간대를 예약 후 예약증을 가지고 관할 출입국·외국인관서로 방문하면 체류기간 연장허가를 받을 수 있다. 단, 신청 당일 본인이 국내에 체류하고 있는 경우에만 신청이 가능하고 해외에서 민원신청 및 대리로 신청하는 것은 불가능하다. 또 체류기간 만료일이 지난 후 체류기간 연장허가를 신청하게 되면 「출입국관리법」 제25조에 따라 범칙금이 부과되므로 주의해야 한다.

체류자격 변경

대한민국에 체류하는 외국인이 현재 체류자격에 해당하는 활동을 중지하고 다른 체류자격에 해당하는 활동을 하고자 하는 경우에는 체류자격 변경신청을 하면 된다. 기본원칙상 현재의 체류자격에 해당하는 활동을 중지하고 다른 체류자격에 해당하는 활동을 하고자 하는 경우 출국 후 해당 체류자격의 사증(VISA)을 받고 입국해야 한다. 다만 일부 체류자격 변경에 대해서는 엄격한 심사를 통해 제한적으로 체류자격 변경을 허가하기도 한다.

다른 체류자격에 해당하는 활동을 하기 위해서는 활동 전에 반드시 출입국·외국인관서에 체류자격 변경허가를 받아야 한다. 외교(A-1), 공무(A-2), 협정(A-3) 체류자격자 등이 신분변경으로 체류자격을 변경하고자 할 때에는 신분변경일로부터 30일이내에 체류자격 변경허가를 받아야 한다.

체류자격 외 활동

체류외국인이 현 체류자격을 유지하면서 활동 외 다른 활동을 병행하려고 할 때는 반드시 사전에 체류자격 외 활동허가를 받아야 한다. 병행하고자 하는 활동이 전일 근무 등 주된 활동인 경우에는 체류자격 외 활동으로 허가받을 수 없으므로 출국 후 새로운 사증(VISA)를 받고 입국하거나 체류자격 변경허가를 받아야 한다. 예를 들면 유학자격(D-2) 소지 유학생이 학업을 계속하면서 시간제 아르바이트(S-3)을 하려고 하는 경우에는 체류자격 외 활동허가를 받으면 된다.

기본적으로 90일 이하 단기사증 소지자는 체류자격 외 활동을 할 수 없다. 당초 목적의 체류자격보다 근무시간이 길거나 보수가 많은 경우, 여러 직장을 갖는 등 체류상태가 건실하지 못하고 국익에 위배되는 경우에는 체류자격 외 활동에 제한을 받거나 허가를 얻을 수 없다.

외국인이나 재외동포가 대한민국에 체류하려면 체류자격에 따른 사증(VISA) 발급과 외국인등록 절차를 밟아야 하는데, 이때 제출해야 하는 서류의 유형이 매우 다양하므로 여기서 모두 언급하기는 지면상 제한이 많다. 관련 자료는 하이코리아 뉴스·공지-공지사항 〈체류자격별 통합 안내 매뉴얼〉을 찾아 다양한 사례를 살펴보면 많은 도움이 될 것이다.

외국인 체류 등록 시 행정기관에 납부하는 수수료
- 체류기간 연장허가 : 6만 원(단, 결혼이민(F-6)은 3만 원)
- 체류자격 변경허가 : 10만 원(단, 영주(F-5)는 20만 원)
- 체류자격 부여 : 8만 원(단, 결혼이민(F-6) 자격부여는 4만 원)
- 재입국 허가 : 3만 원(단수), 5만 원(복수)
- 체류자격 외 활동허가 : 12만 원
- 근무처 변경/추가 : 12만 원
- 외국인등록증 또는 거소신고증 발급 및 재발급 : 3만 원

기타(사실증명)
- 출입국 사실증명 : 2천 원
- 외국인등록 사실증명 : 2천 원
- 국내거소신고 사실증명 : 2천 원

3. 재외동포인데
한국에 오고 싶어요

영리·취업활동을 하지 않는 한국방문이라면, 단기방문 C-3 부여

단기방문(C-3)은 취업활동은 할 수 없고 시장조사, 업무연락, 상담, 계약 등의 상용활동이나 관광, 통과, 요양, 친지방문, 친선경기, 각종 행사나 회의참가, 문화예술, 일반연수, 강습, 종교의식 참석, 학술자료 수집 등 이와 유사한 목적으로 90일을 넘지 않는 기간 동안 체류하는 사람에게 부여하는 자격이다. 따라서 단기방문(C-3) 자격은 영리를 목적으로 하는 사람에게는 발급되지 않는다.

예를 들어 보수성 경비를 국내가 아닌 해외에서 지급받더라도 각종 계약에 의하여 국내 공·사 기관에 파견되어 실질적인 서비스를 제공하거나 사업 수주 등으로 국내 공·사 기관에 파견되어 실질적인 업무를 하는 경우에는 실질적인 영리활동으로 보고 단기방문(C-3)를 발급하지 않는다.

만 60세 미만 외국국적 동포인데 한국을 방문하고 싶다면 5년 동안 유효한 동포방문(C-3-8, 90일) 복수사증을 발급받아 자유롭게 출입국할 수 있다. 단, 이 사증으로 출입국은 가능하나 취업활동은 할 수 없다.

단순노무직 취업이 아니라면, 재외동포 F-4 부여

재외동포(F-4)는 「재외동포법」 제2조 제2호에서 대한민국의 국적을 보유하였던 자(대한민국 정부수립 이전에 국외로 이주한 동포를 포함) 또는 그 직계비속으로서 외국국적을 취득한 자(단순 노무행위 등 재외동포법 시행령 제23조 제3항 각 호에서 규정한 취업활동에 종사하려는 사람은 제외)에게 부여하는 체류자격이다.

특히 중국·구소련 지역 동포를 대상으로 단순노무 종사 가능성이 적은 국내·외 2년제 대학 이상 졸업자 및 정부초청 장학생, 법인기업 대표, 국내 기능사 이상 자격증 소지자, 다국적기업 임직원·기자·변호사·의사, 만 60세 이상 동포, 사회통합프로그램 4단계 이상 이수자, 국내 고등학교 졸업자 등에 대해서도 재외동포 자격을 부여하고 있다.

재외동포(F-4) 자격을 부여받은 자의 배우자 및 미성년 자녀는 동포 여부와 상관없이 방문동거(F-1) 자격을 부여받을 수 있다. 단, 거주국의 공적 서류인 호구부 및 출생증명서에 의해 가족관계가 명확해야 한다.

또한 방문취업제와 연계하여 국내 노동시장을 혼란케 할 우려가 없는 제조업 등에서 장기 근속한 동포에 대해서는 재외동포 자격으로 변경해준다.

재외동포(F-4) 사증으로 입국한 동포는 체류지 관할 출입국·외국인관서에 거소신고를 해야 하고 1회 체류기간은 원칙적으로 3년이며, 계속 체류하려면 체류기간 연장허가를 받아야 한다. 또한 재외동포(F-4) 자격 소지자는 단순노무업무에 종사할 수 없고, 사행행위 등 선량한 풍속 기타 사회질서에 반하는 행위, 기타 공공의 이익이나 국내 취업질서 등의 유지를 위하여 그 취업을 제한할 필요가 있다고 인정되는 경우에는 취업을 제한하고 있다.

단순노무직 취업을 원하는 재외동포라면, 방문취업 H-2 부여

방문취업(H-2)은 중국 및 구소련 지역에 거주하는 18세 이상 외국국적동포 중에서 출생에 의하여 대한민국의 국적을 보유하였던 사람(대한민국 정부수립 이전에 국외로 이주한 동포를 포함) 또는 그 직계비속으로서 외국국적을 취득한 사람으로서 ① 국내에 주소를 둔 대한민국 국민 또는 영주자격(F-5) 마목에 해당하는 사람인 8촌 이내의 혈족 또는 4촌 이내의 인척으로부터 초청을 받은 사람 ②「국가유공자 등 예우 및 지원에 관한 법률」 규정에 따른 국가유공자와 그 유족등에 해당하거나「독립유공자 예우에 관한 법률」 규정에 따른 독립유공자와 그 유족 또는 그 가족에 해당하는 사람 ③ 대한민국에 특별한 공로가 있거나 대한민국의 국익증진에 기여한 사람 ④유학(D-2) 체류자격으로 1학기 이상 재학 중인 사람의 부모 및 배우자 ⑤ 국내 외국인의 체류 질서 유지를 위하여 법무부장관이 정하는 기준 및 절차에 따라 자진하여 출국한 사람 ⑥ 기타 위에 해당하지 않는 자로서 법무부장관이 정하여 고시하는 절차에 의하여 선정된 사람인 경우를 말한다.

특히 18세 이상 중국·구소련 지역 동포에 대해 3년간 유효한 복수사증을 발급하고 있으므로 사증이 유효한 범위 내에서 자유로운 출입국이 가능하고 최대 4년 10개월까지 체류할 수 있게 되었다. 또 국내 취업을 원할 경우 취업교육 및 구직신청 등 절차를 거쳐 출입국관리법 시행령에서 정하는 제조업, 농축어업, 서비스업 등의 39개 업종에서 간소한 절차에 따라 취업활동을 할 수 있고, 업체 변경은 신고만하면 된다.

외국국적동포로서 출입국관리법 시행령에 따른 방문취업(H-2)자격으로 입국하려는 사람은 동포범위 확대에 따른 동포 인식개선, 한국사회 정착지원 등을 고려하여 사증 신청 또는 체류자격 변경·연장할 때 〈한국어 능력 입증서류〉, 〈해외 범죄경력 증명서〉와 자필로 기재한 〈건강상태 확인서〉를 제출해야 한다. 다만, 출입국관리법 시행령 별표9에서 한국어능력 면제 대상과 해외범죄경력 증명서 제출 면제 대상을 명시하고 있으므로 이를 참고해야할 것이다.

또한 2020년 7월1일부터 무연고 중국동포에 대해서는 최초로 방문취업(H-2)사증을 신청하는 경우 방문취업(H-2) 사증 발급을 억제하고 동포방문(C-3-8) 사증 발급 후 2022년부터 방문취업(H-2) 사증 신청을 받을 예정이다. 이는 방문취업(H-2) 총 정원(303,000명) 내에서 국내 노동시장, 사회통합프로그램, 조기적응프로그램 등을 고려하여 방문취업(H-2) 사증 신청대상자를 연도별로 조정하기 위한 조치라고 볼 수 있다.

방문취업(H-2) 동포는 입국일로부터 90일 이내에 체류지 관할 출입국·외국인관서에 외국인등록 신고를 해야 한다. 이때 법무부가 지정한 병원에서 발급하는 건강진단서도 같이 제출해야 한다. 진단항목은 결핵, 정신질환, 간염, 매독, 마약(필로폰, 코카인, 아편, 대마) 검사가 포함된다.

사용자가 방문취업(H-2) 자격자를 고용하기 위해서는 내국인 구인노력(14일

간)을 했는데도 인력 채용을 못한 경우에만 할 수 있다. 사업주는 고용노동부 고용지원센터에서 '특례고용가능확인서'를 발급받은 후 '외국인구직자 명부'에 등재된 자를 허용인원 범위 내에서 채용할 수 있다. 방문취업(H-2) 동포가 취업을 하게 되면 취업을 개시한 날로부터 15일 이내, 근무처를 변경한 날로부터 15일 이내에 관할 출입국·외국인관서에 신고해야 한다. 신고방법은 사전예약, 인터넷 신고, 팩스 신고, 대행신고 모두 가능하다. 신고의무를 위반하는 경우 출입국관리법에 의거하여 100만원 이하 과태료가 부과된다.

4. 외국인인데 한국에서 일하고 싶어요

단기간 취업활동을 원한다면, 단기취업 C-4 부여

단기취업(C-4)는 법무부장관이 관계 중앙행정기관의 장과 협의하여 정하는 농작물 재배·수확(재배·수확과 연계된 원시가공 분야를 포함한다) 및 수산물 원시가공 분야에서 취업 활동을 하려는 사람(C-4-1~4)이나 일시 흥행, 광고·패션모델, 강의·강연, 연구, 기술지도 등 수익을 목적으로 단기간 취업활동을 하려는 사람에게 부여하는 체류자격이다. 단, 단순노무 직종은 단기취업(C-4) 자격에 해당하지 않으며 1회 체류기간은 90일 이내에서 가능하다. 예를 들면 국내 대학에서 며칠간 영어로 '외국 이민정책의 동향'에 대한 강연을 하려고 한다면 C-4 자격의 사증을 발급받아야 한다. 또, 단기취업(C-4)은 주무부처 장관의 고용추천서(연예인은 영상물등급위원회의 공연추천서)나 협조공한 또는 고용의 필요성을 입증하는 서류가 필요하다.

고용허가제 조건으로 취업을 원한다면, 비전문취업 E-9 부여

비전문취업(E-9)은 일정 자격이나 경력 등이 필요한 전문직종에 종사하려는 사람을 제외하고 「외국인근로자의 고용 등에 관한 법률」에 따라 사업주에게 외국인근로자의 고용을 허가하고 외국인근로자에게는 당해 사업주에게 고용되는 조건으로 국내 취업요건을 갖춘 사람에게 부여하는 체류자격이다. 외국인근로자는 고용허가제에 따라 당해 사업주에게 고용되는 조건으로 최장 4년 10개월간 취업할 수 있다. 이 고용허가제를 통해 고용할 수 있는 기업은 상시근로자(고용보험 기준) 300인 미만 또는 자본금 80억 원 이하 중소기업이 여기에 해당한다. 사증발급인정서 접수는 비전문취업자를 초청하는 사업장의 장이 사업장 주소지를 관할하는 출입국·외국인관서장에게 신청한다. 사증은 출입국·외국인관서장이 발급하는 사증발급인정서에 의해서만 발급할 수 있다.

선원으로 일하고 싶다면, 선원취업 E-10 부여

선원취업(E-10)은 해운업, 수산업, 크루즈사업체에서 6개월 이상 노무를 제공할 조건으로 선원근로계약을 체결한 외국인에게 부여하는 체류자격이다. 예전에는 단순노무지침으로 비전문취업(E-9) 자격과 함께 규정했으나, 지금은 고용허가제 적용 대상이 아닌 선원취업(E-10) 자격에 대한 지침을 분리하여 적용하고 있다. 선원취업자의 체류기간은 3년 이내이며 최초 입국 후 최대 3년까지 체류할 수 있다. 단, 재고용에 의한 취업활동기간 연장허가를 받은 경우에는 최초 입국일로부터 최대 4년 10개월까지 체류할 수 있다.

5. 한국에서
영주권을 취득하고 싶어요

대한민국 영주권을 획득하기 위해서 갖춰야 하는 기본요건은 대한민국 민법에 따른 성년이고, 본인 또는 동반가족이 생계를 유지할 능력이 있으며, 품행이 단정하고 대한민국에 계속 거주하는 데 필요한 기본 소양을 갖추는 등 법무부장관이 정하는 조건을 갖춘 사람이어야 한다. 현재 체류자격의 종류에 따라 대한민국에서 계속 체류한 기간이나 재산, 능력에 따라 그 자격요건이 다르다.

영주(F-5) 자격을 갖게 되면 체류자격에 따른 활동의 제한을 받지 않으므로 대한민국에 거주하는 많은 외국인 및 외국국적을 가진 동포들이 취득하려고 한다. 다음은 자주 문의가 들어오는 경우를 중심으로 영주자격 신청요건을 살펴보고자 한다.

외국국적동포의 영주자격(F-5) 부여 요건

외국국적동포를 대상으로 국내 체류 및 취업활동이 자유로운 영주자격(F-5)를 부여하고 있는데 기본요건은 본인 또는 동반가족이 생계를 유지할 능력을 갖춰야 하고, 대한민국에 계속 체류하는 데 필요한 기본 소양을 갖추고, 품행이 단정해야 한다.

재외동포(F-4)자격으로 대한민국에 2년 이상 계속 체류하고 있는 사람으로서 ① 영주자격신청 시 연간 소득이 한국은행 고시 전년도 일인당 국민총소득(GNI) 이상인 사람(동거가족과 합산하는 경우 신청인의 소득이 연간 소득요건 기준액의 50% 이상, 단 신청인이 미성년 자녀를 양육하는 경우와 미성년 자녀인 경우 제외) ② 해외로부터 연금을 받는 60세 이상의 자로서 연간 연금액이 한국은행 고시 전년도 일인당 국민총소득(GNI) 이상인 사람 ③ 전년도 재산세 납부실적이 50만 원 이상인 자 또는 주택소유, 전월세보증금, 예적금 등 본인명의 순자산이 전년도 '가계금융·복지조사 결과'의 평균 순자산 이상을 보유하고 있는 경우 ④ 대한민국 기업과의 연간 교역실적이 20억 원 이상인 사람 ⑤ 대한민국에 미화 50만 불 이상을 투자한 사람 ⑥ 거주국 정부가 공인한 동포단체 대표(과거 3년간 동포단체 대표로서 활동한 사실이 있는 자 포함) 또는 법인기업체 대표로서 재외

공관의 장이 추천한 사람이어야 한다.

또 「재외동포의 출입국과 법적지위에 관한 법률」 제2조제2호의 외국국적동포로서 「국적법」에 따른 국적취득요건을 갖춘 사람이어야 한다.

이들은 기본 소양능력 강화를 위해 법무부에서 시행하는 사회통합프로그램 한국이민영주적격과정 이수증 또는 한국이민영주적격시험 합격증(국적회복, 특별귀화대상자 제외)을 제출해야 한다.

방문취업(H-2)에서 영주(F-5) 자격으로 변경할 수 있는 요건

방문취업(H-2) 자격으로 제조업, 농·축산업, 어업, 간병인, 가사보조인으로 취업활동을 하고 있는 사람으로서 다음의 모든 요건을 충족하는 사람은 영주(F-5) 자격을 받을 수 있다.

① 동일업체에서 근무처를 변경하지 않고 4년 이상 계속 근무하고 있는 경우 ② 한국산업인력공단 등에서 실시하는 기술·기능 자격을 취득한 경우 또는 영주자격신청 시 연간 소득이 한국은행고시 전년도 일인당 국민총소득(GNI) 이상인 경우(본인 소득만 인정) ③ 본인 또는 생계를 같이 하는 가족이 2천만 원 이상의 자산을 보유하는 등 생계유지 능력을 갖추고 있는 경우로서 영주자격 신청일의 1년 전부터 생계를 같이 하는 가족(배우자, 부모, 자녀)과 합산이 가능하나 신청인의 재산세 납부실적 또는 순자산이 기준액의 50% 이상이어야 한다.

영주증 유효기간은 발급일로부터 10년이므로 유효기간 만료일이 도래하기 전에 영주증을 재발급받아야 한다.

공익사업 투자이민제도

국내에 5억 원 이상을 투자한 외국인에게 경제활동이 자유로운 거주(F-2) 자격을 부여한 후, 5년간 투자를 유지하면 영주(F-5) 자격으로 변경할 수 있는 '공익사업 투자이민제'를 시행하고 있다. 투자자 본인뿐만 아니라 그 배우자와 미혼자녀도 동일한 혜택을 받을 수 있다. 또 15억 원 이상을 투자할 경우 투자와 동시에 조건부 영주 자격을 즉시 부여하는 등 정부에서는 이 제도를 적극 권장하는 추세이다.

투자방식은 법무부가 위탁한 한국산업은행에 외국인이 5억 원 이상을 예치하고, 5년 후 원금만 상환하는 제도로서 원금보장·무이자형 공익펀드 상품이 있다. 투자기준금액은 일반 투자이민자는 5억 원 이상, 55세 이상 은퇴자는 본인 및 배우자의 국내외 자산이 3억 원 이상이면 가능하다.

기업투자(D-8)의 경우 국내 기업에 일정금액을 투자하고 투자자 본인이 직접 해당 기업의 경영에 참여해야 하며, 일정 수준 이상의 영업실적이 있어야만 비자를 연장할 수 있다.

그러나 투자이민의 경우 국내에 5억 원(부동산투자 일부 지역은 7억 원) 이상의 자금을 투자하면 취업이나 사업, 교육 등 활동이 자유로운 F-2 비자를 받을 수 있고, 일정한 영업실적이 없어도 투자 상태만 유지되면 자격취소요건에 해당되지 않으므로 비자도 연장할 수 있다.

법무부는 공익사업 투자이민제도를 통해 2017년 11월 말 기준 241건, 1,057억 원의 유치 실적을 발표한 바도 있다.

영주(F-5) 자격 가진 자의 배우자 및 미성년 자녀의 체류요건

영주(F-5) 자격 허가를 받은 자의 배우자 및 미성년 자녀로서 거주(F-2) 자격을 소지하고 2년 이상 대한민국에 체류하고 있는 사람에게 영주(F-5) 자격을 부여한다. 영주(F-5)의 체류 자격을 가지고 있는 사람은 체류 자격 구분에 따른 활동의 제한을 받지 않는다. 단, 강제퇴거가 결정되거나, 허위·부정한 방법으로 영주 자격 변경허가를 받았거나 재입국허가 면제 또는 기간을 초과한 사람, 위변조 또는 타인명의 여권으로 입국하였거나 위장결혼으로 판명된 사람은 영주(F-5) 자격이 상실되므로 주의해야 한다.

부동산 투자이민제도

2010년 2월부터 외국인 간접투자 확대를 위하여 휴양목적 체류시설에 투자한 외국인에게 거주(F-2) 자격을 부여하고 5년 후 영주권을 부여하는 '부동산 투자 이민제도'를 도입했다. 이후 적용지역을 순차적으로 확대하여 평창 알펜시아 지구, 전남 여수 경도지역, 인천경제자유구역, 부산해운대리조트 및 동부산 관광단지, 경기도 파주 통일동산을 투자대상지역으로 확대하였다. 단, 부동산 투자이민 대상 시설에 대해서는 임대, 담보설정, 압류, 매매 등을 할 수 없고 무단으로 임대 등을 해줄 경우 투자이민 자격이 취소될 수 있음을 유의해야 한다.

법무부가 발표한 바에 따르면 부동산 투자이민제도 도입 이후 2017년 8월말 기준 총 1,889건에 1조 3,324억 원 투자를 유치했다고 한다. 이를 각 지역별로 보면 1조 3,243억 원(1,875건), 인천 48억 원(8건), 강원 33억 원(6건)이다. 2017년 8월말 기준, 부동산 투자이민제로 실제로 영주권을 취득한 외국인은 총 87명이다.

6. 외국인 근로자인데 거주(F-2) 자격으로 변경하고 싶어요

거주(F-2)는 영주 자격을 부여받기 위해 국내 장기체류하려는 자로서 ① 국민의 미성년 외국인 자녀 또는 영주(F-5) 체류자격을 가지고 있는 사람의 배우자 및 그의 미성년 자녀 ② 국민과 혼인관계(사실상의 혼인관계 포함)에서 출생한 사람으로서 법무부장관이 인정한 사람 ③ 난민 인정을 받은 사람 ④ 외국인투자촉진법에 따른 외국투자가 중 미화 50만 달러 이상 투자한 외국인이 기업투자(D-8) 체류자격이 있거나 파견된 임직원으로서 3년 이상 계속 체류하고 있는 사람, 미화 30만 달러 이상 투자한 외국인으로서 2명 이상 국민을 고용하고 있는 사람 ⑤ 영주(F-5) 체류자격을 상실한 사람 중 국내 생활관계의 권익보호를 위해 필요하다고 인정하는 사람 ⑥ 외교(A-1)부터 협정(A-3)까지의 체류자격 외의 체류자격으로 대한민국에 5년 이상 계속 체류하여 생활 근거지가 국내에 있는 사람으로서 법무부장관이 인정하는 사람 ⑦ 비전문취업(E-9), 선원취업(E-10) 또는 방문취업(H-2) 체류자격으로 취업활동을 하고 있는 사람으로서 과거 10년 이내에 법무부장관이 정하는 체류자격으로 4년 이상의 기간 동안 취업활동을 한 사실이 있는 사람 중 상당한 요건을 모두 갖춘 사람(임금수준, 보유자산, 품행, 소양 등) ⑧ 공무원, 부동산 등 자산 투자자 등에게 부여하는 체류자격이므로 이 조건에 부합하는지 검토하는 것이 필요하다. 1회 부여 체류기간의 상한은 5년이다.

기존 숙련생산기능 거주인력 체류자격은 2019년 10월 1일부로 폐지되고 기타 장기체류자 거주자격으로 변경되어 적용된다.

7. 한국 사람과 결혼하여 한국에서 살고 싶어요

정부는 왜곡된 국제결혼 문화를 억제하고 결혼이민자가 국내에서 안정적으로 정착할 수 있도록 결혼이민비자 발급기준을 적용하고 있다.

결혼이민(F-6)은 ① 국민의 배우자 ② 국민과 혼인관계(사실상의 혼인관계 포함)에서 출생한 자녀를 양육하고 있는 부 또는 모로서 법무부장관이 인정하는 사람 ③ 국민인 배우자와 혼인한 상태로 국내에 체류하던 중 그 배우자의 사망이나 실종, 그 밖에 자신에게 책임이 없는 사유로 정상적인 혼인관계를 유지할 수 없는 사람으로서 법무부장관이 인정하는 사람에게 부여되는 체류자격이다.

TIP! 사실혼은 주관적으로 혼인의 의사가 있고, 또 객관적으로도 사회통념상 가족질서의 면에서 부부공동생활을 인정할 만한 실체가 있는 경우에 성립한다고 대법원은 판결한 바 있다(대법원98므961, 1998. 12. 8.). 따라서 혼인 의사는 없고 단순히 동거를 하다가 자녀가 생긴 경우나 법률상 처가 있는 남자가 다른 여자와 동거하는 경우에는 사실혼이 성립하지 않는다고 보고 있다.

정부는 국제결혼 사기나 외국인 배우자에 대한 가정폭력 등을 방지하기 위해 결혼이민자가 기초 수준 이상의 한국어를 구사하는 등 부부간 의사소통이 가능할 것, 한국인 배우자가 일정 수준의 가족부양 능력을 갖추고 있을 것 등의 심사기준을 두고 있다. 즉 세종학당의 결혼이민자 과정 이수증, 한국어능력시험(TOPIK) 1급 이상 성적증명서, 사회통합프로그램(KIIP) 2단계 이상 이수증, 법무부가 지정한 교육기관 이수증, 한국어 관련 대학(원) 학위증, 외국국적동포의 경우 한국어 구사 능력 입증서류, 외국인 배우자가 한국에서 1년 이상 계속 체류한 입증서류 등 외국인 배우자와 의사소통이 가능하다는 것을 입증해야한다. 단, 한국어 요건 적용의 면제대상인 경우 그 사유를 입증할 수 있으면 한국어 요건은 면제된다.

또 외국인을 결혼동거 목적으로 초청하는 사람은 과거 1년간(사증신청일 기준)의 연간소득(세전)이 2인 가족 기준으로 1,795만 원이 넘어야 한다.

외국인을 결혼동거 목적 초청 시 소득 요건(2021년 기준 : 법무부고시 제2020−526호)

구분	2인 가구	3인 가구	4인 가구	5인 가구	6인 가구	7인 가구
소득기준	18,528,474	23,903,700	29,257,740	34,544,238	39,771,618	44,983,188

＊ 과거 1년간(사증신청일 기준)의 연간소득(세전)임
＊ 8인 가구 이상의 소득기준 : 가구원 추가 1인당 5,211,570원씩 증가
＊ 가구 수 계산 방법 : 초청인이 동거가족 없는 경우 2인 가구(초청장+외국인 배우자)로 봄
＊ 초청인과 주민등록표상 세대를 같이 하는 직계 가족(과거 혼인관계에서 출생한 미성년 자녀나 부모 등)이 있는 경우 가구 수에 포함

- 인정하는 소득의 종류 : 초청인이 과거 1년간 취득한 근로소득＋사업소득(농림수산업소득 포함)＋부동산 임대소득＋이자소득＋배당소득＋연금소득의 합계(비정기적 소득은 소득 산정에서 제외)
- 예금, 보험, 증권, 채권은 6개월 이상 지속된 것만 인정하고 부채를 제외한 순 재산만 인정하며, 부동산의 경우 등기부등본과 공시가격표를 제출해야 함
- 소득이 요건을 충족하지 못하더라도 초청인의 재산(예금, 보험, 증권, 채권, 부동산 등)이 있는 경우 재산의 5%를 소득으로 인정
- 초청인과 결혼이민자 간에 이미 출생한 자녀가 있거나 부부가 1년 이상 외국에서 함께 살아 과거 1년간 국내 소득이 없는 경우, 과거 외국인 배우자가 결혼이민(F-6) 자격으로 한국에서 체류한 적이 있는 경우(단, 배우자가 변경되었거나 동일한 배우자라도 혼인이 중단된 적이 있다면 제외) 등에 한해 소득 요건 적용이 면제됨.

국민의 배우자인 외국인이 대한민국에서 1년간 체류할 예정으로 결혼사증을 신청하는 경우 체류기간 90일 이하의 단수사증을 발급하도록 재외 공관장의 권한으로 위임되어 있다. 따라서 재외공관에서 90일 이하 결혼사증을 발급받은 후 체류기간을 초과하는 경우에는 우리나라에 입국한 다음 관할 출입국·외국인관서에서 체류기간 연장허가를 받아야 한다.

8. 외국인 유학생은 취업·창업도 가능해요

전문대학 이상의 교육기관 또는 학술연구기관에서 정규과정의 교육을 받거나 특정 연구를 하려는 사람에게 부여하는 유학(D-2)으로 들어왔는데, 국내 대학에서 학사 이상의 학위를 취득했다면 전공 분야와 직종 간 관련성이 없어도

취업비자(E-7)를 발급받을 수 있다. 또 전문학사 학위 취득자에 대해서는 취업비자 발급심사에서 전공과 취업 분야의 관련성을 폭넓게 인정해주고 있다. 일정 수준 이상의 학점 취득 요건과 국가기술자격증 소지 요건도 폐지되었다.

구직비자(D-10)의 요건도 완화되어 졸업 후 취업준비자의 학점 3.0 이상, 국가기술자격증 소지, 지도교수 추천 등의 요건도 폐지되었다. 또한 전문학사 및 학사의 구직비자 체류기간을 기존 1년에서 최대 2년까지 연장하여 외국인 유학생의 취업 준비 기회도 예전보다 확대되었다.

국내에서 석사 이상의 학위를 취득한 유학(D-2) 및 구직(D-10) 자격자로 창업투자금 기준요건 1억 원(국내 형성 자본도 5천만 원까지는 투자금으로 인정)이 있을 경우 무역경영비자(D-9)를 발급해주고 있다. 국내 대학 학사학위 취득자의 경우에도 '창업이민종합시스템(OASIS-1부터8)' 프로그램을 이수하여 총 40점 이상 점수를 취득하면 무역경영비자(D-9)를 발급받을 수 있다.

또 법무부는 국내에서 외국인이 국산품을 해외로 수출하기 위해 필요한 무역(D-9-1)비자를 좀 더 손쉽게 발급받을 수 있도록 무역비자 점수제를 도입하였다. 종전에는 무역(D-9-1)비자를 받을 때 획일적으로 연간 50만 불 이상의 무역실적이 필요했으나, 무역전문 교육과정 이수 등 전문성, 국내 유학경험 등에 따라 점수를 부여하고, 일정 점수를 충족하면 무역실적이 적어도 비자를 받을 수 있도록 하였다. 정부는 2016년 현재 50명에 불과한 무역비자 소지 외국인 수를 2018년까지 1천여 명까지 확대해 국산품 수출 증대 및 국민 일자리 창출 효과를 기대하고 있다.

무역경영(D-9)비자를 받게 되면 회사경영·무역·영리사업, 수출설비(기계)의 설치·운영·보수, 선박건조·설비제작 감독·회사를 설립하여 사업 경영·영리사업을 할 수 있다. 1회에 부여되는 체류기간의 상한은 2년이다.

9. 외국인인 어머니를 초청해야 하는데 어떻게 해야 하나요?

방문동거(F-1)는 ① 친척 방문, 가족 동거, 피부양, 가사정리, 그 밖에 이와 유사한 목적으로 체류하려는 사람으로서 법무부장관이 인정하는 사람 ② 외교(A-1), 공무(A-2) 체류자격이나 미화 50만 달러 이상 투자한 외국투자가 · 첨단정보기술업체에 투자한 외국투자가로서 기업투자(D-8), 거주(F-2), 영주(F-5), 결혼이민(F-6) 체류 자격자 등의 가사 보조인에게 부여하는 체류자격이다. 재외동포(F-4) 자격을 부여받은 자의 배우자 및 미성년 자녀도 동포 여부와 관계없이 방문동거(F-1) 자격을 부여받을 수 있다.

따라서 외국인인 어머니를 초청하고 싶다면 방문동거(F-1) 체류자격을 통해 한국에 초청할 수 있다. 1회 체류기간은 2년을 상한으로 한다. 체류자격 외 활동으로는 정규교육기관의 교육 이수, 외국어회화강사(E-2) · 외국인학교교사(E-7) · 국가기관 및 공공단체의 외국인교열요원(E-7) 활동이 가능하고, 중국동포가 방문동거(F-1) 자격을 보유하고 있으면서 취업자격 구비 등 일정 요건만 갖추면 교수(E-1) 또는 특별활동(E-7)도 가능하다.

10. 기업투자 전문인력으로 한국에 체류하고 싶어요

기업투자(D-8)는 ① 「외국인투자 촉진법」에 따른 외국인투자기업(대한민국법인 · 개인)의 경영 · 관리 또는 생산 · 기술 분야에 종사하려는 필수 전문인력(국내에서 채용하는 사람은 제외한다) ② 지식재산권을 보유하는 등 우수한 기술력으로

「벤처기업육성에 관한 특별조치법」 제2조의2 제1항 제2호 다목에 따른 벤처기업을 설립한 사람 중 같은 법 제25조에 따라 벤처기업 확인을 받거나 이에 준하는 사람으로서 법무부장관이 인정하는 사람 ③ 국내 전문학사 이상 또는 외국 학사 이상의 학위를 가진 사람, 관계 중앙행정기관의 장이 추천한 사람으로서 지식재산권을 보유하거나 이에 준하는 기술력 등을 가진 법인 창업자에게 부여하는 체류자격이다.

기업투자(D-8-1)의 사증발급 기본요건으로는 투자대상이 대한민국 법인이어야 한다. 투자금액도 1억 원 이상으로, 투자한 법인의 의결권 있는 주식총수의 100분의 10 이상을 소유하거나 법인 주식을 소유하면서 임원 파견, 선임 계약 등을 체결해야 한다.

벤처기업 설립자(D-8-2)의 사증발급 요건은 지식재산권을 보유한 우수한 기술력으로 벤처기업 확인을 받은 기업 대표자나 기술력이 우수한 것으로 평가받은 기업 대표자여야 한다. 벤처기업의 여부는 기술신용보증기금, 중소벤처기업진흥공단, 한국벤처캐피탈협회 등을 통해 확인할 수 있고, 평가는 기술신용보증기금, 중소벤처기업진흥공단에서 받아야 한다.

그 외에도 D-8-3, D-8-4의 사증 종류가 있으며 이들 모두 1회 부여 체류기간의 상한은 2년~5년으로 사증 종류에 따라 다르다.

11. 대한민국 국적을 취득하려면 어떻게 해야 하나요?

우리나라의 국적법에서는 출생에 의한 국적 취득, 인지에 의한 국적 취득, 귀화에 의한 국적 취득으로 나누고 이 조건에 부합하면 대한민국 국민으로 국적을 가질 수 있다. 이는 속인주의를 원칙으로 속지주의를 보충하는 제도이다.

출생에 의한 국적 취득

「국적법」 제2조 제1항 제1호를 보면 출생 당시에 부 또는 모가 대한민국의 국민인 자는 대한민국 국적을 취득할 수 있도록 하는 부모양계혈통주의를 표방하고 있다. 출생 전에 부가 사망하여 유복자인 경우 그 아버지가 사망한 당시 한국 사람이었으면 출생에 의하여 한국 국적을 취득하게 된다. 우리나라에서 출생한 자로서 부모가 모두 분명하지 않거나 국적이 없는 자도 출생과 동시에 한국 국적을 취득하게 된다. 그 외에도 대한민국에서 발견된 기아(棄兒)도 대한민국에서 출생한 것으로 추정하고 있다.

또 출생에 의한 복수국적자의 경우 현재 대한민국 국적의 상실 여부를 불문하고 출생신고가 가능하다(가족관계등록예규 제326호).

인지에 의한 국적 취득

「국적법」 제3조에 따르면 대한민국의 국민이 아닌 자(외국인)로서 대한민국의 국민인 부 또는 모에 의하여 인지된 자가 대한민국의 민법상 미성년이고, 출생당시 부 또는 모가 대한민국의 국민이었다면 국적취득 신고를 통해 대한민국의 국적을 취득할 수 있다. 예를 들면 법률혼 부부가 아닌 한국인과 외국인 사이에서 출생한 미성년(19세 이하)의 외국인 자녀는 대한민국 국민인 생부 또는 생모가 인정하여 인지신고로 자신의 가족관계등록부에 올린 후 신고한 때에는 국적을 취득할 수 있다. 인지에 의한 국적취득 신고 때에는 친자관계(유전자 검사) 등 그 관계를 나타내는 감정서를 제출해야 한다.

또 대한민국 국적을 취득한 외국인으로서 외국 국적을 가지고 있는 자는 대한민국 국적을 취득한 날부터 1년 내에 그 외국 국적을 포기하거나 외국 국적 불행사 서약서를 작성해야 한다(국적법 제10조).

국적 재취득

「국적법」제10조의 규정에 의해 대한민국의 국적을 상실한 자가 그 후 1년 내에 그 외국 국적을 포기한 때에는 국적재취득신고를 함으로써 대한민국의 국적을 재취득할 수 있다(국적법 제11조).

귀화에 의한 국적 취득

외국인의 경우 대한민국 국민이 되려면 귀화허가 신청을 하면 된다. 자세한 내용은 다음 장에서 설명하겠다.

복수국적자의 국적선택의무

대한민국 국민이 자진해서 외국 국적을 취득하면 그 외국 국적을 취득한 때에 대한민국 국적은 상실한다. 대한민국 국적을 취득한 외국인이 외국 국적도 가지고 있다면 이 사람은 대한민국의 국적을 취득한 날부터 1년 내에 그 외국 국적을 포기해야 한다. 만약 1년 내에 외국 국적을 포기하지 않으면 대한민국 국적이 상실된다.

출생 등 여러 이유로 만 20세가 되기 전에 복수국적자가 된 자는 만 22세가 되기 전까지, 만 20세가 된 후에 복수국적자가 된 자는 그때부터 2년 이내에 하나의 국적을 선택해야 한다. 이를 반드시 국적선택을 해야 하는 기한인 '기본 국적선택기간'이라 한다. 다만, 남자의 경우에는 병역법상 병역준비역에 편입되는 18세 되는 해의 3월 31일까지 국적포기(이탈)를 하지 않으면 병역이 해소된 날부터 2년 이내까지 국적선택기간이 연장된다.

또 '국적선택명령'제도를 통해 국적선택기간 내에 국적선택을 하지 않은 경우와 외국국적 불행사 서약을 한 사람이 서약의 취지에 현저히 반하는 행위를 하는 경우에는 하나의 국적을 선택하도록 법무부장관이 명하고 있다.

① 국적선택기간 내에 국적선택을 하지 않은 사람은 종전에는 우리 국적이

자동상실되었으나, 개정된 국적법에서는 국적을 곧바로 자동상실시키지 않고 국적선택명령을 하여 한 번 더 기회를 준 후 그때에도 선택하지 않으면 우리 국적을 상실하게 된다.

② '외국국적 불행사 서약'으로 복수국적을 가지게 된 사람이 우리나라를 출입국하는 과정에서 외국여권을 여러 차례 행사하거나 외국인등록을 하는 등 서약의 취지에 현저히 반하는 행위를 하는 경우에는 하나의 국적을 선택하도록 국적선택명령을 하고 이를 따르지 아니한 자는 대한민국 국적을 상실하게 된다.

다만 외국에 거주하는 남성인 복수국적자가 ① 외국의 영주권이나 시민권을 가진 부 또는 모와 같이 국외에 계속 거주하는 경우 ② 부모와 같이 24세 이전부터 국외에 계속 거주하는 경우 ③ 국외에서 10년 이상 계속하여 국외에 거주하는 경우에는 27세까지 병역을 연기할 수 있으며, 그렇게 하기 위해서는 24세부터 25세가 되는 해 1월 15일사이에 재외공관을 통해 '국외이주' 사유로 국외여행허가를 받아야 한다.

12. 외국인인데
대한민국으로 귀화하고 싶어요

외국인이 대한민국 국민이 되려면 종전에는 귀화허가 신청을 한 후 필기시험을 쳐야 했으나 2018.3.1. 이후부터는 사회통합프로그램 종합평가로 대체되었다. 사회통합프로그램 종합평가는 기본소양을 체계적으로 평가할 수 있도록 다양한 문항으로 구성되어 있고, 사회통합정보망(www.socinet.go.kr)을 통해 본인이 희망하는 날을 정해 신청할 수 있도록 하고 있다. 다만, 국적법 시행규칙 제4조에서 규정한 ① 미성년자 ② 만 60세 이상인 사람 ③ 법 제7조제1항 제2호 또는 제3호에 해당하는 사람(특별공로자 및 우수인재) ④ 사회통합프로그램을 이수한 사람 ⑤ 귀화허가 신청일을 기준으로 최근 3년 이내에 종합평가에서 100점을 만점으로 하여 60점 이상을 득점한 사람 ⑥ 그 밖에 법무부장관이 인정하는 특별한 사유가 있는 사람(혼인관계를 유지하고 있는 결혼이민자, 국내 초·중·고등학교 중 하나를 졸업한 자 등)은 종전의 귀화필기시험을 면제받았던 것과 같이 사회통합프로그램 종합평가도 면제된다. 또 귀화신청을 하면 보통 1년 가까이 시간이 걸리므로 꼼꼼히 따져서 신청하는 것이 중요하다.

우리나라 국적법에는 귀화의 종류를 3가지, 즉 일반귀화, 간이귀화(혼인귀화 포함), 특별귀화로 구분하고 있다.

일반귀화의 요건

일반귀화의 요건은 ① 5년 이상 계속하여 대한민국에 주소가 있을 것 ② 대한민국에서 영주할 수 있는 체류자격을 가지고 있을 것 ③ 대한민국의 민법상 성년일 것 ④ 법령을 준수하는 등 법무부령으로 정하는 품행 단정의 요건을 갖출 것 ⑤ 자신의 자산이나 기능에 의하거나 생계를 같이하는 가족에 의존하여 생계를 유지할 능력이 있을 것 ⑥ 국어 능력과 대한민국의 풍습에 대한 이해 등 대한민국 국민으로서의 기본 소양을 갖추고 있을 것 ⑦ 귀화를 허가하는 것이 국가안전보장·질서유지 또는 공공복리를 해치지 아니한다고 법무부장관이 인정할 것으로 한다(국적법 제5조). 출생 후 한 번도 대한민국 국민이 된 적 없는 성년의 외국인으로서 적법하게 5년 이상 계속하여 국내에 주소가 있는 자는 일반귀화허가 신청을 할 수 있다.

일반귀화 신청자의 국내 거주기간은 외국인이 적법하게 입국하여 외국인등록을 마치고 국내에서 계속 체류한 기간으로 하되, 국내에서 체류 중 체류기간 만료 전에 재입국허가를 받고 출국한 후 그 허가기간 내에 재입국한 경우 또는 국내에서 체류 중 체류기간연장이 불가능한 사유 등으로 일시 출국하였다가

1월 이내에 입국사증을 받아 재입국한 경우에는 국내에서 계속 체류한 것으로 보아 전후의 체류기간을 통산한다(단, 출국하여 국외에서 체재한 기간은 제외).

순수 외국인이 대한민국 국민으로 귀화하기 위해서는 종전보다 조건이 2배 상향되어 자산 6천만 원 또는 한국은행이 고시하는 전년도 일인당 국민총소득(GNI) 이상의 소득을 증명하도록 하여 생계유지능력 요건을 강화했다(국적법시행규칙 개정, 2016. 3. 1.). 하지만 결혼이민자 등의 간이귀화나 재외동포자격(F-4) 소지자는 종전 규정을 그대로 적용한다.

간이귀화(3년 이상 거주)의 요건

간이귀화의 요건은 일반귀화의 요건 중 일부를 제외한 일반적인 요건을 갖추면서 다음 어느 하나에 해당하는 외국인으로서 대한민국에 3년 이상 계속하여 주소가 있는 자는 귀화허가를 받을 수 있다. ① 부 또는 모가 대한민국의 국민이었던 자 ② 대한민국에서 출생한 자로서 부 또는 모가 대한민국에서 출생한 자 ③ 대한민국 국민의 양자(養子)로서 입양 당시 대한민국의 민법상 성년이었던 자 중 하나에 속하면 된다(국적법 제6조 1항).

재정 관련 조건은 본인 또는 생계를 같이하는 가족명의의 3,000만 원 이상의 은행잔고증명 또는 3,000만 원 이상에 해당하는 부동산 소유 증명서류 등을 제출해야 한다.

간이귀화(혼인동거자 : 결혼)의 요건

또 배우자가 대한민국의 국민인 외국인으로서 다음 어느 하나에 해당하면 혼인동거자의 간이귀화허가를 받을 수 있다. ① 그 배우자와 혼인한 상태로 대한민국에 2년 이상 계속하여 주소가 있는 자인 경우 가능한데, 이는 외국에서 혼인증서를 작성 후 국내에 입국한 날로부터 2년 이상 계속 거주해야 한다 ② 그 배우자와 혼인한 후 3년이 지나고 혼인한 상태로 대한민국에 1년 이상 계속하여 주소가 있는 자도 간이귀화가 가능하다(국적법 제6조 제2항 1호, 2호).

이때 거주기간의 기산점은 외국에서 적법한 사증을 발급받아 한국에 입국하여 외국인등록을 마친 날을 기준으로 한다.

동포 1세 및 2세의 배우자는 동포 1세 및 2세의 배우자임을 증명하는 서류를 추가로 제출하면 귀화허가를 받을 수 있다.

간이귀화(혼인관계단절)의 요건

일반귀화의 요건 중 기간(5년)요건을 제외한 일반적인 요건을 갖추면서 배우자가 대한민국의 국민인 외국인으로서 ① 한국인과 혼인한 상태에서 한국인 배우자의 사망, 실종 그 밖에 자신의 귀책사유 없이 정상적인 혼인생활을 할 수 없었던 자로 대한민국에서 2년 이상 주소가 있는 자 ② 그 배우자와의 혼인에 따라 출생한 미성년의 자(子)를 양육하고 있거나 양육하여야 할 자로서 기간을 채웠고 법무부장관이 상당하다고 인정하는 자 중 하나에 속하면 된다(국적법 제6조 제2항 3호, 4호).

이 외에도 법무부는 국민과 혼인한 후 그 혼인관계가 단절된 외국인이 '공인된 여성 관련 단체'가 작성한 확인서를 제출하는 경우에도 국적신청 접수가 가능하도록 하였다. 국적신청자는 법무부가 선정한 공인된 여성 관련 단체에 대한 목록을 확인 후 소속 단체에서 발급한 확인서를 제출하면 별도의 면접 등 심사절차를 거쳐 국적허가 여부를 결정, 통보해준다.

특별귀화(국적회복자의 자, 성년 또는 미성년친자, 미성년양자)의 요건

특별귀화의 요건은 품행과 기본 소양의 일반적인 요건을 갖추고, 부 또는 모가 대한민국의 국민이면서 본인은 외국인인 경우 대한민국에 주소가 있으면 귀화허가를 받을 수 있다. 귀화허가자의 자녀(나이 및 혼인 여부 불문)에 대해서는 국내 거주기간에 관계없이 특별귀화허가 신청이 가능하다(국적법 제7조 제1항 1호).

국민과 혼인한 외국인 여자의 친자(미성년)를 한국인 배우자가 입양하려면 입국 후 바로 귀화허가 신청을 하면 된다. 친권이 외국의 전 남편에게 있는 경우 친부의 친권포기각서 공증서류(이혼 시 이혼판결문상의 부의 친권포기 명기), 한국 국적 취득동의서, 국민과 혼인한 모가 친권 및 양육권이 있다는 내용 등을 추가로 제출해야 한다. 다만, 양자로서 대한민국의 민법상 성년이 된 후에 입양된 자는 특별귀화 신청을 할 수 없고, 3년 이상 계속하여 대한민국에 적법하게 거주한 후 간이귀화 허가 신청을 할 수 있다.

특별귀화(특별공로자, 우수인재)의 요건

특별귀화의 요건은 품행과 기본 소양의 일반적인 요건을 갖추고, ① 대한민국에 특별한 공로가 있는 자 ② 과학·경제·문화·체육 등 특정 분야에서 매우 우수한 능력을 보유한 자로서 대한민국의 국익에 기여할 것으로 인정되는 자 중 하나에 속하면 된다(국적법 제7조 제1항 2호 및 동법 제7조 제1항 3호).

정부는 해외 우수인재 유치 정책을 적극 권장하고 이를 위해 특별귀화 대상자의 요건을 완화했다. 해외 우수인재에게 복수국적을 허용하는 국적법은 2011년 1월부터 시행된 이후, 복수국적 허용, 영주권 취득 기간 단축 등 유치 요건을 완화하였다. 특히 국내 이공계 석·박사 학위 취득자 중 우수인재를 특별귀화 대상자에 포함하여 복수국적을 허용하고, 우수 전문인력·투자자의 영주허용 요건 중 체류기간 요건을 기존 5년 이상에서 1년 이상으로 완화했다.

또한 예전에는 동포·비동포 구분 없이 일괄 적용하였으나 동포에 대한 평가 기준을 완화했다. 학술 분야의 경우 동포는 국내외 4년제 대학의 교수직으로 2년 이상 재직한 경력이 우수인재 인정 요건이고, 비동포는 3년 이상의 경력이 있으면 가능하다. 여기에 공인된 기관으로부터 수상한 경력과 주요 학술지 논문 게재 실적 등을 통해 특별귀화 여부를 결정한다.

수반취득의 요건

외국인의 자(子)로서 대한민국의 민법상 미성년인 자는 부 또는 모가 귀화허가를 신청할 때 함께 국적취득을 신청할 수 있도록 법에 규정하고 있다(국적법 제8조). 만약 미성년인 자녀에 대하여 수반취득을 신청하지 않고 부 또는 모가 귀화허가 또는 국적회복을 신청하였다면 나중에는 수반취득할 수가 없고 그 자녀는 독자적으로 귀화절차를 거쳐야 한다. 부 또는 모가 한국 국적을 취득한 상태라면 그 자녀는 특별귀화 신청을 할 수 있다.

국적 관련 허가업무는 신청자의 거주지를 관할하는 17개 출입국 · 외국인관서에서만 신청 가능하므로 확인 후 처리하는 것이 편리하다.

귀화 허가 절차도(국적법 제4조~제7조)

2017. 2. 28. 기준

① 신청 및 접수
출입국 · 외국인관서

- 일반귀화, 간이귀화(혼인귀화포함), 특별귀화로 구분
- 구비서류를 준비하여 관할 출입국 · 외국인관서에 접수
  ※ 구비서류는 하이코리아 홈페이지(www.hikorea.go.kr) 또는 외국인종합안내센터(☎1345)에서 안내
- 미성년 자녀는 부 또는 모가 귀화신청 시 수반신청 가능

② 사회통합 프로그램 종합평가, 귀화면접 심사
출입국 · 외국인관서

- 사회통합프로그램 종합평가 대상 : 일반귀화, 간이귀화, 특별귀화
  ※ 혼인관계를 유지 중인 결혼 이민자 등은 종합평가 면제 가능
- 면접심사 대상 : 일반귀화, 간이귀화, 특별귀화
- 사회통합프로그램 종합평가 및 면접심사 면제 대상자는 「국적법 시행규칙」 제4조 등에 규정
  ※ 사회통합프로그램을 이수하고 기본소양이 확인된 사람에 대해서는 사회통합프로그램 종합평가 및 면접심사 면제

③ 귀화 요건 심사
출입국 · 외국인관서

- 사회통합프로그램 종합평가 및 면접 합격자를 대상으로 필요시 체류 동향 조사 실시
  공　통 체류실태, 생계유지능력, 범죄경력 등 확인
  입　양 입양의 진정성 등 확인
  혼인귀화 정상적인 혼인관계 유지 여부 등 확인
- 사회통합프로그램 종합평가 및 면접심사 결과, 조사 내용 등을 종합하여 귀화 요건 심사

④ 심사 결정 법무부	• 범죄경력조회, 신원조회 등을 거쳐 귀화허가 여부 최종 심사 결정
⑤ 국민선서 및 국적증서 수여 (출입국·외국인관서)	• 귀화허가를 받은 사람이 법무부장관(출입국·외국인관서의 장) 앞에서 국민선서 후 귀화증서를 수여 받을 때 대한민국 국적 획득
⑥ 고시 및 통보 법무부	• 관보고시 • 대법원 등 관계기관 통보(가족관계등록부 생성)
⑦ 외국국적 포기 등 출입국·외국인관서	• **국적 취득 후 1년 내** 외국국적 포기(원칙) 또는 외국국적불행사 서약 **외 국 국 적 포 기**　대한민국 주재 자국 대사관(영사관) **외국국적불행사서약**　출입국·외국인관서 ※ 혼인관계를 유지 중인 혼인귀화 허가자는 외국국적불행사 서약 가능
⑧ 주민등록	• 주소지 읍·면·동 사무소(주민센터)

출처 : 법무부, 하이코리아 귀화 허가 흐름도

13. 체류 외국인이 주의해야 할 출입국사범은 어떤 게 있나요?

출입국관리법은 출입국관리행정의 공정한 집행이나 질서유지를 위해 특정한 행위를 금지하거나 명령하는 규정(벌칙조항)을 두고, 이를 위반하는 경우 벌칙을 적용하고 있다.

출입국관리공무원은 출입국관리법상 강제퇴거사유에 해당된다고 의심되거나 이 법에 의한 명령을 위반했다고 의심되는 외국인에 대해 사실조사를 할 수 있으며, 이들은 별도 보호조치를 한다. 또 위반사실이 적발되면 정밀심사를 실시하는데 이때 진술서를 작성하게 되고 당사자는 용의자 또는 참고인 신분이 된다. 심사결과가 나오면 해당자에게 심사결과를 통보하는데, 이때 보호해제 · 강제퇴거 · 출국명령 · 출국권고 · 통고처분 · 고발 등에 대한 조치가 취해진다.

강제퇴거

강제퇴거란 출입국관리법상 범법외국인에 대한 행정처분의 일종으로서, 범법외국인에 대해 국내체류를 불허함은 물론 외국인의 의사에 반하여 강제로 대한민국 영토 밖으로 송환하는 가장 강력한 처분이다. 만약 강제퇴거명령을 받은 자가 이의신청을 하고자 한다면 강제퇴거명령서를 받은 날부터 7일 이내에 이의신청서를 제출해야 한다(출입국관리법 제46조, 제60조).

출국명령

출국명령이란 강제퇴거의 대상자로 인정되나 자기비용으로 출국하고자 하는 외국인, 출국권고를 이행하지 않는 외국인, 출입국관리법 제89조에 따라 각종 허가 등이 취소된 사람, 제89조의2 제1항에 따라 영주자격이 취소된 사람, 과태료 처분 후 출국조치하는 외국인, 통고처분 후 출국조치하는 외국인 등에게 내려지는 조치로서 출국명령을 하게 되는데, 출국명령서를 발급할 때에는 출국기한을 정하고 주거의 제한이나 그 밖에 필요한 조건을 붙일 수 있으며 필요하다고 인정할 때에는 2천만 원 이하의 이행보증금을 예치하게 할 수 있다. 또 출국명령을 받고도 지정한 기한까지 출국하지 않거나 조건을 위반한 사람에게는 지체없이 강제퇴거명령서를 발급하게 되며, 그 예치된 이행보증금의 전부 또는 일부를 국고에 귀속시킬 수 있다.

출국권고

출입국관리법 제17조(외국인의 체류 및 활동범위) 및 제20조(체류자격 외 활동)의 규정을 최초로 위반한 자로서 그 위반기간이 10일 이내로 가벼운 경우이거나 이 법의 명령을 위반한 자로서 법무부장관이 출국을 권고할 수 있다. 출입국관리공무원이 출국권고를 결정하였을 경우 출국권고서 발부일로부터 5일 이내의 기한을 정하여 출국권고서를 해당 외국인에게 교부한다. 출국권고를 받고 5일 이내에 출국하지 않으면 출국명령서를 발부한다. 출국권고서를 받은 외국인은 출국시 출입국공무원에게 출국권고서를 제출해야 한다.

통고처분(범칙금)

출입국관리법상 통고처분은 출입국사범에 대한 조사 결과 범죄의 확증을 얻은 때에 이유를 명시하여 벌금을 납부할 것을 통고하는 것으로 준사법적 행정처분의 일종이다. 이 조치는 출입국관리법 위반자의 범죄사건을 정식재판에 들어가지 않고 신속·간편한 처리절차를 통해 시간·비용 등 불편을 해소하는데 그 목적을 두고 있다(출입국관리법 제102조).

통고처분을 송달받은 출입국사범은 범칙금을 15일 이내에 납부해야 한다. 이때 범칙금 분할 납부는 안 된다. 만약 통고처분 받은 출입국사범이 납부기한 내에 범칙금을 납부하지 않으면 출입국·외국인관서장이 관할 검찰청에 고발함으로써 형사소송절차가 진행된다(출입국관리법 제105조).

범칙금은 신용카드, 직불카드 등으로 납부할 수 있는데 납부대행 수수료가 별도로 부가된다.

과태료

출입국관리법상 과태료는 행정법규 위반이라는 객관적 사실에 대해 과하는 제재이므로 반드시 현실적인 행위자가 아니라도 법령상 책임자로 규정된 자에게 부과되고 특별한 규정이 없는 한 원칙적으로 위반자의 고의·과실을 요하지 않는다. 출입국관리법을 위반한 과태료 처분 대상자는 관할 출입국·외국인관서로 출석하여 의견을 진술하거나 서면으로 의견을 제출할 수 있다. 출입국관리법 위반행위를 조사·확인한 후 위반사실과 과태료금액 등을 명시하여 과태료 처분 대상자에게 통지한다.

과태료처분 고지를 받으면 60일 이내에 관할 출입국·외국인관서장에게 과태료처분에 대한 이의제기를 할 수 있다. 이의제기를 받은 관할 출입국·외국인관서장은 관할 법원에 그 사실을 통보하고 그 통보를 받은 관할 법원은 비송사건절차법에 의한 과태료 재판을 하게 된다. 과태료 고지를 받고 60일 이내에 이의제기를 하지 않고 과태료도 납부하지 않을 경우 국세청 체납처분절차에 따라 강제징수한다.

보호실 퇴소 및 보호일시해제

출입국사범 대상자가 보호실을 퇴소하는 경우에는 강제퇴거되는 경우와 보호해제되는 경우가 있다. 강제퇴거의 경우 출입국관리공무원은 여권이 없는 외국인이라면 자국 대사관에 여권발급을 요청해 신속한 퇴소를 지원하고, 공항만으로 호송하여 강제퇴거를 집행하게 된다. 보호해제는 보호기간이 만료되기 전에라도 보호할 필요가 없을 경우 보호를 해제하는 것을 말한다.

이 외에도 보호일시해제라는 것이 있는데, 이는 보호외국인이 보호(강제퇴거)로 인하여 회복할 수 없는 재산상 손해 또는 생명·신체에 중대한 위해가 발생하거나 기타 인도적 사유가 있는 경우 보호의 일시해제를 청구할 수 있는 제도이다. 보호일시해제 청구 시 보호일시해제청구서, 신원보증서, 청구의 사유 및 보증금 납부 능력을 소명하는 자료를 제출하면 된다. 보호일시해제 조건으로는 2천만 원 이하의 보증금을 예치시키고 주거의 제한 기타 필요한 조건을 붙이게 된다.

02 법인·단체·협동조합을 설립하고 싶어요

　최근 뜻을 같이 하는 2인 이상의 사람들이 모여 특정 목적을 가지고 사업을 하기 위해 사단·재단법인이나 비영리민간단체, 협동조합 등을 구성하는 경우가 많다. 법인 등을 설립하게 되면 구성원과는 별개로 단체 자체에 법인격이 인정되기 때문에 단체와 관련된 법률관계를 단순화시킬 수 있다. 예를 들면, 100명의 회원으로 구성된 단체가 사무실 건물을 임대하려고 할 때, 만약 자연인에게만 권리능력이 인정된다면 100명의 회원 전원이 임대계약의 당사자로 나서야 한다. 또 상대방과 분쟁이 생길 경우 전체 회원이 원고 또는 피고가 되어야 하는 상황이 될 수도 있다. 또한 건물을 매수할 경우 전체 회원의 명의로 등기해야 하고, 은행에서 계좌를 개설하더라도 전체 회원의 명의로 해야 하는 등의 불편함이 생길 수도 있다. 이러한 단체에 법인격을 부여하여 법인으로 인정하게 되면 자연인과 같이 법인이 단독으로 계약당사자가 될 수 있어서 법률관계가 단순하다. 거래 상대방의 입장에서도 법인으로 인정된 단체에 대해서는 권리·의무의 주체가 명확해지므로 원활하게 거래를 할 수 있어 편리하다.

　우리 법에서는 「민법」(제3장 제31조에서 제97조), 「공익법인의 설립·운영에 관한 법률」, 각 행정부처 소관 비영리법인의 설립 및 감독에 관한 규칙 등을 통해 법인설립의 근거규정을 두고 있다. 특히 민법은 법인에 대하여 정관으로 정한 목적의 범위 내에서 자연인과 유사한 권리능력, 행위능력 및 불법행위능력 등을 인정하고 있다. 자연인이 생존기간 동안 권리와 의무의 주체가 되는 것과 달리 법인은 법률의 규정과 설립등기에 의하여 성립하고(민법 제31조 및 제33조), 청산등기를 마침으로써 소멸된다(민법 제94조).

1. 사단법인·재단법인은 어떻게 구분하나요?

　민법 제31조는 "법인의 성립은 법률의 규정에 의함이 아니면 성립하지 못한다"라고 하여 법률의 규정에 벗어난 법인의 설립을 인정하지 않으며, 법인의 설립을 위해서는 법률이 인정하는 법정의 요건을 구비해야 한다. 법인의 설립 절차는 크게 ① 발기인 또는 설립자에 의한「단체의 설립단계」와 ② 그 설립된 단체에 국가기관의 행정행위에 의한「법인격부여단계」로 구분된다. 이때 설립되는 법인의 종류는 현행 민법상 사단법인 혹은 재단법인 중의 하나여야 한다. 민법에 근거하여 설치되는 법인은 "비영리" 사업을 추구하는 것을 전제로 한다.

|법인의 분류|

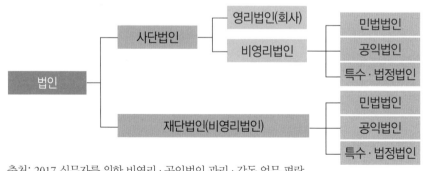

출처: 2017 실무자를 위한 비영리·공익법인 관리·감독 업무 편람

사단법인

사단법인은 일정한 목적을 위해 결합한 사람의 단체(사단)에 권리주체가 되는 자격을 인정한 것으로, 구성원의 증감변동에 관계없이 존속하고, 하나의 단일체로서 구성원으로부터 독립하여 존재하는 단체를 의미한다. 또 사단법인은 사람의 집단이기 때문에 구성요소인 사원이 필요하고, 최고의사결정도 사원총회의 자주적 결정에 의해 이루어진다.

사단법인은 통상 정관을 작성하여 주무관청의 허가를 받아 주된 사무소 소재지에 등기를 마침으로써 성립되지만, 회사와 같은 영리법인의 경우에는 주무관청의 허가절차 없이 법이 정한 설립요건을 갖춰 등기를 마치면 성립된다.

재단법인

재단법인은 일정한 목적에 바쳐진 재산을 중심으로 한 사업체(재단)에 권리주체가 되는 자격을 인정한 것을 말한다. 재단법인은 일정한 목적을 위하여 모은 재산이나 출연한 재산을 개인의 권리에 귀속시키지 않고 별개의 실체로 운영하기 위해 재산을 구성요소로 성립된 법인격체라는 점에서 사단법인과 차이가 있다. 재단법인은 재산출연자의 의사를 존중하기 위한 취지에서 설립목적을 비롯한 정관변경에 특별히 많은 제약을 두고 있다. 다만, 재산이 의사를 표시할 수는 없으므로(이사가 법인을 대표하여 법률행위를 하지만 인적 단체는 아니다) 사단법인과 같은 사원총회(또는 주주총회)가 없으며, 영리를 목적으로 한 재단법인의 설립은 허용되지 않는다(민법 제49조 제1항).

사단법인과 재단법인의 비교

사단법인	재단법인
일정한 목적을 위하여 결합한 사람의 집단	일정한 목적을 위하여 출연한 재산
구성요소인 사원이 필요	사원이 부존재
최고의사결정은 사원총회의 자주적 결정에 의해 이루어짐	출연자의 의사가 존중됨
사원들에 의하여 단체의 설립, 법인의 형태, 조직의 구성 및 정관의 작성과 변경 등에 있어서 폭넓은 자율성 인정	출연자의 의사를 존중하기 위해 정관변경에 많은 제약이 가해지는 등 타율적인 조직체
비영리법인뿐만 아니라 영리를 목적으로 하는 영리법인도 허용함	재단법인에는 구성원인 사원이 없으므로 비영리를 목적으로 하는 법인만 인정

출처 : 2017 실무자를 위한 비영리·공익법인 관리·감독 업무 편람, 법무부

2. 사단법인·재단법인 설립은 어떻게 하나요?

실무적으로 사단법인의 경우 정관 작성과 기관을 구성하는 사원총회(즉, 창립총회)의 결의가 필요하다. 법인격부여단계에서는 주무관청의 허가와 법인설립등기가 이루어짐으로써 법인설립이 완성된다. 즉, 단체(사단 혹은 재단)가 주무관청에 법인 설립허가 신청을 하고 이에 따라 주무관청에서 설립허가 처분을 내리게 되면, 이후 단체는 그 주된 사무소의 소재지에 법인설립등기를 함으로써 법인설립이 완성된다(민법 제31조 및 제32조).

주무관청이란 법인의 목적사업을 주관하는 행정관청으로, 법인의 사업이 법률문화의 진흥을 위한 목적이라면 법무부장관, 장학사업이라면 교육부장관 또는 시·도교육청장, 자선·보건·위생사업이 목적이라면 보건복지부장관, 종교·예술·문화사업 등의 목적이라면 문화체육관광부장관이 주무관청이 된다.

주무관청의 업무는 「행정권한의 위임 및 위탁에 관한 규정」에 의거하여, 비

영리법인의 설립허가 및 취소, 정관변경허가, 해산신고의 수리, 그 밖의 지도·감독 업무가 지방자치단체의 장이나 하급행정기관의 장에게 위임되어 있는 경우가 많으므로, 정확한 설립허가 업무 처리 관청을 확인하기 위해서는 동 규정을 확인할 필요가 있다. 주무관청의 허가 여부는 주무관청의 자유재량에 속하며, 비록 법인성립을 목적으로 하는 단체가 법인 설립허가 신청을 하였으나 주무관청으로부터 허가를 받지 못하였더라도 행정소송으로 이를 다툴 수 없다는 것이 판례의 입장(大判 1996. 9. 10. 선고 95누18437 판결 등)이므로 전문자격사인 행정사의 도움을 통해 법인설립을 하는 것이 유용하다 할 것이다.

판례 ⚖️ **비영리법인 설립허가의 성질과 주무관청 재량의 정도**
(대법원 1996. 9. 10. 선고 95누18437 판결)

민법은 제31조에서 "법인은 법률의 규정에 의함이 아니면 성립하지 못한다"고 규정하여 법인의 자유 설립을 부정하고 있고, 제32조에서 "학술, 종교, 자선, 기예, 사교 기타 영리 아닌 사업을 목적으로 하는 사단 또는 재단은 주무관청의 허가를 얻어 이를 법인으로 할 수 있다"고 규정하여 비영리법인의 설립에 관하여 허가주의를 채용하고 있으며, 현행 법령상 비영리법인의 설립허가에 관한 구체적인 기준이 정하여져 있지 아니하므로, 비영리법인의 설립허가를 할 것인지 여부는 주무관청의 정책적 판단에 따른 재량에 맡겨져 있다. 따라서 주무관청의 법인설립 불허가처분에 사실의 기초를 결여하였다든지 또는 사회관념상 현저하게 타당성을 잃었다는 등의 사유가 있지 아니하고, 주무관청이 그와 같은 결론에 이르게 된 판단 과정에 일응의 합리성이 있음을 부정할 수 없는 경우에는, 다른 특별한 사정이 없는 한 그 불허가처분에 재량권을 일탈·남용한 위법이 있다고 할 수 없다.

민법에 근거한 비영리법인(사단, 재단)과 공익법에 근거한 공익법인(사단, 재단)을 설립하기 위해 필요한 구비서류는 다음의 목록을 참고하자. 법제처 국가법령정보 사이트(www.law.go.kr)에서 '법인'이라는 키워드를 검색하면, 주요 부처 소관 비영리법인의 설립 및 감독에 관한 규칙 등을 열람할 수 있고, 각 규칙의 하단에 첨부된 서류를 활용하면 된다.

	법인별 구비서류	근거법령	비영리법인 (민법)		공익법인 (공익법)		비고
			사단	재단	사단	재단	
1	비영리법인 설립허가 신청서(비영리법인용, 공익법인용 구분)	법인규칙 제3조, 동 별지 제1호 서식	○	○	○	○	공통
2	설립취지서(임의서식으로 작성)	공익법인령 제4조 제1항 제1호	△	△	○	○	공통
3	설립발기인의 인적사항 (성명·주소·약력) ※ 설립할 발기인이 법인인 경우에는 그 명칭, 주된 사무소의 소재지, 대표자의 성명·주민등록 번호·주소와 정관을 적은 서류	법인규칙 제3조 제1호: 공익법인령 제4조 제1항 제1호	○	○	○	○	공통
4	임원 취임 예정자의 성명·주민등록번호·주소·약력을 적은 서류	법인규칙 제3조 제5호: 공익법인령 제7조 제1항 제2호	○	○	○	○	공통
5	임원 취임승낙서(서명·날인포함)	법인규칙 제3조 제5호: 공익법인령 제7조 제1항 제4호	○	○	○	○	공통
6	특수관계 부존재 각서 (※ 사후 발견 시 임원취임 취소)	공익법인령 제7조 제1항 제7호	×	×	○	○	사단법인
7	창립총회회의록(회의록 내용상의 별첨서류 첨부·간인) ※ 설립발기인이 법인인 경우에는 법인의 설립에 관한 의사의 결정을 증명하는 서류	법인규칙 제3조 제6호: 공익법인령 제4조 제1항 제8호	○	×	○	×	공통
9	정관(필요적 기재사항 확인)	법인규칙 제3조 제2호: 공익법인령 제4조 제1항 제3호: 민법 제40조, 제43조	○	○	○	○	공통
10	법인조직 및 상근임직원 정수표	공익법인령 제14조	△	△	○	○	공통
11	재산목록(※ 재단법인의 경우에는 기본재산과 보통재산으로 구분하여 기재)	법인규칙 제3조 제3호: 공익법인령 제4조 제1항 제4호	○	○	○	○	공통

	법인별 구비서류	근거법령	비영리법인 (민법)		공익법인 (공익법)		비고
			사단	재단	사단	재단	
12	재산출연증서(기부신청서)	법인규칙 제3조 제3호: 공익법인령 제4조 제1항 제4호	△	△	○	○	공통
13	재산증명서(부동산·예금· 유가증권 등 주된 재산에 관한 등기소·금융기관 등 의 증명서)	법인규칙 제3조 제3호: 공익법인령 제6호	△	△	○	○	공통
14	회비징수 예정명세서 또는 기부신청서	공익법인령 제4조 제1항 제4호	△	×	○	×	사단 법인
15	사원명부(성명·주소) ※ 100명이 넘을 경우 "이상 100명 외 ○○명" 으로 총수 기재서류	공익법인령 제4조 제1항 제8호	△	×	○	×	사단 법인
16	당해연도 사업계획서 및 수지예산서	법인규칙 제3조 제4호	○	○	×	×	비영리 법인
17	사업 개시 예정일 및 사업 개시 이후 2 사업년도분의 사업계획서 및 수지예산서	공익법인령 제4조 제1항 제7호	×	×	○	○	공익 법인
18	사무실 호가보증명서 (※ 건물사용승낙서 또는 임대차계약서, 건물소유 권 입증서류 등)	민법 제33조. 제36조	△	△	△	△	공통

○ : 근거법령에 의한 제출서류
△ : 근거법령에 규정되어 있지 않으나 설립허가 검토 시 필요한 서류
× : 제출하지 않는 서류

출처 : 2017 실무자를 위한 비영리·공익법인 관리·감독 업무 편람, 법무부

사단법인의 설립행위(정관 작성)

사단법인의 설립행위는 곧 법인의 '정관 작성'을 일컫는 것이며, 재단법인의 설립행위는 법인의 '정관 작성'과 함께 '재산의 출연'을 의미한다.

민법은 사단법인의 설립자가 정관을 서면에 작성하여 기명날인할 것을 요구

하며(민법 제40조), 설립행위를 일종의 요식행위로 규정하고 있다. 따라서 설립자의 기명날인이 없는 정관은 효력이 없다. 설립자의 수에 대해서는 민법에 특별한 언급이 없고 사단법인의 경우 성질상 2인 이상이면 가능하다.

정관은 반드시 기재해야 하는 필요적 기재사항과 임의적 기재사항이 있다. 필요적 기재사항은 ① 목적 ② 명칭 ③ 사무소의 소재지 ④ 자산에 관한 규정 ⑤ 이사의 임면에 관한 규정 ⑥ 사원자격의 득실에 관한 규정 ⑦ 존립시기나 해산사유를 정하는 때에는 그 시기 또는 사유 등이다. 이를 하나라도 빠뜨리면 정관으로서의 효력이 생기지 않아 주무관청으로부터 법인설립의 허가를 받을 수 없으므로 잘 챙겨봐야 할 것이다.

사단법인 설립을 위한 정관의 필요적 기재사항

구분	내용
1. 목적	비영리법인의 목적사업은 영리 아닌 사업이어야 한다.
2. 명칭	명칭사용에 특별한 제한은 없고, '사단법인'이라는 명칭을 쓰지 않아도 무방하다. 다만 실무적으로 기존 법인과 동일한 명칭을 사용하는 것은 허용하지 않는다. ※ 인터넷등기소(법인상호검색)에서 동일명칭 여부 확인 영리·특수법인 명칭과도 달라야 하며 유사명칭은 변경 권장
3. 사무소의 소재지	사무소가 수개일 때에는 이를 모두 기재해야 하고 주된 사무소를 정해야 한다. 실무적으로 도로명과 건물번호, 건물명, 호수까지 모두 기재함이 타당하다.
4. 자산에 관한 규정	민법에는 어느 정도까지 자산에 관한 규정을 표시해야 하는지에 대한 규정이 없으나, 통상적으로 주무관청 및 일반의 제3자에게 비영리법인의 견실한 재정적 기초를 알리는 데 필요한 정도라고 해석된다. 구체적으로 자산의 종류, 구성, 관리, 운용방법, 각 사원의 출자액, 출자의무(회비)에 관한 것이 그 기재사항이 된다. ※「법무부 소관 비영리법인의 설립 및 감독에 관한 규칙」에서는 "목적하는 사업을 수행할 수 있는 충분한 능력이 있고 재정적 기초가 확립되어 있거나 확립될 수 있을 것"을 법인 설립허가 요건으로 규정(제4조 제1항 제2호)하고 있으므로 이를 참고하면 된다.

구분	내용
5. 이사의 임면에 관한 규정	이사의 임면방법에 관한 규정, 즉 이사의 수, 자격, 임기, 선임과 해임의 방법 등에 관한 사항을 기재하면 된다. 이사 및 감사의 수를 정관에서 확정할 필요는 없고, '○명 이상의 이사', '○명 이하의 감사' 식으로 규정하는 것도 가능하다. 민법에는 이사선임방법에 관한 제한 규정이 없다. 따라서 비영리법인의 이사는 반드시 사원총회에서 선임하도록 하지 않아도 되고, 사원이 아닌 자를 이사로 선임할 수 있도록 규정하여도 무방하다. ※대표기관이자 집행기관인 '이사'는 모든 법인이 두어야 하는 필요기관이지만, 이사의 감독기관인 '감사'는 민법상 법인에는 임의기관이다(다만 공익법인법상 공익법인에는 필요기관이다).
6. 사원자격의 득실에 관한 규정	사원의 자격, 입사, 퇴사, 제명 등에 관한 사항을 의미한다. ※ 절대로 퇴사를 인정하지 않는다거나 퇴사의 조건으로 부당한 위약금을 정하는 것과 같은 정관규정은 사회질서에 반하는 규정으로 무효일 수 있다.
7. 존립시기나 해산 사유를 정하는 때에는 그 시기 또는 사유	이 사항은 반드시 정해야 하는 것은 아니므로, 특히 이를 정하고 있는 때에만 기재하면 된다.

출처 : 2017 실무자를 위한 비영리 · 공익법인 관리 · 감독 업무 편람, 법무부

재단법인의 설립행위

재단법인 설립을 위해서는 설립자가 재산을 출연하고 정관을 작성해야 한다는 점에서 사단법인과 비슷하지만 법인의 목적 실현을 위해 필요한 재산의 출연 행위가 요구된다는 점에서 차이가 있다.

재단법인의 정관기재의 필요적 기재사항은 사단법인의 필요적 기재사항 중에서 2가지가 제외되는데, ① 재단법인은 사원이 존재하지 않으므로 '사원자격의 득실에 관한 규정'은 필요 없고 ② '존립시기나 해산사유를 정하는 때에는 그 시기 또는 사유'도 필요적 기재사항에서 제외된다. 따라서 재단법인의 정관작성은 설립자가 이를 작성하여 기명날인함으로써 성립하는 요식행위이다. 재

단법인의 설립은 생전처분으로 할 수도 있고 유언으로도 할 수 있다. 생전처분으로 재단법인을 설립할 때에는 증여에 관한 규정이 그리고 유언으로 재단법인을 설립할 때에는 유증에 관한 규정이 준용된다(민법 제47조).

주무관청이 설립허가 시 주로 검토하는 사항

법인 설립허가를 하는 주무관청에서는 다음과 같은 내용을 주요하게 검토하게 된다.

첫째, 비영리법인의 목적과 사업이 구체적이고 실현 가능한가에 대해 검토한다. 목적사업이 구체적으로 실현 가능하고, 지속적인 사업의 유지 · 증진 또한 가능해야 한다.

둘째, 재정적 기초의 확보 가능성이 있는지 검토한다. 사단법인의 경우 필수 구성요소인 회원의 수와 자격, 연회비 액수의 적정성, 회비 징수방법 등을 면밀히 검토하여 법인 운영의 실효성을 확보했는지 보게 된다. 재단법인의 경우 출연재산의 규모, 출연재산이 법인 설립등기 즉시 법인으로 이전 가능한지 여부와 재산출연 절차상 문제가 없는지, 출연재산의 활용 가능 여부를 검토한다.

▶ **재정의 적정성 판단 시 고려할 사항**
- 출연재산의 기준으로 어느 정도가 적정한지는 주무관청 및 목적사업별로 다르게 판단할 수 있다.
- 출연재산으로부터의 과실금 또는 회비와 연간 사업계획 및 예산 총규모와 대비하여 판단한다. 기본재산은 소유권 이전이 가능한 부동산(대지, 건물, 임야 등) 또는 재산 감소가 초래되지 않는 동산(현금, 임차보증금)으로 구성된다. 기본재산 중 부동산은 감정평가법인이 작성한 감정평가서상의 감정평가금액 중 부동산등기부상 담보권설정액을 공제한 금액을 기준으로 한다. 임차보증금은 부동산 등기부상 선순위 담보권설정금액을 공제한 금액으로 한다. 기본재산의 연간 수익발생 시기 및 수익방법 등이 구체적으로 표시되어야 한다.

셋째, 법인의 독자성과 전문성을 검토한다. 설립허가 신청법인의 명칭은 유사 법인의 명칭과 혼동되기 쉬우므로 기존 법인의 명칭과 다르게 정해야 한다. 법인의 명칭과 목적, 사무소 소재지, 사업내용(사업실적 및 사업계획) 등이 체계적으로 합치되어야 한다.

그 외에도 주무관청은 비영리법인의 설립허가를 할 때 필요한 조건을 붙일 수 있다. 예를 들면 법인 설립허가일로부터 1년 이내에 목적사업을 실시할 것, 목적사업을 계속하여 2년 이상 중단하지 말 것, 법인의 목적과 관련 없는 수익 사업을 하지 말 것 등의 단서를 붙일 수도 있다.

주무관청은 정관의 필수적 기재사항의 누락 여부를 검토한 후 구비서류의 누락 여부를 보고 누락 시 보완을 요청할 수도 있고 보완이 불가능하다고 판단 되면 설립을 불허한다. 처리 기간은 특별한 사유가 없는 한 20일 이내에 이를 심사하여 허가 또는 불허가 처분을 하도록 하고 있다(법인규칙 제4조 제2항). 허가 또는 불허가 처분은 서면으로 신청인에게 통지하며 허가하는 경우 법인설립허가증을 발급해준다.

설립허가 받은 이후 후속절차

① 설립등기 : 관할 등기소에 등기

사단법인이든 재단법인이든 법인성립이 인정되려면 법인설립의 허가가 있은 때로부터 3주간 내에 주된 사무소의 소재지 관할 법원(등기소)에 설립등기를 해야 한다(민법 제49조 제1항). 등기기간은 주무관청의 '설립허가서'가 도착한 날로부터 기산한다(민법 제53조). 실무적으로는 이때 대표자 인감등록을 하게 된다. 법인설립의 등기는 법인을 대표할 사람이 신청하고, 등기신청서에 다음의 서류를 첨부하면 된다. 기타 소요되는 등기비용에는 등록세, 교육세, 기타부대 비용 등이 있다.

▶ **등기신청서 및 첨부 서류(비송사건절차법 제63조)**

– 법인의 정관·이사의 자격을 증명하는 서면
– 주무관청의 허가서 또는 그 인증이 있는 등본
– 재산목록

설립등기할 사항 및 구체적 내용

구분	등기사항(민법 제39조 제2항)
1. 목적	법인이 영위 또는 추구하고자 하는 사업이 무엇인지 제3자가 알 수 있을 정도로 표시해야 한다. 사업의 종류도 구체적으로 표시해야 한다.
2. 명칭	법인의 명칭은 법령상 사용이 제한되는 명칭을 제외하고는(은행법 제14조, 보험법 제8조 제2항 등) 자유롭게 정할 수 있다. 다만, 법인 명칭의 등기 시에 법인의 종류(즉 사단법인 또는 재단법인)를 부기하여야 한다(민법법인 및 특수법인 등기규칙 제4조).
3. 사무소	법인 사무소의 소재지를 등기해야 한다. 사무소가 수개인 경우 그 중 1곳을 주된 사무소로, 나머지를 분사무소로 등기한다. 정관에 사무소의 소재지를 기재할 때에는 최소행정구역까지만 기재해도 무방하지만, 등기상에는 소재지의 구체적인 지번까지 등기해야 한다.
4. 설립허가의 연월일	주무관청으로부터 교부받은 '설립허가서'에 기재된 일자를 등기한다.
5. 존립시기나 해산 사유	법인이 존속하기로 하는 기간을 미리 정하여 놓거나, 법정해산사유 이외에 일정한 사유가 발생하면 법인이 해산하기로 정한 사유가 있으면 이를 등기해야 한다
6. 자산의 총액	자산의 총액이란 정관상의 기본재산은 물론 기타 법인이 보유하는 일체의 적극재산의 총액에서 채무 등의 소극재산을 공제한 순재산액을 의미한다. 사단법인은 설립 시 자산총액이 전혀 없어도 상관없다. 자산총액을 0원으로 기재할 수는 있지만, 자산총액을 미정 혹은 공란으로 하여 등기할 수는 없다. 재단법인은 자산총액이 반드시 있어야 하고 이를 등기해야 한다.
7. 출자의 방법을 정한 때에는 그 방법	가량 사단법인의 정관에 발기인이나 사원들의 출자의무에 관한 규정이 있거나, 재단법인의 정관에 설립자가 정기적으로 출연하기로 하는 규정이 있을 때에는 그러한 사항은 등기해야 한다.

구분	등기사항(민법 제39조 제2항)
8. 이사의 성명, 주소	법인 이사의 성명과 주소를 등기해야 한다. 이사의 등기 시에 주민등록번호도 등기해야 한다(비송사건절차법 제62조).
9. 이사의 대표권을 제한한 때에는 그 제한	이사는 법인의 사무에 관하여 각자 법인을 대표하는 것을 원칙으로 하지만 정관이나 사원총회의 결의에 의하여 이사의 대표권을 제한할 수 있다(민법 제59조 제1항). 그러한 이사의 대표권의 제한에 관한 사항은 등기해야 하며, 이를 등기하지 않으면 대표권이 제한되어 있음을 이유로 제3자에게 대항하지 못한다(민법 제60조).

법인은 법인설립등기를 완료한 날로부터 10일 이내에 그 사실을 주무관청에 보고해야 한다.

② 법인설립 신고 및 사업자등록 신청

법인의 설립허가를 받은 자는 설립등기를 한 날로부터 2개월 이내에 소재지 관할 세무서에 법인설립 신고를 해야 한다(법인세법 제109조 제1항). 이때 법인설립신고서에 ① 법인의 명칭과 대표자의 성명 ② 본점이나 주사무소 또는 사업의 실질적 관리장소의 소재지 ③ 사업 목적 ④ 설립일을 기재하면 된다.

이 외에도 법인이 영리이든 비영리이든 관계없이 사업상 독립적으로 재화 또는 용역을 공급하는 경우에는 사업자등록을 해야 한다. 사업자는 사업장마다 대통령으로 정하는 바에 따라 사업 개시일부터 20일 이내에 사업장 관할 세무서장에게 사업자등록을 신청하면 된다. 다만, 신규로 사업을 시작하려는 자는 사업 개시일 이전이라도 사업자등록을 신청할 수 있다(부가가치세법 제8조).

③ 장부 및 서류의 비치

법인이 성립하고 나면 관련 서류 및 장부 등을 비치해야 한다. 세부 항목을 다음의 표로 살펴보자(민법 제55조).

번호	서류 및 장부명	보존기간	근거
1	재산목록	10년 이상	해석상
2	장부와 중요증빙서류	10년	상법 제33조, 국세기본법 제85조의3
3	전표	5년~10년	법인세법 제112조, 상증법 제51조, 상증령 제44조, 소득세법 제160조
4	근로자명부, 근로계약서, 임금대장 등 근로계약에 관한 중요서류	3년	근로기준법 제41조, 제42조 동법 시행령 제21조, 제22조
5	사원(회원)명부(사단법인)	영구	해석상
6	회의록	10년 이상	해석상
7	설립허가서(정관포함) 정관변경허가서(정관포함)	영구	해석상
8	임원취임(해임)승인문서	영구	해석상
9	기타 허가, 승인, 보고문서	10년	소관부처 규칙에 따름. 해당규칙이 없으면 중요 증빙서류에 준함

3. 기부금품 모집이 무엇인가요?

기부금품의 정의

"기부금품"이란 환영금품, 축하금품, 찬조금품(贊助金品) 등 명칭이 어떠하든 반대급부 없이 취득하는 금전이나 물품을 말한다. 다만, 다음의 어느 하나에 해당하는 것은 제외한다(기부금품의 모집 및 사용에 관한 법률 제2조).

▶ **기부금품법상 기부금이 아닌 사례**

① 법인, 정당, 사회단체, 종친회(宗親會), 친목단체 등이 정관, 규약 또는 회칙 등에 따라 소속원으로부터 가입금, 일시금, 회비 또는 그 구성원의 공동이익을 위하여 모은 금품
② 사찰, 교회, 향교, 그 밖의 종교단체가 그 고유활동에 필요한 경비에 충당하기 위하여 신도(信徒)로부터 모은 금품
③ 국가, 지방자치단체, 법인, 정당, 사회단체 또는 친목단체 등이 소속원이나 제3자에게 기부할 목적으로 그 소속원으로부터 모은 금품
④ 학교기성회(學校期成會), 후원회, 장학회 또는 동창회 등이 학교의 설립이나 유지 등에 필요한 경비에 충당하기 위하여 그 구성원으로부터 모은 금품

기부금품 모집

"기부금품의 모집"이란 서신, 광고, 그 밖의 방법으로 기부금품의 출연(出捐)을 타인에게 의뢰·권유 또는 요구하는 행위를 말한다(기부금품의 모집 및 사용에 관한 법률 제2조 제2호).

일정 금액 이상의 기부금품 모집은 「기부금품의 모집 및 사용에 관한 법률」에 따라야 하고, 일반적으로 국가나 지방자치단체 및 그 소속기관·공무원과 국가 또는 지방자치단체에서 출자·출연하여 설립된 법인·단체는 기부금품을 모집할 수 없다. 일정 금액 이상의 기부금품 모집은 해당 관청에 미리 등록을 해야 한다.

다른 법률에 따른 기부금품의 모집

다음의 법률에 따른 기부금품의 모집에 대해서는 위의 「기부금품의 모집 및 사용에 관한 법률」에 따른 규정을 적용하지 않고 해당 법률을 적용하여 기부금품을 모집한다(기부금품의 모집 및 사용에 관한 법률 제3조).

다른 법률에서 규정하는 기부금품의 모집 관련 법명

- 「정치자금법」
- 「결핵예방법」
- 「보훈기금법」
- 「문화예술진흥법」
- 「한국국제교류재단법」
- 「사회복지공동모금회법」
- 「재해구호법」
- 「문화유산과 자연환경자산에 관한 국민신탁법」
- 「식품기부 활성화에 관한 법률」
- 「한국장학재단 설립 등에 관한 법률」

기부금품의 모집등록

1천만 원 이상의 기부금품을 모집하려는 자는 모집·사용계획서를 작성하여 행정안전부장관 또는 특별시장·광역시장·도지사·특별자치도지사(이하 '등록청'이라 한다)에게 등록해야 한다(기부금품의 모집 및 사용에 관한 법률 제4조 제1항 및 기부금품의 모집 및 사용에 관한 법률 시행령 제2조).

모집금액이 10억 원 이하인 경우(공익을 목적으로 하는 사업(기부금품의 모집 및 사용에 관한 법률 시행령 제4조 제2항 제4호 아목)에 해당하는 경우는 제외함) 모집자의 주소지(모집자가 법인·정당, 그 밖의 단체인 경우에는 그 주된 사무소의 소재지를 말함)를 관할하는 특별시장·광역시장·도지사·특별자치도지사에게 등록하고 이외의 경우로서 일정한 금액 이상의 기부금품을 모집하려는 자는 행정안전부장관에게 「기부금품의 모집 및 사용에 관한 법률」 제4조 제1항에 따른 기부금품 모집 등록을 해야 한다(기부금품의 모집 및 사용에 관한 법률 시행령 제2조).

해당 기부금품 기부를 통해 「소득세법」 및 「법인세법」에 따른 세금감면 혜택을 받도록 하려면 법인세법상 공익법인, 소득세법상 공익단체 지정을 별도로 받아야 한다.

기부금품의 사용

　모집된 기부금품은 모집비용에 충당하는 경우 외에는 모집목적 외의 용도로 사용할 수 없다(기부금품의 모집 및 사용에 관한 법률 제12조 제1항 본문). 다만, 기부금품의 모집목적을 달성할 수 없는 경우, 모집된 기부금품을 그 목적에 사용하고 남은 금액이 있는 경우에 해당하면 등록청의 승인을 받아 등록한 모집 목적과 유사한 용도로 사용할 수 있다(기부금품의 모집 및 사용에 관한 법률 제12조 제1항 단서). 모집자는 기부금품 모집 및 사용 결과를 일반인이 열람할 수 있도록 공개해야 한다.

4. 기부금단체의 종류는 무엇이며 어떻게 등록하나요?

　기부금단체의 종류가 예전에는 법정기부금단체, 지정기부금단체, 기부금대상민간단체로 나뉘어져 있었으나 2021년부터 기부금단체 명칭을 통일하였다.
　법인세법상 법정기부금단체와 지정기부금단체는 '공익법인'으로, 소득세법상 기부금대상 민간단체는 '공익단체'로 변경되었다.

1) 공익법인(전문모금기관, 한국학교)

공익법인(전문모금기관, 한국학교) 지정

　법률에서 명시하는 단체뿐 아니라, 한국학교, 전문모금기관 및 공공기관 등(이하 '학교 등'이라 한다)은 주무관청의 추천을 받아 기획재정부가 공익법인으로 지정해야 법정기부금을 모금할 수 있다(법인세법 시행령 제38조 제6항).

기부금의 세금감면 혜택

「소득세법」제34조 제2항 및 「법인세법」제24조 제2항에 따른 기부금을 지급한 개인 및 법인은 해당 기부금을 손비 처리하여 소득세 및 법인세 감면을 받을 수 있다.

공익법인의 추천대상 요건

다음의 요건을 모두 충족한 학교 등은 해당 주무관청에 공익법인 지정을 위한 추천 신청을 할 수 있다(법인세법 시행령 제38조 제6항).

(1) (전문모금기관) 사회복지사업, 그 밖의 사회복지활동의 지원에 필요한 재원을 모집·배분하는 것을 주된 목적으로 다음의 요건을 모두 충족하는 비영리법인

전문모금기관의 법정지정요건(법인세법 시행령 제38조 제4항)

❶	기부금 모금액 및 그 활용 실적을 공개할 수 있는 인터넷 홈페이지가 개설되어 있을 것
❷	「주식회사의 외부감사에 관한 법률」제2조제7호에 따른 감사인에게 회계감사를 받을 것
❸	「상속세 및 증여세법」제50조의3(제5호는 제외)에 따른 결산서류 등을 해당법인 및 국세청 홈페이지를 통하여 공시할 것
❹	「상속세 및 증여세법」제50조의2에 따른 전용계좌를 개설하여 사용할 것
❺	신청일 직전 5개 사업연도[설립일부터 신청일 직전 사업연도 종료일까지의 기간이 5년 미만인 경우에는 해당 법인의 설립일부터 신청일이 속하는 달의 직전 달의 종료일까지의 기간(1년 이상인 경우만 해당한다)을 말한다] 평균 기부금 배분 지출액이 총 지출금액*의 100분의 80 이상이고 기부금의 모집·배분 및 법인의 관리·운영에 사용한 비용이 기부금 수입금액의 100분의 10 이하일 것
❻	신청일 직전 5개 사업연도[설립일부터 신청일 직전 사업연도 종료일까지의 기간이 5년 미만인 경우에는 해당 법인의 설립일부터 신청일이 속하는 달의 직전 달의 종료일까지의 기간(1년 이상인 경우만 해당한다)을 말한다] 평균 개별 법인(단체를 포함)별 기부금 배분지출액*이 전체 배분지출액의 100분의 25 이하이고, 「상속세 및 증여세법 시행령」제38조제10항에 따른 출연자 및 같은 영 제2조의2 제1항에 따른 출연자의 특수관계인으로서 같은 항 제4호·제5호 또는 제8호에 해당하는 비영리법인에 대해서는 기부금 배분지출액이 없을 것

❼ 「법인세법 시행령」 제38조제14항에 따라 지정이 취소된 경우에는 그 취소된 날부터 3년, 같은 조 제13항에 따라 재지정을 받지 못하게 된 경우에는 그 지정기간의 종료일부터 3년이 지났을 것

＊ 총 지출금액, 배분지출액의 범위는 「법인세법 시행규칙」 제18조의2 제1항에 따름

(2) (한국학교) 다음의 요건을 모두 충족하는 외국법인 또는 단체

❶ 「재외국민의 교육지원 등에 관한 법률」 제2조제3호에 따른 한국학교
❷ 기부금 모금액 및 그 활용 실적을 공개할 수 있는 인터넷 홈페이지가 개설되어 있을 것
❸ 「법인세법 시행령」 제38조제14항에 따라 지정이 취소된 경우에는 그 취소된 날부터 3년, 같은 조 제14항에 따라 재지정을 받지 못하게 된 경우에는 그 지정기간의 종료일부터 3년이 지났을 것

공익법인 지정을 위해 제출해야 하는 서류

공익법인 지정을 위해 학교 등은 주무관청에 추천 신청을 하고, 해당 주무관청은 매 분기 마지막 달 1개월 전까지 다음의 서류를 첨부하여 기획재정부에 공익법인 지정을 위한 추천을 한다(법인세법 시행령 제36조의2 제6항 및 법인세법 시행규칙 제18조 제5항).

▶ **전문모금기관(법인세법 제24조 제2항 제1호 바)의 경우**

1) 공익법인등 추천 신청서(법인세법 시행규칙 별지 제63호의2서식)
2) 법인설립허가서 사본
3) 정관
4) 기부금을 통한 사업계획서
5) 최근 3년간의 결산서 및 해당 사업연도 예산서
   – 제출일 현재 법인 설립기간이 3년이 경과하지 않은 경우 (i) 제출가능한 사업연도의 결산서, (ii) 해당 사업연도 예산서, (iii) 주무관청에 추천을 신청하는 날이 속하는 달의 직전월까지의 월별 수입·지출 내역서를 제출
6) 총 지출금액 계산서(법인세법 시행규칙 별지 제63호의8서식)
7) 최근 3년간의 결산서에 대한 회계감사 보고서

▶ **한국학교의 경우**

1) 공익법인등 추천 신청서(별지 제63호의2서식)
2) 「재외국민 교육지원 등에 관한 법률」 제5조제1항 및 제4항에 따른 교육부장관의 설립승인서 및 운영승인서
3) 기부금을 통한 사업계획서
4) 최근 3년간 결산서 및 해당 사업연도 예산서
   – 설립 후 3년이 안된 경우 : 제출이 가능한 사업연도의 결산서와 해당 사업연도 예산서를 제출하되, 향후 사업계획에 대한 세부설명자료 제출
9) 「상속세 및 증여세법 시행령」 제43조의2 제10항에 따른 전용계좌개설 신고 사실에 대하여 관할 세무서장이 발급하는 사실증명

공익법인의 지정 방법

기획재정부는 매 분기 마지막 달 1개월 전까지 신청을 받아 매 분기 마지막 달 말일 고시로 지정한다.

또 공익법인으로 지정받은 단체가 지정기간을 경과한 후에도 재지정받기 위해서는 위의 추천 절차에 따라 주무관청이 재추천하고 기획재정부장관이 새로 지정해야 한다. 공익법인의 지정기간은 지정일이 속하는 연도의 1월 1일부터 6년간 유효하다.

공익법인의 의무이행 및 보고

공익법인은 지정기간 동안 다음의 의무를 이행해야 한다.

- 연간 기부금 모금액 및 그 활용 실적을 사업연도 종료일로부터 4개월 이내 연간 기부금 모금액 및 활용실적 명세서(법인세법 시행령 별지 제63호의7 서식)를 단체 및 국세청 홈페이지에 각각 공개할 것.
- 각 사업연도의 지출액(수익사업 지출 제외)의 100분의 80 이상을 직접 고유목적사업에 지출할 것.

주무관청은 학교 등으로부터 제출받은 자료의 점검 결과를 「법인세법 시행규칙」에 따라 6. 30.까지 국세청에 통보하게 된다.

2) 공익법인(사단, 재단, 사회적협동조합, 공공기관, 비영리외국법인)

공익법인(사단, 재단, 사회적협동조합, 공공기관, 비영리외국법인)

(가)민법상 사단·재단법인 또는 비영리외국법인, (나)사회적협동조합, (다)공공기관(공기업 제외), 법률에 따라 직접 설립 또는 등록된 기관은 국세청장의 추천을 받아 기획재정부로부터 공익법인으로 지정받을 수 있다(법인세법 시행령 제39조 제1항 제1호 바목). 공익법인에 기부금을 지급한 개인 및 법인은 해당 기부금을 손비(필요경비)처리를 하거나 세액공제를 통해 소득세 및 법인세 감면 혜택을 받을 수 있다.

지정추천대상 요건 및 준수요건

요건을 모두 충족한 비영리법인 또는 사회적협동조합 및 비영리외국법인, 공공기관 등은 국세청(관할세무서)에 공익법인 지정을 위한 추천 신청을 할 수 있다.

공익법인의 지정요건(법인세법 시행령 제39조 제1항 1호 바목)

❶

(가) 민법상 비영리법인 또는 비영리외국법인 : 정관의 내용상 수입을 회원의 이익이 아닌 공익을 위하여 사용하고 사업의 직접 수혜자가 불특정 다수일 것*
(비영리외국법인은 추가적으로 「재외동포의 출입국과 법적 지위에 관한 법률」 제2조에 따른 재외동포의 협력·지원, 한국의 홍보 또는 국제교류·협력을 목적으로 해야 합니다.)

(나) 사회적협동조합 : 정관의 내용상 「협동조합 기본법」 제93조제1항제1호부터 제3호까지의 사업 중 어느 하나의 사업을 수행할 것

(다) 공공기관 또는 법률에 따라 직접 설립 또는 등록된 기관 : 설립목적이 사회복지·자선·문화·예술·교육·학술·장학 등 공익목적 활동을 수행할 것

❷

○ 정관에 해산시 잔여재산을 국가, 지방자치단체 또는 유사한 목적을 가진 다른 비영리법인에 귀속하도록 한다는 내용이 기재될 것
다만, 사회적협동조합이 「협동조합 기본법」제104조에 따라 해산시 잔여재산의 처리를 정관에 규정한 경우는 인정됩니다.

❸

○ 인터넷 홈페이지(블로그, 카페는 원칙적으로 인정하지 않으나, ① 포털사이트 검색이 가능하고, ② 연중 자료열람에 제한이 없는 등 홈페이지의 기능을 하는 경우 예외적으로 허용)가 개설되어 있고, 홈페이지를 통해 연간 기부금 모금액 및 활용실적을 공개한다는 내용이 정관에 기재되어 있을 것

○ 법인의 공익위반사항을 관리·감독할 수 있는 기관(국민권익위원회, 국세청 또는 주무관청 등) 중 1개 이상의 곳에 제보가 가능하도록 공익위반사항 관리·감독기관이 개설한 인터넷 홈페이지와 해당 법인이 개설한 홈페이지가 연결되어 있을 것 →
'2021년 추가 사항

※ 재지정신청의 경우 공익법인으로 지정되었을 때부터 매년 기부금 모금액 및 활용실적을 해당 비영리법인 및 국세청 홈페이지에 각각 공개하였을 것

❹

○ 지정일이 속하는 연도와 그 직전 연도에 해당 비영리법인의 명의 또는 그 대표자의 명의로 특정 정당 또는 특정인에 대한 「공직선거법」 제58조제1항에 따른 선거운동을 한 것으로 권한 있는 기관이 확인한 사실이 없을 것

❺

○ 지정이 취소되거나 재지정이 제한된 경우에는 지정 취소를 받은 날 또는 지정기간 종료일부터 3년이 경과하였을 것

* 정관요건(❶~❸)을 지키지 못하여 지정 취소(재지정제한)된 경우에는 ❺의 규정을 적용받지 않습니다.

공익법인 지정신청을 위해 제출해야 할 서류

공익법인 지정을 위해 비영리법인 또는 사회적협동조합 및 비영리외국법인, 공공기관 등은 국세청(관할세무서)에 해당 분기 말의 전전 달 10일까지 추천 신청을 하고, 국세청(관할세무서)은 해당 분기 말의 직전 달 10일까지 다음의 서류를 첨부하여 기획재정부에 공익법인 지정을 위한 추천을 한다. 기획재정부는 매 분기 마지막 달 말일 전자관보 또는 기획재정부 홈페이지에 고시한다.

▶ **공익법인 지정 신청 시 제출서류**
- 공익법인 등 추천신청서(법인세법 시행규칙 별지 제63호의5 서식)
- 법인 등의 설립을 증명할 수 있는 서류
  ▷ 「민법」상 비영리법인, 공공기관 또는 법률에 따라 직접 설립 또는 등록된 기관
    · 법인설립허가서(사회적협동조합의 경우 설립인가증)
  ▷ 비영리외국법인
    · 외국의 정부가 발행한 해당 법인의 설립에 관한 사항을 증명할 수 있는 서류
- 정관
- 최근 3년간의 결산서 및 해당 사업연도 예산서
- 지정일이 속하는 사업연도부터 향후 3년 동안 기부금을 통한 사업계획서
- 법인 대표자의 공익법인등 의무이행준수 서약서(별지 제63호의6 서식) (신규지정 신청시 제출)
- 기부금 모금 및 지출을 통한 공익활동보고서(재지정 신청시에만 제출)

3) 공익단체

공익단체 등록방법

비영리민간단체지원법에 따라 등록된 단체로서 행정안전부장관의 추천을

받아 기획재정부장관이 지정한 단체(공익단체)는 기부금에 대한 소득세 세액공제 처리를 할 수 있다. 이 단체로 등록되기 위해서는 지정요건을 갖춰야 하는데, 그 조건은 다음과 같다.

▶ **공익단체 지정요건 판단기준(소득세법시행령 제80조 제1항 제5호)**

(1) 형식적 요건
① 구비서류를 서식에 맞게 모두 제출해야 한다.
② 비영리민간단체지원법에 따라 등록된 단체여야 한다.

(2) 실질적 요건 : 소득세법시행령상의 지정요건을 모두 충족했는지 여부
① 해산 시 잔여재산을 국가·지방자치단체 또는 유사한 목적을 가진 비영리단체에 귀속하도록 한다는 내용이 정관(회칙 등 포함)에 기재되어 있을 것
② 전체 수입(국가 또는 지방자치단체로부터 받은 보조금 수입 제외) 중 개인의 회비·후원금이 차지하는 비율이 기획재정부령이 정하는 비율(50%)을 초과할 것
③ 정관의 내용상 수입을 친목 등 회원의 이익이 아닌 공익을 위하여 사용하고 사업의 직접 수혜자가 불특정 다수일 것
④ 지정을 받으려는 과세기간의 직전 과세기간 종료일부터 소급하여 1년 이상 비영리민간단체 명의의 통장으로 회비 및 후원금 등의 수입을 관리할 것
⑤ 행정안전부장관의 추천일 현재 인터넷 홈페이지가 개설되어 있고, 인터넷 홈페이지와 국세청의 인터넷 홈페이지를 통하여 연간 기부금 모금액 및 활용실적을 매년 4월 30일까지 공개한다는 내용이 정관(회칙 등 포함)에 기재되어 있을 것
⑥ 지정을 받으려는 과세기간 또는 그 직전 과세기간에 기부금 대상 민간단체 또는 그 대표자의 명의로 특정 정당 또는 특정인에 대한 '공직선거법' 제58조 제1항에 따른 선거운동을 한 것으로 권한 있는 기관이 확인한 사실이 없을 것

신청접수 시 제출하는 서류 목록은 다음과 같다.

▶ **공익단체 신청 시 제출 서류**

① 공익단체 추천 신청서 1부
② 전년도 수입내역 및 수입 상세내역 각 1부
③ 단체통장내역 1부
④ 총회를 통과한 2020년도 수지결산서 및 수지예산서 각 1부
⑤ 첨부서류
  – 비영리민간단체 등록증 1부
  – 고유번호증 1부
  – 단체 정관 또는 회칙 규약 사본 1부(단체도장 및 간인 날인된 원본의 사본)
  – 전년도 단체명의 통장 앞면 및 거래내역 사본 1부(통장 스캔본 또는 은행 발급 거래내역서)
⑥ CMS 자료(통장입출금 내역에 개인 입금자 이름이 아닌 자동이체로 표시될 경우 CMS건별 내역서 별도 제출)
⑦ 국가·지방자치단체로부터 받은 보조금 관련 증빙서류(해당자의 경우)

제출처는 문서24사이트(https://open.gdoc.go.kr)로 하고 수신처 지정은 행정안전부 민간협력과로 하여 제출하면 되고 방문이나 우편 제출은 할 수 없다. 보통 매년 2회 추천 신청을 받는데 상반기는 3월, 하반기는 9월에 접수받는다.

공익단체의 손비인정 범위

개인 기부자가 기부한 경우 소득금액의 30% 내에서 1천만 원까지는 기부금액의 15%를, 1천만 원을 초과하는 경우에 그 초과분에 대해서는 30% 세액공제를 받을 수 있다. 이때 주의할 점은 기부금이 아닌 소득금액의 30%임을 유의해야 하고, 개인사업자는 필요경비 처리가 가능하다. 기업·법인·단체가 기부하는 경우에는 손비가 인정되지 않으므로 세액공제 혜택을 받을 수 없다.

5. 비영리법인과 구분되는 단체는 어떤 것이 있나요?

법인세법 제1조는 비영리법인을 내국법인과 외국법인으로 구분하면서, 비영리내국법인을 민법에 의한 법인 등으로 정의하고 있다. 다만 법인세법의 경우 국세기본법 제13조 제4항의 규정에 의한 '법인으로 보는 단체'에 대해서도 비영리내국법인으로 보고 있는데, 법인세법상으로는 법인격이 없이 사회적 활동을 하는 이른바 '법인격 없는 사단'이나 '법인격 없는 재단' 기타 단체에 대하여도 비영리법인이라는 용어를 사용하고 있다. 이런 점에서 비영리법인에 대해서는 민법상 개념과 법인세법상의 개념이 서로 차이가 있음을 유의해야 한다.

비영리민간단체지원법상 비영리민간단체

「비영리민간단체지원법」 제2조는 아래 요건을 갖춘 비영리민간단체에 대해서 성장을 지원함으로써 공익활동증진과 민주사회발전에 기여하도록 하고 있다. 특히 법인(민법상 비영리법인, 공익법인법상 공익법인)뿐만 아니라 법인이 아닌 단체라도 공익활동을 수행하는 것을 주된 목적으로 하는 단체라면 지원 대상이 된다.

▶ 비영리민간단체지원법상 요건
① 사업의 직접 수혜자가 불특정 다수일 것
② 구성원 상호간에 이익분배를 하지 않을 것
③ 사실상 특정 정당 또는 선출직 후보를 지지·지원할 것을 주된 목적으로 하거나, 특정 종교의 교리전파를 주된 목적으로 하여 설립·운영되지 않을 것
④ 상시 구성원수가 100인 이상일 것
⑤ 최근 1년 이상 공익활동실적이 있을 것
⑥ 법인이 아닌 단체일 경우에는 대표자 또는 관리인이 있을 것

법률이 정한 지원을 받고자 하는 비영리민간단체는 그의 주된 공익활동을 주관하는 중앙행정기관의 장이나 특별시장·광역시장·특별자치시장·도지사 또는 특별자치도지사(이하 '시·도지사'라 한다)에게 등록을 신청해야 하며, 등록신청을 받은 시·도지사는 그 등록을 수리해야 하는데(비영리민간단체지원법 제4조 제1항), 이 점이 민법에서 법인설립을 위해 주무관청의 허가를 받아 주된 사무소의 소재지에 설립등기를 하는 것과는 다른 점이다.

상속세 및 증여세법상 공익법인(광의의 공익법인)

「상속세 및 증여세법 시행령」 제12조는 '공익법인 등'을 영위하는 사업을 기준으로 규정하고 있으며, 공익법인에 대해서는 일정한 요건하에 과세를 면제하도록 하고 있다. 이 법에서 말하는 공익법인은 '적극적으로 공익을 구현하는 것을 목적으로 하는 법인'으로 공익을 저해하지 않는 정도로 족한 비영리법인과는 차이가 있다고 할 수 있다.

▶ 공익법인 등의 범위(상속세 및 증여세법 시행령 제12조)
- 종교의 보급 기타 교화에 현저히 기여하는 사업
- 「초·중등교육법」 및 「고등교육법」에 의한 학교, 「유아교육법」에 따른 유치원을 설립·경영하는 사업
- 「사회복지사업법」의 규정에 의한 사회복지법인이 운영하는 사업
- 「의료법」 또는 「정신보건법」의 규정에 의한 의료법인 또는 정신의료법인이 운영하는 사업
- 「공익법인의 설립·운영에 관한 법률」의 적용을 받는 공익법인이 운영하는 사업
- 예술 및 문화에 현저히 기여하는 사업 중 영리를 목적으로 하지 아니하는 사업으로서 관계행정기관의 장의 추천을 받아 기획재정부장관이 지정하는 사업
- 공중위생 및 환경보호에 현저히 기여하는 사업으로서 영리를 목적으로 하지 아니하는 사업
- 공원 기타 공중이 무료로 이용하는 시설을 운영하는 사업

개별법에 따른 비영리법인

비영리법인은 「민법」 제32조의 규정 이외에도 각종 개별법에 의하여 설립될 수 있다. 개별법에 의해 설립된 비영리법인으로는 「사립학교법」에 의한 학교법인, 「의료법」에 의한 의료법인, 「사회복지사업법」에 의한 사회복지법인, 「새마을금고법」에 의한 새마을금고와 연합회, 「농업협동조합법」에 의한 농업협동조합 등이 이에 해당한다. 이들 법인은 비영리법인에 해당하더라도 특별법 우선의 원칙에 따라 해당 개별법이 민법에 우선하여 적용된다. 개별법에 규정된 바가 없는 경우에는 민법의 규정이 적용된다.

공공법인

정부조직법에 근거하지 않고 각각의 지원법 또는 육성법 등에 의해 설립된 법인으로서 활동 내용에 공익성이 강한 정부투자기관, 공단, 기금, 사업단, 감독원, 정부투자기관이나 공사, 정부출연 연구기관 등이 여기에 해당된다. 법적 문제에 대하여는 원칙적으로 해당 법률이 우선적으로 적용되나, 특별한 규정이 없는 경우에는 일반법인 민법이 적용될 수 있다.

법인격 없는 사단·재단

법인과 유사한 인적·물적 실체를 갖추고 있으나 주무관청의 법인 설립허가를 받지 않았거나, 법인 설립허가를 받았더라도 아직 법인설립등기를 완료하지 않은 단체를 말한다. 예를 들어 종중이나 교회의 경우 많은 구성원과 재산을 보유하여 그 재산의 귀속과 처분을 둘러싸고 자주 분쟁이 발생하는데, 법인 아닌 사단이나 재단의 재산의 법률관계는 사회적으로 매우 중요하고 민감한 문제가 될 수 있다.

「부동산등기법」은 법인 아닌 사단과 재단에 등기능력을 부여하고 있으며 「민사소송법」도 법인 아닌 사단과 재단에 당사자능력을 부여하고 있다. 그러나

「민법」은 법인 아닌 사단에 대해 추상적인 3개 조문만 규정할 뿐, 법인 아닌 재단에 대해서는 아무런 규정을 두지 않고 있다. 따라서 법인 아닌 사단과 재단의 구체적인 법률관계는 학설이나 판례에 의해 해결해야 할 것으로 보인다.

6. 비영리민간단체 설립은 어떻게 하나요?

비영리민간단체 설립방법

「비영리민간단체지원법」에 근거하여 비영리민간단체를 등록하려고 한다면 우선 관련 법 제2조에서 규정하고 있는 모든 요건을 충족해야만 가능하다.

▶ 비영리민간단체 등록 시 다음의 요건을 갖추었는지 확인이 필요하다

1. 사업의 직접 수혜자가 불특정 다수인가요?
2. 구성원 상호 간에 이익분배를 하지 않는 단체인가요?
3. 사실상 특정 정당 또는 선출직 후보를 지지·지원할 것을 주된 목적으로 하거나 특정 종교의 교리전파를 주된 목적으로 하여 설립·운영되지 않는 단체인가요?
4. 상시 구성원수(회원)가 100인 이상인가요?
5. 최근 1년 이상 공익활동실적이 있나요?
6. 법인이 아닌 단체의 경우에는 대표자 또는 관리인이 있나요?

법률이 정한 지원을 받고자 하는 비영리민간단체로 등록하려면 주된 공익활동을 하는 사무소가 소재한 시·도지사에게 신청하면 된다. 만약 사업의 범위가 2개 이상 시·도에 걸쳐 있고, 2개 이상 시·도에 사무소를 설치·운영하고 있는 경우에는 단체의 주된 공익사업을 주관하는 중앙행정기관의 장에게 등록해야 한다.

처리기한은 신규등록의 경우 접수 후 20일 이내에 회신 받을 수 있고 변경등록의 경우 접수 후 10일 이내에 가능하다. 지자체에 따라 차이는 있으나 신규등록 및 사무실 변경 시 담당직원의 현장 확인 절차가 있을 수 있으니 확인이 필요하다고 할 수 있다.

▶ 비영리민간단체 신규등록 시 제출해야 하는 서류

– 등록신청서 1부
– 회칙(정관) 1부(간인)
– 금년 총회 회의록 1부(간인, 총회 참석명부, 개최 사진)
  작년 총회 회의록 1부(간인, 총회 참석명부, 개최 사진)
  ※ 제출서류 중 정관과 총회 회의록은 간인 후 제출(사본의 경우 원본대조필 날인 필요)
– 금년 사업계획 · 수지예산서 1부
  작년 사업계획 · 수지예산서 · 수지결산서 1부
– 회원명부 1부(정관 또는 회칙에 따라 총회에 참석하여 의결할 수 있는 권한이 있는 회원으로 생년월일, 주소, 연락처, 가입일, 전화번호가 작성되어야 하며, 회원이 100인 이상인 경우에는 100인까지 작성 후 "외 ○○인"으로 표기)
– 최근 1년 이상의 공익활동 실적을 증명할 수 있는 자료 1부
  ※ 단체 명의의 공익활동 실적으로 인터넷 자료, 설명이 기재된 사진첨부, 언론보도자료, 유인물 등
– 단체 소개서(조직기구표 포함)
– 사무소 사용에 관한 권리관계를 확인할 수 있는 서류 각 1부
  ※ 건물등기부 등본, 건축물대상 등에 용도가 '사무실', 회원이 상시적으로 이용 가능한 장소

공익활동을 하는 비영리민간단체가 정부 지원을 받는 방법

등록된 비영리민간단체가 공익활동에 참여하는 경우 정부나 시·도지사로부터 필요한 행정 지원이나 재정지원, 공익사업에 드는 소요경비를 지원받을 수 있다. 이때 등록된 비영리민간단체가 공익사업을 추진하기 위해 보조금을 교부받고자 한다면 사업 목적, 내용, 소요경비, 기타 내용을 기재한 사업계획서를 당해 회계연도 1월말까지 행정안전부장관 또는 시·도지사에게 제출하면 심사를 통해 선정될 수 있다. 행정안전부는 매년 일정 금액의 예산을 확보하여 공모방식(경쟁)으로 사업신청을 받는다. 민간전문가로 구성된 공익사업선정위원회(10인 이상 15인 이내)가 심사하고 선정하여 비영리민간단체가 공익사업을 할 때 필요한 사업 내의 일부를 지원하는 방식이다.

이렇게 지원받은 단체의 경우 사후에 사업보고서를 작성·제출해야 한다. 이 외 다른 혜택으로는 조세를 감면받을 수 있고, 공익활동에 필요한 우편물에 대한 우편요금 일부를 감액받을 수 있다는 점도 유익한 정보라 할 수 있다.

참고로 비영리사단·재단법인의 경우에도 공익활동을 하여 지자체나 행정안전부에서 시행하는 공익활동지원사업에 신청하여 보조금 지원을 받으려면 비영리민간단체로 등록하고 비영리민간단체 공익활동 지원사업에 별도로 신청을 해야 한다.

7. 여럿이 모여서 일하려면
협동조합을 설립해보자

　공동소유, 민주적 운영을 바탕으로 재화 또는 용역의 구매·생산·판매·제공 등을 협동으로 영위함으로써 조합원의 권익을 향상하고 지역사회에 공헌하는 사업조직을 협동조합이라고 한다(협동조합기본법 제2조 제1호). 협동조합은 2008년 글로벌 금융위기 당시 위기를 안정적으로 극복하면서 사회문제를 해결하는 대안경제 모델로 주목받기 시작했다. 한국도 2012년 12월 「협동조합기본법」이 시행됨에 따라 다섯 명만 모이면 협동조합을 만들 수 있게 된 것이다. 흔히 우리가 알고 있는 썬키스트, 버거킹, FC바르셀로나, AP통신도 대표적인 협동조합 중 하나라고 할 수 있다. 최근에는 의료, 교육, 돌봄, 카페, 예술, 유통, 서비스 분야에서 다양한 사람들이 협동조합을 설립·운영하고 있다.

　협동조합은 크게 (일반)협동조합과 사회적협동조합으로 나뉘는데, 사회적협동조합이란 앞에서 언급한 협동조합 중 지역주민들의 권익·복리 증진과 관련된 사업을 수행하거나 취약계층에게 사회서비스 또는 일자리를 제공하는 등 영리를 목적으로 하지 않는 협동조합을 의미한다.

(일반)협동조합과 사회적협동조합의 비교

구분		(일반)협동조합	사회적협동조합
법인의 성격		영리법인	비영리법인
소유제도	소유자	조합원	
	투자한도	개인출자 한도 제한	
	지분거래	제한적임(총회승인필요)	
	가치변동	출자가격 변동 없음	
	출자금상환여부	상환책임 있음	
내부통제제도	의결권	1인 1표 조합원 다수의 민주적 지배	
	가입, 탈퇴, 제명	가입, 탈퇴 : 자유로움 제명 : 일정 기간 동안 협동조합 사업을 이용하지 않은 경우 조합원 제명 가능	
	경영기구	조합원이 선출한 이사회, 이사회에서 선출한 경영자 또는 선출직 상임조합장	
이익배분제도	내부유보	잉여금의 10%이상 의무적립(납입출자금의 3배까지)	잉여금의 30% 이상(납입 출자금의 3배까지–사실상 100%) 의무적립
	이용배당	협동조합 총배당액의 50% 이상	배당금지
	출자배당	출자금의 이자성격(10% 이내로 배당)	

　협동조합은 9단계를 거쳐 설립할 수 있다. ① 조합원 자격을 갖춘 5인 이상으로 발기인 모집 ② 필수기재사항을 기재한 정관 작성 ③ 설립동의자 모집 ④ 창립총회(설립동의자 과반수 출석, 2/3 이상 찬성) ⑤ 설립 신고(발기인→시도지사) ⑥ 사무인수인계(발기인→이사장) ⑦ 출납금 납입(조합원→이사장) ⑧설립등기(관할등기소) ⑨협동조합(법인격 부여)이 되면 세무서에 사업자등록을 하면 된다.

협동조합 설립 신고 시 제출해야 하는 서류는 다음과 같다.

▶협동조합 설립신고 시 제출 서류

① 정관 사본
② 창립총회 개최 및 공고문
③ 창립총회 의사록 사본
④ 임원명부(이력서, 사진)
⑤ 사업계획서
⑥ 수입, 지출 예산서
⑦ 출자 1좌(座)당 금액과 조합원별로 인수하려는 출자좌 수를 적은 서류
⑧ 설립동의자 명부
⑨ 개인정보 제공 및 활용 동의서
⑩ 합병 또는 분할을 의결한 총회 의사록(협동조합기본법 제56조에 따른 합병 및 분할에 의한 설립의 경우에만 해당)

8. 비영리단체라 고유번호증을 발급받고 싶어요

「소득세법」 제168조에 따르면 새로 사업을 시작하는 사업자는 사업장 소재지 관할 세무서장에게 사업자등록을 해야 한다. 만약 사업장 소재지 또는 법인으로 보는 단체 외의 사단·재단 또는 그 밖의 단체 중 종합소득은 있으나 사업자가 아닌 경우, 법인세 또는 소득세 등의 납부의무가 없는 자나 「비영리민간단체지원법」에 등록된 단체의 경우 고유번호증을 발급받을 수 있다. 이는 세적 관리 및 원천징수업무, 과세자료 수집업무를 효율적으로 처리하기 위해 사업자등록번호에 준하는 납세번호로 등록하여 발급해주는 증서라고 보면 된다.

아파트 입주자 대표회의, 동아리단체, 동창회, 산악모임, 종교기관, 사회복지기관, 연구기관 같은 비영리를 목적으로 만들어진 단체에서 고유번호증을 발급받으면 세금계산서를 받을 때 주민등록번호 대신 고유번호를 기입할 수 있고, 모임 명의의 금융기관 통장 개설에도 고유번호증을 제시하면 되므로 일상에서 편리하게 활용하는 편이다.

단, 비영리단체가 카페 운영 등 수익사업을 하게 된다면 고유번호증이 아닌 사업자등록을 별도로 신청해야 한다. 그 이유는 고유번호증이 단순히 부가가치세법상 과세자료의 효율적인 처리를 위해 관할 세무서에서 부여하는 것이며 이 고유번호증을 받았다고 해서 당사자의 적법성을 인정하는 증서는 아니기 때문이다.

구비서류는 법인이 아닌 단체의 고유번호 신청서, 대표자 선임신고서, 정관 또는 조직과 운영에 관한 사항, 대표자 또는 관리인임을 확인할 수 있는 서류, 임대차계약서 사본, 대표자 신분증, 직인, 대리인이 있는 경우 대리인신분증을 준비해서 사업장 관할 세무서에 접수하면 세무서장의 승인 후 고유번호증이 발급된다.

▶고유번호증 등록을 위한 구비서류

① 법인이 아닌 단체의 고유번호 신청서(세무서 비치)
② 대표자 선임신고서(세무서 비치)
③ 정관 또는 조직과 운영에 관한 사항(회칙이나 규칙)
④ 대표자 선정 관련 회의록
⑤ 임대차계약서 사본(사업장 임차의 경우, 사업장이 없는 경우 대표자나 관리자의 집 주소)

03 자동차등록업무, 나도 할 수 있을까

1. 자동차등록 대행,
   이제 행정사가 한다

　자동차등록에 관한 민원은 신청서에 의한 등록, 촉탁에 의한 등록, 직권에 의한 등록으로 나눠볼 수 있다. 신청서에 의한 등록은 신규등록, 이전등록, 변경등록 등이 있으며 촉탁에 의한 등록에는 말소등록, 폐차등록, 수출차등록, 분실차등록이 있다. 직권에 의한 등록으로는 저당권 등록과 예고등록, 압류등록, 경정등록, 회복등록 등이 있다.

　기타 업무로는 자동차등록증 재교부, 자동차번호판 재교부, 구조변경신청서 작성등록이 있으며 자동차 행정사무와 관련한 민원에는 자동차 가압류신청, 자동차 가처분신청, 자동차 강제경매신청, 자동차 임의경매신청 등이 있다.

　국내·외에서 제작 판매된 자동차를 등록관청에 새롭게 등록하는 것과 말소된 자동차를 부활하고자 할 때 이전 등록되지 아니한 자동차를 새롭게 등록하는 것을 신규등록이라 하며, 자동차등록원부에 등록해야만 자동차를 운행할 수 있다. 다만 임시운행허가를 받아 허가 기간 내에 운행하는 경우에는 예외로 한다.

　행정사가 차량 소유자를 대신하여 자동차등록을 하는 경우에는 대리인임을 증명하는 위임장(도장 날인)과 소유자 신분증 사본, 행정사의 신분증, 인감증명서(또는 본인서명사실확인서)를 함께 준비해야 한다.

법령 자동차 신규등록 관련 법 조항

자동차관리법

제8조(신규등록) ① 신규로 자동차에 관한 등록을 하려는 자는 대통령령으로 정하는 바에 따라 시·도지사에게 신규자동차등록(이하 '신규등록'이라 한다)을 신청하여야 한다.

② 시·도지사는 신규등록 신청을 받으면 등록원부에 필요한 사항을 적고 자동차등록증을 발급하여야 한다.

③ 자동차를 제작·조립 또는 수입하는 자(이들로부터 자동차의 판매위탁을 받은 자를 포함하며, 이하 '자동차제작·판매자 등'이라 한다)가 자동차를 판매한 경우에는 국토교통부령으로 정하는 바에 따라 등록원부 작성에 필요한 자동차 제작증 정보를 제69조에 따른 전산정보처리조직에 즉시 전송하여야 하며 산 사람을 갈음하여 지체 없이 신규등록을 신청하여야 한다. 다만, 국토교통부령으로 정하는 바에 따라 산 사람이 직접 신규등록을 신청하는 경우에는 그러하지 아니하다.

④ 자동차제작·판매자 등이 제1항에 따라 신규등록을 신청하는 경우에는 국토교통부령으로 정하는 바에 따라 자동차를 산 사람으로부터 수수료를 받을 수 있다.

자동차등록령

제18조(신규등록 신청) 신규등록을 하려는 자는 신청서에 자동차의 소유권 및 출처를 증명하는 서류와 검사 사실을 증명하는 서류를 첨부하여 등록관청에 제출하여야 한다.

자동차 신규등록(자가용, 영업용 등)의 경우 다음의 서류를 구비한 후 자동차의 사용 본거지를 관할하는 시군구청(특별시, 광역시는 타 구청 및 등록사업소에서도 가능)에서 임시운행 허가기간(10일) 이내에 해야 한다. 그 기간을 경과하여 등록할 경우 100만 원 이하 과태료를 납부하게 되므로 주의가 필요하다.

자동차 신규등록 시 필요한 서류

국내제조(신조차)	해외제조(수입차)
▶ 비사업용(자가용) 자동차인 경우	▶ 일반형태 수입 자동차의 경우
− 신규등록신청서(관할구청 비치) − 자동차제작증(증지 부착) − 신분증 − 세금계산서 − 임시운행허가증 및 임시번호판 2개(임시운행 허가받은 경우) − 책임보험가입증명서 − * 임시운행 허가기간이 만료된 이후에 발생한 손해배상 책임을 보장하는 의무보험에 가입된 경우 − 사용본거지를 확인할 수 있는 서류 (주민등록등본, 사업자등록증 사본, 법인등기부등본, 외국인증명서)	− 신규등록신청서(관할구청 비치) − 수입신고필증 − 자동차제작증 − 제작사 인감증명서 − 제작자 위임장 − 책임보험가입증명서 − 임시운행허가증, 임시운행번호판(임시운행 허가 없는 경우 생략) − 자동차양도증명서(양도, 양수인 인감날인) − 양도인 인감증명서 또는 본인서명사실확인서 − 자동차안전검사증(공식업체인 경우 생략) − 자동차배출가스 인증서, 자동차 소음 인증서 제원관리번호통지서 − 세금계산서 − 사용본거지를 확인할 수 있는 서류 (주민등록등본, 사업자등록증 사본, 법인등기부등본, 외국인증명서)

국내제조(신조차)	해외제조(수입차)
▶ 사업용(영업용) 자동차인 경우	▶ 해외반입 이삿짐차 자동차의 경우
− 비사업용(자가용) 자동차 구비서류와 동일 − 신규면허 또는 증차사업계획변경인가서 − 자동차운수사업계획변경신고필증 − 보험가입증명서 : 책임, 종합 ※ 임시운행기간 경과 시 100만 원 이하 과태료 부과 ※ 비사업용화물차 2.5톤 이상−자가용사용신고서 제출	− 수입차신규등록신청서 − 신규검사증명서(지역자동차검사소) − 수입면장 − 책임보험가입증명서 − 신분증 − 임시운행허가증 및 임시번호판 2개(임시운행 허가받은 경우) − 자기인증면제확인서(국토교통부) − 자동차배출가스인증서 및 소음인증서 (단, 체류기간이 1년 이상이면 배출 및 소음인증 면제) − 수입신고필증상의 본인 또는 동반가족의 명의로만 등록가능하며 전매금지
▶ 수수료 − 신규등록 수수료 : 수입증지, 수입인지 − 번호판 대금	▶ 수수료 − 등록수수료 : 수입증지, 수입인지 − 번호판 대금
▶ 등록비용 − 취득세 : 승용차는 과세표준액의 7%(경차는 감면), 승합·화물은 5%, 영업용은 4%(취득일로부터 60일 이내, 경과 시 가산세 부과) − 채권 : 승용 − 배기량(4~20%), 승합 − 인원, 화물 − 적재량에 의거 구입	▶ 등록비용 − 취득세 : 승용차는 과세표준액의 7%(경차는 감면), 승합·화물은 5%, 영업용은 4%(취득일로부터 60일 이내, 경과 시 가산세 부과) − 채권 : 승용 − 배기량(4~20%), 승합 − 인원, 화물 − 적재량에 의거 구입

※ 과태료
− 임시운행 허가기간 종료일 다음날부터 10일까지 3만 원 부과되고 1일 초과 시 1만 원씩 추가되며 100만 원까지 부과

종교단체나 유치원, 사단 또는 단체 등에서 자동차등록을 신규로 할 경우 추가로 필요한 서류는 다음과 같다.

단체 등 명의의 자동차등록 시 추가로 필요한 서류

▶ 종교단체가 신규등록 시	▶ 유치원 차량 신규등록 시
– 개인등록 서류 外 – 법인설립허가서 – 직인증명서, 소속증명서, 담임목사 재직증명서 – 고유번호증 – 정관 또는 규약 – 자동차 구입결정에 따른 회의록 – 대표자 인감증명서 또는 본인서명사실확인서	– 개인등록 서류 外 – 유치원 인가서 및 유치원 직인등록확인서(교육청) – 사업자증록증 또는 고유번호 지정통보서
▶ 사단법인·단체가 신규등록 시	▶ 2인 공동명의 등록 시
– 정관 또는 규약 – 고유번호증 또는 해당관청에서 발급한 단체등록인가서 – 자동차 구입결정에 따른 회의록 – 총회에서 결의된 직인과 대표자 인감증명서 또는 본인서명사실확인서	– 공동소유자의 대표자 또는 관리인을 선정신청 – 공동소유자 2인이 날인 – 지분율이 다르면 각각 인감증명서 또는 본인서명사실확인서 첨부(자동차등록원부사항에 지분율 표시)
▶ 부활 차량에 등록 시	▶ 장애인·국가유공자 등록 시 – 복지카드, 국가유공자증
– 도난말소 후 신규등록 : 회수한 날로부터 3개월 이내 – 운수사업면허 등의 취소, 실효, 양도 등 직권말소로 신규등록 : 말소일로부터 3개월 이내 – 수출말소 후 신규등록 : 말소일로부터 9개월 이내 – 부활차 등록지연 시 과태료 부과 – 도난말소 후 신규등록 : 회수한 날로부터 3개월 이내 – 운수사업면허 등의 취소, 실효, 양도 등 직권말소로 신규등록 : 말소일로부터 3개월 이내 – 수출말소 후 신규등록 : 말소일로부터 9개월 이내 – 부활차 등록지연 시 과태료 부과	▶ 외국인등록 시 – 외국인등록사실증명원 또는 국내거소신고사실증명원 또는 출입국사실증명원 ▶ 법인 등록 시 – 사업자등록증 사본 – 법인등기부등본

행정사가 차량 등록 시 확인해야 할 사항이 있다. 우선 차대번호가 관련 서류와 일치하는지 여부를 확인해야 한다. 신청서, 임시운행허가서, 위임장, 보험영수증 등에 적혀 있는 차대번호와 실제 차량번호가 일치하는지 확인한다.

그 다음 모든 차량은 책임보험을 가입해야만 차량 등록이 가능하며, 모든 영업용차량의 경우 공제조합 보험 가입증명서를 첨부해야 한다.

차량 등록 시 관할관청에 가게 되면 ① 신청서 작성 및 필요서류 확인 ② 취득세, 공채 고지서 발행 ③ 취득세, 공채, 번호판대 등 세금 납부 ④ 신청서류 제출(각종 영수증 첨부) ⑤ 차량 번호 선택 ⑥ 등록증발급 및 번호판 수령 ⑦ 자동차번호판 부착 등의 순서로 업무를 진행하면 된다.

2. 자동차 이전등록, 이렇게 준비하자

등록된 자동차의 소유권을 이전(양도)하기 위하여 행하는 등록을 이전등록이라 하며 소유권이 변경될 경우(매매, 증여, 상속, 합병, 경락, 기타)에 양수인은 법정 기한 내에 이전등록 신청을 해야 한다.

등록기간은 매매의 경우 매수한 날(잔금지급일)로부터 15일 이내 신고해야 하며, 증여의 경우 증여일로부터 20일 이내 신고, 상속의 경우 사망한 달의 말일부터 6월 이내 신고하면 된다. 단, 2013년 12월 19일 이전 사망자는 상속개시일(사망일)로부터 3월 이내 신고하도록 하고 있다.

자동차 이전등록 시 필요한 서류

구분	구비서류	
공통사항	− 이전등록신청서 − 자동차등록증 − 양도증명서 　·양도인, 양수인 인감도장 날인 − 책임보험가입증명서	
매매	**[양도인]**	**[양수인]**
매매	☞ **개인인 경우** 인감증명서 (자동차 매수자란에 자동차 매수인 성명, 주민등록번호, 주소 기재하여 발급) ☞ **법인인 경우** − 법인인감증명서 (자동차 매수인 성명, 주민등록번호, 주소 기재하여 발급) − 법인등기부등본(말소사항 포함) − 사업자등록증 사본 ☞ **개인사업장으로 등록되어 있는 경우** 사업자등록증 사본 또는 사업자사실증명원	☞ **개인인 경우** 주민등록등본 ☞ **법인인 경우** 사업자등록증 사본 법인등기부등본 ※ 대리인 등록 시 인감증명서, 위임장(인감도장날인)
상속	− 사망자 기본증명서 − 사망자 가족관계증명서 − 상속인 및 동의인 신분증 사본 각 1부 　· 등록관청에 따라 인감증명서 첨부 − 상속동의서(상속인 및 동의인 도장날인) 　· 등록관청에 따라 인감도장날인 ※ 대리인 등록 시 − 상속인 인감증명서 − 위임장(상속인 인감도장날인)	

3. 자동차 말소등록, 이렇게 하자

자동차 말소등록이란 등록된 자동차를 폐차, 제작 판매자에게 반품, 차령초과, 여객·화물자동차운수사업법에 의한 면허·등록·인가 또는 신고가 실효되거나 취소, 천재지변·교통사고 또는 화재, 수출, 확정판결, 도난, 교육·시험·연구 목적의 사유로 자동차 소유자가 말소등록을 신청하는 등록을 뜻한다.

자동차 말소등록 시 필요한 서류

구분	구비서류
공통사항	– 자동차말소등록신청서 – 자동차등록증 – 차주 인감증명서 ※ 대리인 등록시 : 위임장 (인감도장날인)
폐차말소	– 폐차인수증명서(폐차업자 발급) ※ 발급일로부터 1월 이내 신청
수출말소	– 수출면장 – 수출업자의 사업자등록증 사본 – 수출업자의 위임장 – 자동차번호판(2매)
도난말소	– 도난말소신고서(관할경찰서장 발급) – 도난말소 후 말소사실증명서(부활용) 발급 · 부활 시 필요
도난말소 차량 회수 시	– 도난해지신청서(관할경찰서장 발급) – 자동차번호판(2매) 반납 후 임시번호 발급 – 임시번호 발급 후 신규검사(신규검사증명서 – 검사장 발급) – 신규검사 후 신규(부활)등록

4. 자동차 저당권 설정·말소등록, 이렇게 하자

저당권은 채무자 또는 제3자가 채무를 담보로 제공할 부동산 및 기타(자동차)를 채권자(저당권자)가 공부상으로만 지배하여 채무변제가 없는 경우 그 목적물(자동차)을 처분 우선변제 받는 권리를 말한다.

자동차 저당권 설정·말소등록 시 필요한 서류

구분	구비서류
설정	– 자동차저당권설정등록신청서 – 자동차근저당설정계약서 　· 저당권자(채권자) 및 근저당권자(채무자) 인감도장날인 – 근저당권자(채무자) 인감증명서 – 자동차등록증 ※ 대리인 등록 시 위임장 – 근저당권자(채무자) 인감도장날인
말소	– 자동차저당권말소등록신청서 – 저당권말소해지증서 – 저당권자(채권자)인감증명서 – 자동차등록증 ※ 대리인 등록 시 위임장 – 저당권자(채권자) 인감도장날인
이전	– 자동차저당권이전등록신청서 – 피담보 채권의 양도증명서 – 구 저당권자(채권자)의 인감증명서
변경	– 자동차저당권변경등록신청서 – 저당권설정 또는 변경계약서 – 구 저당권자(채권자)의 인감증명서 – 구, 신 근저당권자(채무자) 각각 인감증명서 – 자동차 소유자의 인감증명서

5. 자동차 변경등록, 이렇게 하자

　자동차 변경등록이란 등록원부에 기재된 사항에 변경이 있는 경우 그 사실을 등록원부에 기재하는 행위, 소유자 개명이나 상호 및 주소 변경 시 취하는 등록업무를 말한다.

　주소(사용본거지)가 변경된 경우 주민등록 전입신고일로부터 30일 이내 신고, 사업장 이전등록일(사업자등록증)로부터 30일 이내 신고해야 한다. 소유자의 성명, 주민등록번호 또는 명칭(법인인 경우 상호)가 변경되었을 때에는 사유발생일로부터 30일 이내 신고하면 된다.

자동차 변경등록 시 필요한 서류

	구비서류
공통사항	자동차등록증 자동차번호판 2매 – 자동차 등록번호가 변경되는 경우 ※ 대리인 등록 시 : 인감증명서, 위임장(인감도장날인)
시·도간 변경등록	시·도간 변경등록 신청서 사용본거지를 확인할 수 있는 서류 – 개인 : 주민등록등본 – 법인 : 법인등기부등본 또는 사업자등록증명원(변경사항기재) – 개인사업자 : 사업자등록 증명원(변경사항 기재)
번호변경 (구번호 – 신번호) (승합 – 승용) (번호판 분실·도난)	자동차변경등록신청서 번호판 분실·도난시 : 분실·도난 신고확인서(관할경찰서장 발급)
성명 또는 명칭, 자동차 등록번호 주민(사업자)등록번호 자동차의 용도, 자동차 사용본거지 등의 변경사항	자동차변경등록신청서 변경등록 신청사유(변경내역)를 증명하는 서류 – 주민등록등·초본, 법인인감증명서, 사업자등록증명원(변경사항 기재)

6. 자동차 영업용 양도·양수,
이렇게 하자

화물자동차운송사업을 타인에게 양도·양수할 때 신고하는 사무를 말하며 관련 구비 서류는 다음과 같다.

자동차 영업용 양도·양수 시 필요한 서류

공통사항	
양도·양수신고서(쌍방 인감도장날인) 화물자동차 양도·양수 계약서(쌍방 인감도장날인) 양도증명서(쌍방 인감도장날인)	
[양도인]	[양수인]
인감증명서 2통 (자동차 매수자란에 자동차 매수인 성명, 주민등록번호, 주소 기재하여 발급) 화물자동차 운송사업허가증 자동차등록증 ※ 법인인 경우(이사회 회의록 첨부)	인감증명서 2통 기본증명서 차고지증명서 화물운송자격증(없을 시 근로계약서 작성) 운전면허증 사본 위임장(인감도장날인)

7. 자가용 화물자동차 사용신고,
이렇게 하자

자가용 화물자동차 사용신고는 자가용 자동차의 유상운송은 금지하고 순수 자기화물만을 운송하기 위하여 등록과 동시에 신고하는 사무를 의미하며, 신고대상 자동차는 최대적재량 2.5톤 이상 자가용화물자동차나 특수자동차가 여기에 해당한다.

자가용 화물자동차 신고 시 필요한 서류

	구비서류
공통사항	자가용 화물자동차 사용신고서 자동차 제작증 또는 자동차등록증 사본, 양도증명서 사본 ※ 사업장 소재지나 거주 소재지만 가능함
본인소유차고	토지대장등본 건축물대장등본 차고지가 표시된 약식도면 ※ 등록관청에 따라 주차장 사진 필요
임대차고	토지대장등본 건축물대장등본 임대차계약서 차고지가 표시된 약식도면 ※ 등록관청에 따라 주차장 사진 필요
주차장	주차장사용계약서 사업자등록증 사본

국가의 보호를 받고 싶다면 행정사와 상의하자

04

　국가보훈처는 국가유공자의 희생과 공헌에 대해 관련자들을 예우하고 지원하는 사업을 다양하게 하고 있다. 특히 국가유공자, 보훈보상대상, 독립유공자, 참전유공자, 5·18민주유공자, 고엽제 후유(의)증, 특수임무유공자, 제대군인 등에 대한 지원을 주로 하는 보훈정책을 실시하고 있다.

　특히 군인, 경찰, 소방공무원, 공무원들이 직무수행 중이거나 직무수행과 직접 관련이 없더라도 재해 및 사망하는 경우가 발생하는 경우 당사자 및 가족, 유족들을 위한 보훈지원과 보상에 대한 부분을 신청할 수 있다.

1. 공무원이 직무수행 중 다치거나 사망하면 국가유공자 신청을 해보자

군인이나 경찰, 소방공무원으로서 국가의 수호, 안전보장 또는 국민의 생명이나 재산 보호와 직접적인 관련이 있는 직무수행이나 교육훈련 중 사망한 경우 순직군경으로서 국가유공자 등록이 가능하다.

단, 소방공무원의 경우 국가유공자 예우법 개정 시행일인 2011년 6월 30일 이후 사망한 때부터 적용하며 2011년 6월 29일 이전에는 화재구조 구급 업무에 관한 사망인 경우에만 순직군경에 준하여 보상받을 수 있다.

또 군인이나 경찰, 소방공무원으로서 국가의 수호, 안전보장 또는 국민의 생명, 재산 보호와 직접적인 관련이 있는 직무수행이나 교육훈련 중 상이를 입고 전역하거나 퇴직한 경우로서 그 상이 정도가 국가보훈처장이 실시하는 신체검사에서 상이등급 1급 내지 7급으로 판정된 경우 공상군경으로서 국가유공자 등록을 할 수 있다.

「국가공무원법」 제2조 및 「지방공무원법」 제2조에 규정된 공무원(군인 및 경찰공무원 제외)과 「공무원연금법 시행령」 제2조의 적용을 받는 직원으로서 국민의 생명, 재산보호와 직접적인 관련이 있는 직무수행이나 교육훈련 중 사망한 경우 순직공무원으로 등록할 수 있으며, 직무수행이나 교육훈련 중 상이(공무상의 질병 포함)를 입고 퇴직한 경우로서 그 상이 정도가 국가보훈처장이 실시하는 신체검사에서 1급 내지 7급의 상이등급에 해당하는 신체의 장애를 입은 것으로 판정된 경우 공상공무원 등록을 할 수 있다.

국가유공자 및 유가족 등록신청

국가유공자, 유족 및 가족이 되고자 하는 경우 주소지 관할 보훈청 보상과에 관련 서류를 구비하여 접수한다. 구비서류는 다음과 같다.

▶ 국가유공자 등록신청 시 필요한 서류

◎ 본인
– 등록신청서 1부
– 병적증명서나 전역증(군인이 아닌 경우 경력증명서)
– 가족관계 기록사항에 관한 증명서 1통, 입양관계증명서 1통
– 주민등록표등본 1통(담당 공무원이 행정정보의 공동이용을 통하여 확인하는 것에 동의하면 제출생략)
– 반명함판 사진 1매(상이자는 2매)

◎ 유족
– 등록신청서 1부
– 병적증명서나 전역증(군인이 아닌 경우 경력증명서)
– 고인의 제적등본(사망일자 확인) 1통
– 신청인의 가족관계증명서, 입양관계증명서, 혼인관계증명서(배우자인 경우) 각 1통
– 신청인의 반명함판 사진 1매
※ 선순위자 1인이 신청
  선순위자가 아닌 경우(본인보다 연장자 생존 시)는 유족 간 협의가 되어야 신청이 가능 – 인감증명서 첨부하여 선순위유족지정서 제출

◎ 개별 구비서류
– 전몰·전상군경, 순직·공상군경, 순직·공상공무원 : 국가유공자 등 요건 관련확인서 발급신청서 (서식상의 붙임서류 포함), 부상 또는 사망입증 서류 각 1부
– 무공수훈자, 보국수훈자 또는 4·19혁명공로자 : 무공훈장증, 보국훈장증 또는 건국포장증 원본 또는 수훈사실확인서(행정자치부 발급) 1통
– 4·19혁명사망자·부상자 : 4·19혁명참가확인서 및 4·19혁명으로 인한 사망 또는 부상 확인서류 각 1통
– 사실상의 배우자임을 입증할 수 있는 경위서 또는 증빙서류(사실상의 배우자에 한함)
– 부양 또는 양육한 사실을 입증할 수 있는 서류(부양 또는 양육한 사실을 입증할 필요가 있는 자에 한함)

국가유공자 등록절차 및 순서

무공·보국수훈자, 6·25참전재일학도의용군인, 4·19혁명사망자·부상자·공로자, 국가사회발전특별공로순직자·상이자·공로자

| 01. 등록신청 민원인 | 02. 등록신청서 접수 및 서류검토 (관할보훈청) | 03. 독립유공자요건 해당여부 심·의결 (보훈심사위원회) | 04. 독립유공자요건 해당여부 결정·통지 (보훈심사위원회) |

전몰·전상군경, 순직·공상군경, 순직·공상공무원

| 01. 본인 또는 유족 등록신청서 제출 전공사상 확인신청 | 02. 관할 보훈(지)청 국가유공자요건 등 확인요청 전공사상 확인신청 | 03. 각 군 참모총장, 지방경찰청장, 공무원 연금관리공단이사장 전공사상자 발생확인 전공사상 확인신청 | 04. 국가보훈처 (보훈심사위원회) |

| 05. 국가유공자 해당여부 심의, 의결/심의결과 통보 심의결과 통보 | 06. 각 군 참모총장, 지방경찰청장, 공무원 연금관리공단이사장 전공사상자 발생확인 심의결과 통보 | 07. 등록신청서 접수 대상여부 심사결정 심의결과 통보 | 08. 전공사상자 |

출처 : 국가보훈처 홈페이지(www.mpva.go.kr)

국가유공자 보상금 월 지급액(2012년 7월 이전)

○ 상이군경

(단위 : 천 원)

상이등급별			보상금	수당		합계
				고령·무의탁	중상이부가	
상이군경	1급1항	고령	3,165	97	2,374	5,636
		일반	3165	–	2,374	5,539
	1급2항	고령	2985	97	1,642	4,724
		일반	2,985	–	1,642	4,627
	1급3항	고령	2,857	97	1,000	3,954
		일반	2,857	–	1,000	3,857
	2급	고령	2,540	97		2,637
		일반	2,540	–		2,540
	3급	고령	2,374	97		2,471
		일반	2,374	–		2,374
	4급	고령	1,992	97		2,089
		일반	1,992	–		1,922
	5급	무의탁	1,650	274		1,924
		고령	1,650	97		1,747
		일반	1,650	–		1,650
	6급1항	무의탁	1,506	274		1,780
		고령	1,506	97		1,603
		일반	1,506	–		1,506
	6급2항	무의탁	1,386	274		1,660
		고령	1,386	97		1,483
		일반	1,386	–		1,386
	7급	무의탁	496	274		770
		고령	496	97		593
		일반	496	–		496
	간호수당		• 1급1항 2,631, 1급2항 2,532, 1급3항 2,434, 2급 841			
	전상수당		90			
재일학도 의용군인		무의탁	1,386	274		1660
		고령	1,386	97		1,483
		일반	1,386	–		1,386
4·19혁명공로자			351			
생활조정수당 (* 생활수준 고려, 신청시)			• 가족 3인 이하 : 200~283 • 4인 이상 : 273~336			

출처 : 국가보훈처 홈페이지(www.mpva.go.kr)

국가유공자 보상금 월 지급액(2012. 7. 1. 이후 등록자)

(단위 : 천 원)

대상별		보상금	중상이부가수당	합계
상이자	1급1항	3,165	2,374	5,539
	1급2항	2,985	1,642	4,627
	1급3항	2,857	1,000	3,857
	2급	2,540		2,540
	3급	2,374		2,374
	4급	1,992		1,992
	5급	1,650		1,650
	6급1항	1,506		1,506
	6급2항	1,386		1,386
	6급3항	930		930
	7급	496		496
	간호수당	상시 2,631, 수시 1,755		
	전상수당	90		
	부양가족수당	배우자 100, 자녀 100		
	고령수당(60세 이상)	부양가족수당 비해당시 97		

출처 : 국가보훈처 홈페이지(www.mpva.go.kr)

등록대상 유가족 및 가족요건

배우자가 등록대상 유가족 1순위이다. 이때 배우자는 사실혼 관계의 배우자를 포함한다. 단, 배우자 및 사실상의 배우자가 국가유공자와 혼인 또는 사실혼 후 당해 국가유공자 외의 자와 사실혼 중에 있거나 있었던 경우는 제외한다.

2순위는 자녀가 된다. 양자가 있는 경우 국가유공자가 직계비속 없이 입양한 자 1인에 한하여 자녀로 인정하고 있다.

3순위는 부모가 된다. 구 민법상의 적모 또는 계모를 '부의 배우자'로 명칭을 변경하여 부(父)의 배우자도 인정하고 있다. 국가유공자를 양육하거나 부양한 사실이 있는 경우로 한정하며, 부의 배우자와 생모, 모의 배우자와 생부가 각각인 때에는 국가유공자를 주로 부양한 자 1인을 모, 부로 인정하고 있다. 부모 중 국가유공자를 주로 부양 또는 양육한 자가 우선한다.

단, 보상금 지급대상은 지원공상군경 본인, 지원순직군경 유족 및 6급 이상 지원공상군경의 유족이다. 유족 보상금 지급순위는 ① 배우자 ② 미성년 자녀 ③ 부모 ④ 성년인 직계비속이 없는 조부모 ⑤ 60세 미만의 직계존속과 성년인 형제자매가 없는 미성년 제매까지만 승계 지급을 하고 있다. 지원공상공무원과 지원순직공무원 유족은 보상금이 지급되지 않으며, 상이 1~2급 지원공상공무원은 간호수당이 지급되고 있다.

국가유공자 유족 보상금 월 지급액(기존 등록자)

○ 군경유족 등

(단위 : 천 원)

대상별			보상금	수당	합계
유족	배우자	전몰·순직 무의탁	1,668	274	1,942
		전몰·순직 무의탁부모부양	1,668	149	1,817
		전몰·순직 고령	1,668	149	1,817
		전몰·순직 일반	1,668	-	1,668
		상이 1급~5급, 6급상이사망 무의탁	1,446	274	1,720
		상이 1급~5급, 6급상이사망 무의탁부모부양	1,446	149	1,595
		상이 1급~5급, 6급상이사망 고령	1,446	149	1,5951
		상이 1급~5급, 6급상이사망 일반	1,446	-	1,446
		6급비상이, 7급상이사망 무의탁	530	274	804
		6급비상이, 7급상이사망 무의탁부모부양	530	149	679
		6급비상이, 7급상이사망 고령	530	149	679
		6급비상이, 7급상이사망 일반	530	-	530
* 미성년자녀 양육수당			• 1인 양육 50 / 2인 양육 185 (추가 1인당 185 가산)		

대상별			보상금	수당	합계
유족	부모	전몰·순직 무의탁	1,638	274	1,912
		전몰·순직 독자사망	1,638	274	1,912
		전몰·순직 고령	1,638	97	1,735
		전몰·순직 일반	1,638	–	1,638
		상이 1급~5급, 6급상이사망 무의탁	1,422	274	1,696
		상이 1급~5급, 6급상이사망 고령	1,422	97	1,519
		상이 1급~5급, 6급상이사망 일반	1,422	–	1,422
		6급비상이, 7급상이사망 무의탁	503	274	777
		6급비상이, 7급상이사망 고령	503	97	600
		6급비상이, 7급상이사망 일반	503	–	503
	2명 이상 사망수당		2인 사망 : 274 (1인 추가 시 274 가산)		
	미성년 (성년장애) 자녀	전몰·순직	1,933	–	1,933
		상이 1급~5급·6급상이사망	1,678	–	1,678
		6급비상이·7급상이사망	766	–	766
		미성년제매 양육수당	• 1인 양육 100 • 2인 양육 370 (추가 1인당 370 가산)		
생활조정수당(* 생활수준 고려, 신청시)			• 가족 3인 이하 : 220~283 • 가족 4인 이상 : 273~336		
6·25 자녀수당			• 제적자녀 : 1,387(위로가산금 80추가) • 승계자녀 : 1,180 • 신규승계자녀 : 347(생계곤란한 경우 114천 원 추가 지원)		

출처 : 국가보훈처 홈페이지(www.mpva.go.kr)

국가유공자 유족 보상금 월 지급액(2012. 7. 1. 이후 등록자)

(단위 : 천 원)

대상별			보상금	중상이부가수당	합계
유족	배우자	전몰·순직	1,668	–	1,668
		상이 1~5급	1,446	–	1,446
		상이 6급	530	–	530
	부모	전몰·순직	1,638	–	1,638
		상이 1~5급	1,442	–	1,442
		상이 6급	503	–	503
	자녀	전몰·순직	1,933	–	1,933
		상이 1~5급	1,678	–	1,678
		상이 6급	766	–	766
	부양가족수당		자녀 100, 제매 200		
	2명 이상 사망수당		274		
	고령수당(60세 이상)		부양가족수당 비해당시 배우자 149, 부모 97		
	생활조정수당 (* 생활수준 고려, 신청시)		가족 3인 이하 : 2200~283, 4인 이상 : 273~3360		

출처 : 국가보훈처 홈페이지(www.mpva.go.kr)

국가유공자로 등록되면 보훈급여금 지급 외에도 등록 대상자에 따라 교육지원, 취업지원, 대부지원, 의료지원, 사망 시 예우로서 사망일시급, 기타 재해위로금, 휴양시설 지원 등이 이루어지므로 상황에 맞는 등록신청과 지원요청을 하면 된다.

보상 관련 심의·의결에 대한 이의신청 및 행정심판

국가보훈처장의 처분이 법령 적용의 착오에 기초하였다고 판단되는 경우, 국가보훈처장이 해당 처분을 할 때 중요한 증거자료를 검토하지 않았다고 판단되는 경우, 해당 처분이 있은 후 그와 관련된 새로운 증거자료가 발견된 경우에는 국가보훈처장의 처분을 받은 날부터 30일 이내에 이의신청을 할 수 있다.

국가보훈처장은 이의신청에 대해 보훈심사위원회의 심의·의결을 거쳐 결정하고 그 결과를 이의신청한 자에게 통보해야 한다. 국가보훈처의 위법·부당한 처분이나 부작위로 인해 피해를 입은 경우 행정심판을 제기할 수 있다. 또 이의신청을 한 자가 그 이의신청과 관계없이 행정심판을 청구할 수 있다. 이 경우 이의신청을 하여 그 결과를 통보받은 자는 통보받은 날부터 90일 이내에 행정심판을 청구할 수도 있다.

행정심판은 심판의 대상과 청구의 내용에 따라 3가지(취소심판, 무효등확인심판, 의무이행심판)로 분류된다. 이 3가지 심판 중 취소심판은 심판청구기간에 제한이 있어 처분이 있음을 안 날부터 90일 이내 또는 처분이 있은 날로부터 180일 이내에 제기하여야 하며, 정당한 사유 없이 이 기간 중 하나라도 경과하여 행정심판을 청구하면 부적법한 청구가 된다. 단, 처분청이 심판청구기간을 알리지 않은 때에는 처분이 있은 날로부터 180일 이내에 청구할 수 있다. 또 무효등확인심판과 부작위에 대한 의무이행심판은 심판청구기간의 제한이 없다.

국가보훈 관련 사건에 있어서 행정청이란 통상 청구인의 국가유공자등록신청 등을 접수하고 가부 결정을 통지한 관할 지방보훈청 또는 보훈지청이 행정청(처분청)이 된다.

(원고 : 사망한 故 ○씨의 어머니)

고인은 1989년 11월 육군에 입대하여 이듬해인 1990년 4월 일병으로 GOP 경계근무 중 자해 사망했으며, 고인의 어머니가 중앙행심위에 2012년 7월 유공자 유족 등록 거부 처분을 취소해달라는 내용으로 청구함. 2013년 4월 고인의 사망과 직무수행 간 상당한 인과관계가 있다고 재결하였으나 ○○보훈지청 보훈심사위원회는 유공자 유족 등록을 다시 거부함. 이에 원고는 2013년 8월 다시 중앙행심위에 행정심판 청구를 함.

(피고: ○○보훈지청)

– 극심한 구타·가혹행위로 인한 우울상태에서 GOP 근무 중 자해 사망한 군인이 불가피한 사유 없이 고충해결 노력을 게을리 한 스스로의 과실이 경합되어 사망했다고 주장함

– 소속 부대의 인사 관련 상급자나 부대장 등과 상담하거나 군병원 진료 등의 적극적인 고충 해결 노력을 하지 않는 등 불가피한 사유 없이 본인의 과실이나 과실이 경합되어 사망했다고 주장

(중앙행정심판위원회)

– ▲ 고인의 부대는 선임병들에 의한 구타와 가혹행위가 만연하였고, 고인도 당했으며, ▲ 타부대에서 부대원들을 괴롭혀 GOP 부적응자로 분류되었다가 전출 온 선임병이 고인을 계속하여 질책하고 욕설하였으나 특별히 제지한 사람도 없었고, ▲ 고인의 사고 전부터 일상적 구타 및 가혹행위가 있는 것을 알고 있던 소속 지휘관들이 이를 예방하거나 시정하려는 노력을 하지 않았다고 판단함.

– 또한, ▲ 고인이 후임병들의 군기를 잡지 못한다는 등의 이유로 군기반장급 선임병들에게 구타당하는 경우가 많았으며 ▲ 이러한 환경에서 발생한 우울장애에 대해 효과적인 치료나 조치를 제대로 받지 못했으며, ▲ 최전방 GOP 초소라는 폐쇄된 곳에서 주어진 상황을 타개할 사정이 보이지 않았던 점 등을 종합 고려하면, '불가피한 사유가 없다거나 본인 과실이나 과실 경합 사망'으로 볼 수 없고, 이를 증명할 구체적이고 객관적인 자료도 보이지 않으므로, 국가보훈처의 이번 처분도 위법·부당하다고 판단함.

2. 공무원이 직접 직무수행과 관련 없는 재해를 입어도 보훈보상대상자가 될 수 있다

군인, 경찰, 소방공무원, 국가·지방 공무원 중 직무와 직접적인 관련이 없는 일을 하거나 교육훈련 중에 다치거나 사망한 경우 보훈보상대상자로 등록할 수 있다.

재해사망군경은 군인이나 경찰, 소방 공무원으로서 국가의 수호, 안전보장 또는 국민의 생명, 재산 보호와 직접적인 관련이 없는 직무수행이나 교육훈련 중 사망한 사람을 대상으로 등록이 가능하다.

재해부상군경의 경우는 군인이나 경찰, 소방 공무원으로서 국가의 수호, 안전보장 또는 국민의 생명, 재산 보호와 직접적인 관련이 없는 직무수행이나 교육훈련 중 상이를 입고 전역하거나 퇴직한 사람으로서 그 상이 정도가 국가보훈처장이 실시하는 신체검사에서 제6조에 따른 상이등급으로 판정된 사람을 그 대상으로 한다.

재해사망공무원은 「국가공무원법」 제2조 및 「지방공무원법」 제2조에 따른 공무원(군인과 경찰공무원은 제외)과 국가나 지방자치단체에서 일상적으로 공무에 종사하는 대통령령으로 정하는 직원으로서 국민의 생명, 재산 보호와 직접적인 관련이 없는 직무수행이나 교육훈련 중 사망한 사람을 대상으로 한다.

재해부상공무원은 국민의 생명, 재산 보호와 직접 관련이 없는 직무수행이나 교육훈련 중 상이를 입고 퇴직한 사람으로서 신체검사를 받아 상이등급으로 판정이 된 사람이면 등록이 가능하다.

보훈보상대상자 및 유가족이 되고자 하는 경우 주소지 관할 보훈청 보상과로 관련 서류를 준비하여 접수하면 등록절차에 따라 심의한 후 결과를 통보받을 수 있다.

보훈보상대상자 등록처리 흐름도

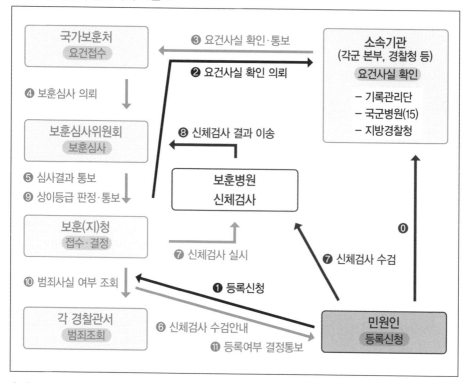

출처 : 국가보훈처 홈페이지(www.mpva.go.kr)

등록대상 유가족 및 가족요건

보훈보상대상자 등록대상 유가족 및 가족요건은 국가유공자의 경우와 동일하다.

보상금 지급 대상은 재해부상군경 본인, 재해사망군경 유족 및 6급 이상 재해부상군경의 유족이다. 유족 보상금 지급순위는 ① 배우자 ② 미성년 자녀 ③ 부모 ④ 성년인 직계비속이 없는 조부모 ⑤ 60세 미만의 직계존속과 성년인 형제자매가 없는 미성년 제매까지만 승계 지급을 하고 있다. 따라서 재해부상공무원과 재해사망공무원 유족은 보상금이 지급되지 않는다. 다만, 상이 1~2급 재해부상공무원은 실제 간호가 필요한 분에 한해 간호수당만 지급된다.

보훈보상대상자 보상금 월 지급액

(단위: 천 원)

대상별		보상금	중상이부가수당	합계
상이자	1급 1항	2,216	1,662	3,738
	1급 2항	2,090	1,150	3,240
	1급 3항	2,000	700	2,700
	2급	1,778	–	1,778
	3급	1,662	–	1,662
	4급	1,395	–	1,395
	5급	1,155	–	1,155
	6급 1항	1,055	–	1,055
	6급 2항	971	–	971
	6급 3항	651	–	651
	7급	348	–	348
간호수당		상시 2,631, 수시 1,755		
부양가족수당(6급 이상)		배우자 100, 자녀 100		
고령수당(60세 이상)		부양가족수당 비해당시 97		

출처: 국가보훈처 홈페이지(www.mpva.go.kr)

보훈보상대상자 유족 보상금 월지급액

(단위: 천 원)

대상별			보상금	중상이부가수당	합계
유족	배우자	사망	1,168	–	1,168
		1~5급 유족	1,013	–	1,013
		6급 유족	371	–	371
	부모	사망	1,147	–	1,147
		1~5급 유족	996	–	996
		6급 유족	353	–	353
	자녀	사망	1,354	–	1,354
		1~5급 유족	1,175	–	1,175
		6급 유족	537	–	537
	부양가족수당		자녀 100, 제매 200		
	고령수당(60세 이상)		부양가족수당 비해당시 배우자 149, 부모 97		
생활 조정 수당(*생활수준 고려, 신청시)			가족 3인 이하 : 220~283, 4인 이상 : 273~336		

출처 : 국가보훈처 홈페이지(www.mpva.go.kr)

재해부상군경(공무원), 재해사망군경(공무원)으로서 보훈보상대상자로 등록되면 보훈급여금 지급 외에도 등록 대상자에 따라 교육지원, 취업지원, 대부지원, 의료지원, 사망 시 예우로서 사망일시급, 기타 재해위로금, 휴양시설 지원 등이 이루어지므로 상황에 맞는 등록신청과 지원 요청을 하면 된다.

보상 관련 심의·의결에 대한 이의신청 및 행정심판은 국가유공자 등록 관련 이의신청 및 행정심판과 동일하므로 위 내용을 참고하면 된다.

3장

침해된 **권익**을 **회복**하려면

01 부동산 문제, 이제 행정사가 해결한다

1. 공익사업을 위한 토지수용 문제, 취득과 보상은 이렇게 하자

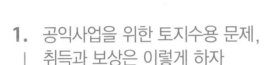

「공익사업을 위한 토지 등의 취득 및 보상에 관한 법률」에서 공공의 이익 내지 복리를 위해 필요한 사업을 공익사업이라 하고, 주로 ① 공항·터미널·철도·천연가스와 기름의 수송관·수도관 등과 같은 지역 내 또는 지역 간 교통 및 수송시설 ② 전화 및 전보 ③ 동력·열·조명 ④ 수도·위생 시설 및 관개설비 등의 공동시설을 국가 또는 지방자치단체, 공공단체 등이 조성하는 사업을 말한다.

국토교통부 중앙토지수용위원회는 2017년 토지수용 2천827건과 개발부담금 등에 대한 행정심판 133건 등 총 6천191건을 재결하였으며, 전년도(2016년) 실적인 토지수용 2천417건과 개발부담금 등에 대한 행정심판 147건 등 총 3천679건에 비해 증가한 것으로 나타났다.

이러한 공익사업을 하려면 개인 소유의 토지 등을 수용하게 되고 토지수용에 따른 보상과 관련하여 끊임없이 민원이 발생하게 마련이다.

토지수용제도는 도대체 무엇일까?

토지수용제도는 사업시행자가 공익사업용지를 취득하고자 할 경우에 사업시행자와 토지소유자 간의 협의에 의하여 취득하는 것이 바람직하나 소유자가 보상금문제 등의 이유로 보상협의에 불응하여 협의가 이루어지지 않거나 소유자 불명 등으로 협의할 수 없을 경우 공익사업을 신속하고 효율적으로 수행할 수 있도록 토지취득 절차를 규정하는 제도를 말한다.

특히 토지수용은 국민의 재산권을 침해하는 행위이므로 그 대상사업 및 절차 등을 엄격히 규제하고 있는데, 특히 「공익사업을 위한 토지 등의 취득 및 보상에 관한 법률」, 「국토의 계획 및 이용에 관한 법률」 외에도 개별법에 근거하여 정한 요건을 구비하고 그 절차를 거쳐야 한다.

헌법을 비롯한 관련 법률에서 규정하는 내용은 다음과 같다.

법령 공익사업을 위한 토지 취득·보상 관련 법적 근거

◆ 「헌법」 제23조 제3항

공공사업에 의한 재산권의 수용, 사용 또는 제한 및 그에 대한 보상은 법률로 정하되 정당한 보상을 지급하도록 규정하고 있다.

◆ 「공익사업을 위한 토지 등의 취득 및 보상에 관한 법률」

협의취득 및 수용할 수 있는 대상사업, 수용절차 및 그 효과 등에 대하여 규정하고 있다. 이 법에 따라 토지수용이 가능한 공익사업의 대상은 다음과 같다.

1) 국방·군사에 관한 사업

2) 관계 법률에 의하여 허가, 인가, 승인, 지정 등을 받아 공익을 목적으로 시행하는 철도, 도로, 공항, 항만, 주차장, 공영차고지, 화물터미널, 궤도, 하천, 제방, 댐, 운하, 수도, 하수도, 하수종말처리, 폐수처리, 사방, 방풍, 방화, 방조(防潮), 방수, 저수지, 용배수로, 석유비축 및 송유, 폐기물처리, 전기, 전기통신, 방송, 가스 및 기상관측에 관한 사업

3) 국가 또는 지방자치단체가 설치하는 청사, 공장, 연구소, 시험소, 보건 또는 문화시설, 공원, 수목원, 광장, 운동장, 시장, 묘지, 화장장, 도축장 그 밖의 공공용

시설에 관한 사업

4) 관계법률에 의하여 허가, 인가, 승인, 지정 등을 받아 공익을 목적으로 시행하
   는 학교, 도서관, 박물관 및 미술관의 건립에 관한 사업

5) 국가, 지방자치단체, 정부투자기관, 지방공기업 또는 국가나 지방자치단체가
   지정한 자가 임대나 양도의 목적으로 시행하는 주택의 건설 또는 택지의 조성
   에 관한 사업

6) 제1호 내지 제5호의 사업을 시행하기 위하여 필요한 통로, 교량, 전선로, 재료
   적치장 그 밖의 부속 시설에 관한 사업

7) 그 밖에 다른 법률에 의하여 토지 등을 수용 또는 사용할 수 있는 사업

◆ 「국토의 계획 및 이용에 관한 법률」

개별사업에 대한 실시계획인가 및 고시 등이 있는 경우, 이를 「공익사업을 위한
토지 등의 취득 및 보상에 관한 법률」에 의한 사업인정 또는 고시와 동일한 절차
를 거친 것으로 보도록 토지수용·사용에 관한 특례 규정을 두고 있다.

◆ 기타 개별 법률에 수용이 가능하도록 정해진 공익사업(총 110개 사업)

- 「국토의 계획 및 이용에 관한 법률」에 의한 도시계획시설(공원, 도로, 골프장
  등) 사업
- 「산업입지 및 개발에 관한 법률」에 의한 산업단지 조성사업
- 「도시개발법」에 의한 도시개발사업
- 「소하천정비법」에 의한 하천정비사업
- 「도로법」에 의한 도로사업
- 「주택법」에 의한 주택사업
- 「도시 및 주거환경정비법」에 의한 재개발·재건축사업
- 「전원개발에 관한 특례법」에 의한 전원개발사업
- 「학교시설사업촉진법」에 의한 학교시설사업
- 「관광진흥법」에 의한 관광지조성사업
- 「도시철도법」에 의한 철도사업
- 「택지개발촉진법」에 의한 택지개발사업

토지보상의 손실보상 원칙에 대해 알아보자

우선 토지보상과 관련해서는 기본적으로 「공익사업을 위한 토지 등의 취득 및 보상에 관한 법률」에 근거하여 보상한다는 점을 기억해두자.

사업시행자 보상의 원칙(제61조)

공익사업에 필요한 토지 등의 취득 또는 사용으로 인하여 토지소유자나 관계인이 입은 손실은 사업시행자가 보상해야 한다는 원칙이다.

사전보상의 원칙(제62조)

사업시행자는 해당 공익사업을 위한 공사에 착수하기 이전에 토지소유자와 관계인에게 보상액 전액을 지급해야 한다는 원칙이다. 다만, 천재지변 시의 토지 사용과 시급한 토지 사용의 경우 또는 토지소유자 및 관계인의 승낙이 있는 경우에는 예외를 인정하고 있다.

현금보상의 원칙(제63조)

손실보상은 다른 법률에 특별한 규정이 있는 경우를 제외하고는 현금으로 지급하는 것을 원칙으로 하고 있다.

개인별 보상의 원칙(제64조)

손실보상은 토지소유자나 관계인에게 개인별로 해야 한다. 다만, 개인별로 보상액을 산정할 수 없을 때에는 예외를 인정하고 있다.

일괄보상의 원칙(제65조)

사업시행자는 동일한 사업지역에 보상시기를 달리하는 동일인 소유의 토지 등이 여러 개 있는 경우 토지소유자나 관계인이 요구할 때에는 한꺼번에 보상금을 지급해야 한다.

사업시행 이익과의 상계금지의 원칙(제66조)

사업시행자는 동일한 소유자에게 속하는 일단의 토지의 일부를 취득하거나 사용하는 경우 해당 공익사업의 시행으로 인하여 잔여지의 가격이 증가하거나 그 밖의 이익이 발생한 경우에도 그 이익을 그 취득 또는 사용으로 인한 손실과 상계할 수 없다.

보상액의 가격시점 : 현황보상의 원칙·개발이익배제보상의 원칙(제67조)

보상액의 산정은 협의에 의한 경우에는 협의 성립 당시의 가격을, 재결에 의한 경우에는 수용 또는 사용의 재결 당시의 가격을 기준으로 한다. 보상액을 산정할 경우에 해당 공익사업으로 인하여 토지 등의 가격이 변동되었을 때에는 이를 고려하지 않는다.

보상액의 산정(제68조)

감정평가업자 3인(시·도지사와 토지소유자가 모두 감정평가업자를 추천하지 않거나 시·도지사 또는 토지소유자 어느 한쪽이 감정평가업자를 추천하지 않은 경우에는 2인)을 선정하여 토지 등의 평가를 의뢰하여야 한다. 다만, 사업시행자가 국토교통부령으로 정하는 기준에 따라 직접 보상액을 산정할 수 있을 때에는 그러하지 아니한다.

공익사업을 위한 토지 취득 및 보상 절차가 궁금하다

사업시행자는 공익사업을 준비하기 위해 타인의 토지에 출입하여 측량·조사하는 단계에서부터 사업의 종류, 출입할 토지의 구역 및 기간을 공고하고 토지소유자에게도 이를 통지해야 하고 손실이 있을 경우에는 협의하여 보상해야 한다.

사업시행자는 사업인정 전에 협의에 의한 토지 등의 취득·사용이 필요할 때에는 토지조서와 물건조서를 작성하고 토지소유자와 관계인의 서명 또는 날인을 받아야 한다.

이렇게 작성된 조서와 보상시기·방법·절차를 포함한 보상계획을 전국에 알리고 토지소유자에게도 통지하여야 하며 그 내용을 14일 이상 일반인이 열람할 수 있도록 해야 한다. 이때 이의가 있는 토지소유자 또는 관계인은 열람기간 이내에 사업시행자에게 서면으로 이의를 제기할 수 있다.

사업시행자도 토지 보상 등에 관해 성실하게 협의할 의무가 있고 협의가 성립되었을 경우에는 토지소유자 및 관계인과 계약을 체결하면 된다. 사업시행자가 공익사업의 수행을 위해 토지 등을 수용하거나 사용하려면 법에 따라 국토교통부장관의 사업인정을 받아야 한다. 국토교통부 장관이 사업인정을 하였을 때는 지체 없이 관계자에게 통지하고 사업 내용 및 토지 세목에 대해서도 관보에 고시해야 한다. 사업인정은 고시한 날부터 그 효력이 발생한다.

이처럼 사업인정고시가 된 후에는 누구든지 고시된 토지에 대해 사업에 지장을 줄 우려가 있는 형질의 변경이나 물건을 손괴하거나 수거하는 행위를 하지 못한다. 이때부터는 토지나 건물주라 하더라도 건축·대수선, 공작물 설치, 물건의 부가(附加)·증치(增置)를 하려면 관할관청의 장에게 허가를 받아야 한다.

이 시기에 사업인정을 받은 사업시행자는 보상과 관련하여 토지소유자 및 관계인이 협의요청을 해오면 협의 절차를 거쳐야 한다. 사업시행자가 토지소유자 및 관계인과 협의를 하려고 노력했으나 협의가 이루어지지 않거나 협의할 수 없을 때에는 사업인정고시가 된 날부터 1년 이내에 관할 토지수용위원회에 재결 신청을 할 수 있다. 사업시행자가 재결 신청을 하지 않은 경우 사업인정고시가 된 날부터 1년이 되는 날의 다음날에 사업인정 효력을 상실한다.

한편 토지소유자 및 관계인도 사업인정고시가 된 후 협의가 성립되지 않으면 서면으로 사업시행자에게 재결을 신청할 것을 청구할 수 있다. 사업시행자가 이 청구를 받았을 때에는 청구받은 날부터 60일 이내에 관할 토지수용위원회에 재결을 신청해야 한다. 토지수용위원회는 재결 신청서를 접수하면 지체없이 공고하게 되고, 공고한 날부터 14일 이상 일반인이 열람할 수 있다. 이 기간 중에 토지소유자 및 관계인은 의견을 제시할 수 있다.

이 기간이 지나면 토지수용위원회는 해당 건에 대해 조사 및 심리를 하고 화해를 권고하게 된다. 화해가 성립하게 되면 화해조서를 작성하고 합의가 이뤄진 것으로 본다. 토지수용위원회는 심리를 시작한 날부터 14일 이내 재결을 해야 하며 재결은 서면으로 한다.

사업시행자는 수용 또는 사용 개시일까지 관할 토지수용위원회가 재결한 보상금을 지급해야 한다. 재결이 확정되었는데도 토지소유자나 사업시행자 측에서 토지수용위원회에 불복하거나 기타 사정이 있을 때에는 토지 소재지의 공탁소에 보상금을 공탁할 수 있다. 사업시행자가 보상금을 지급하거나 공탁한 경우 토지소유자 및 관계인 등 그 밖의 자는 수용 개시일까지 토지나 물건의 소유권을 인도하거나 이전해야 한다. 만약 사업시행자가 이를 이행하지 않은 경우 해당 토지수용위원회의 재결은 효력을 잃게 된다.

지방토지수용위원회의 재결에 이의가 있는 자는 중앙토지수용위원회에 이의를 신청할 수 있는데, 이때에는 재결서의 정본을 받은 날부터 30일 이내에 해야 한다. 중앙토지수용위원회의 재결로 보상금이 늘어난 경우 사업시행자는 재결서 정본을 받은 날부터 30일 이내에 보상금을 받을 자에게 늘어난 보상금을 지급해야 한다.

사업시행자, 토지소유자 또는 관계인은 지방토지수용위원회에 따른 재결에 불복(재결서 받은날부터 60일 이내)하거나, 이의신청을 거쳤을 때에는 이의신청에 대한 재결서를 받은 날부터 30일 이내에 각각 행정소송을 제기할 수 있다. 이 경우 사업시행자는 행정소송을 제기하기 전에 늘어난 보상금을 공탁해야 하며, 보상금을 받을 자는 공탁된 보상금을 소송이 종결될 때까지 수령할 수 없다.

기간 내에 소송을 제기하지 않거나 이의신청에 대한 재결이 확정된 경우에는 민사소송법상의 확정판결이 있는 것으로 보며, 재결서 정본은 집행력 있는 판결의 정본과 동일한 효력을 갖는다.

토지수용에 불만인 토지소유자라면 이의신청과 토지수용위원회를 활용하자

이런 법적 규제에도 불구하고 위법·부당하게 개인의 토지 등이 수용되는 경우 토지소유자 등은 사업시행 절차의 단계별로 대응책을 마련해야 한다.

첫 번째 단계에서는 행정청이 사업시행자에게 '사업인정'을 하기 전, 보상계획 공고가 나면 토지소유자 등 이해관계자에게 토지수용에 대한 의견을 묻는다. 이때 수용자체의 위법·부당함을 주장할 수 있다. 사업시행자가 협의 요청을 해와도 불응함으로써 의견을 표할 수도 있다.

두 번째 단계로 사업시행자가 행정청으로부터 '사업인정'을 받았다 하더라도 보상과 관련해서 토지소유자 및 관계인이 협의를 요청해오면 협의 절차를 거쳐야 한다. 서로간의 협의 노력에도 불구하고 합의를 이끌지 못해 협의가 성립되지 않았다면 사업시행자는 관할 토지수용위원회에 수용재결을 신청하게 되는데, 이때 토지소유자 등은 토지수용위원회에 수용의 부당함이나 보상금액 산정의 부당함, 잔여지의 수용 등을 주장할 수 있다. 이때 의견서에 단순한 보상금의 증액요구만을 기록하기보다 전문적인 자료 분석을 통해 보다 법리적이고 논리적인 의견서를 작성하는 것이 중요하다. 재결심의 및 감정평가에 실질적으로 반영될 수 있는 의견을 제시해야 민원인이 원하는 방향의 결과를 도출하는 데 도움이 된다.

만약 사업시행자가 수용재결 신청을 하지 않아 장기간 소유권 행사 등의 불이익이 지속될 경우 토지소유자 등이 사업시행자에게 수용재결 신청을 청구하여 토지수용위원회에서 수용의 부당함, 보상금액 산정에 대한 이의를 제기할 수 있다.

세 번째 단계는 앞에서 언급한 관할 토지수용위원회에서 재결심사를 받았으나 그 결과에 불만이 있는 경우 중앙토지수용위원회에 다시 이의신청을 할 수 있다. 하지만 이 재결에서도 불만이 있다면 이때에는 행정소송을 제기해야 한다.

이의신청에 의해 토지수용재결이 나면 정보공개청구를 통해 본인 소유 토지 및 지장물에 대하여 평가받은 감정평가서 사본 등을 관할 토지수용위원회에 요구해보자. 관할 토지수용위원회로부터 송부받은 감정평가서에서 해당 토지 및 지장물에 대해 정당한 평가가 이루어졌는지, 협의할 당시의 감정평가서와 수용재결할 당시의 감정평가서를 서로 비교하여 분석해봐야 한다.

이의신청은 보상금을 수령하거나 공탁금을 수령한 후에도 제기할 수 있다. 그러나 이 경우에는 반드시 수용보상금 청구서나 공탁금 출금청구서에 '이의를 유보하고 보상금의 일부를 수령함'이라는 조건을 달고 보상금을 수령하여야 하며, 만약 조건없이 보상금을 수령하고 이의신청을 하게 되면 그 이의신청은 각하된다.

이의신청이 제기되면 중앙토지수용위원회에서는 이의신청 내용을 검토한 후에 다시 평가(협의매수와 수용재결 시 평가하지 않은 다른 2개 평가기관을 선정함)를 하며 다시 평가한 금액이 수용재결 보상금보다 높은 경우에는 다시 평가한 금액으로 보상금을 변경하여 지급하게 된다.

잔여지 보상청구 : 일부만 수용되고 남은 땅을 어디에 쓰라고?

동일한 토지소유자에 속하는 토지의 일부만 공익사업에 편입되고 남은 토지를 잔여지라 하는데, 잔여지를 종래의 목적에 사용하는 것이 현저히 곤란한 경우 토지소유자나 건물소유자는 그 일단의 토지나 건물 전부에 대한 수용을 청구할 수 있으며 토지수용위원회에서는 청구내용을 검토하여 가부를 결정하게 된다. 잔여지 수용청구는 매수에 관한 협의가 성립되지 아니한 경우에 한하되, 그 사업의 공사완료일까지로 한다.

이때 잔여지의 요건은 ① 대지로서 면적의 과소나 부정형 등의 사유로 건축물을 건축할 수 없거나 건축물의 건축이 현저히 곤란한 경우 ② 농지로서 농기계의 진입과 회전이 곤란할 정도로 폭이 좁고 길게 남거나 부정형 등의 사유로 인하여 영농이 현저히 곤란한 경우 ③ 공익사업의 시행으로 인하여 교통이 두절되어 사용 또는 경작이 불가능하게 된 경우, 이 외에도 이와 유사한 정도로 종래의 목적대로 사용하는 것이 곤란하다고 인정되면 매수청구 대상이 될 수 있다.

그렇다면 전문자격사인 행정사가 토지보상과 관련하여 어떤 업무를 할 수 있을까? 간략하게 요약하면 다음과 같다.

▶대행업무 내용

(사업시행자 대행)
- 공무발급, 출입허가 등 보상업무에 따른 사전 제반 업무 수행
- 토지 등에 대한 소유권 및 소유권 외의 권리 관련 사항의 조사
- 토지, 물건조서 작성
- 사업 인·허가 및 사업부지 확보를 위한 지주작업
- 국·공유지 매수협의(사용허가 및 대부계획 포함)
- 감정평가업자 선정, 보상액의 산정(감정평가업무 별도의뢰)
- 보상계획의 수립·공고 및 열람에 관한 업무
- 보상협의, 계약체결 및 보상금 지급에 관련된 업무지원
- 주거이전비 등에 대한 보상액 산정 및 지급업무 지원
- 법무사 선정, 토지 등의 등기 관련 업무(등기업무 별도의뢰)
- 수용재결 신청 및 재결보상금의 지급·공탁에 관한 업무지원
- 사업시행자의 소송업무 지원 및 사실조사보고서 작성

(토지소유자 대행)
- 주거·영업·농업·분묘·축산·농기구 등의 손실에 관한 조사
- 감정평가업자 선정, 보상액의 산정(감정평가업무 별도의뢰)
- 보상 관련 민원처리(이의신청 포함) 업무
- 토지수용위원회 재결 신청 청구, 자료 작성
- 토지의 매수청구 대행
- 잔여지 손실과 공사비 보상 청구 대행
- 잔여지 매수 및 수용 청구 대행

다음은 토지보상과 관련하여 업무진행 순서이다. 행정업무 진행 순서에 따라 시기별로 소유자가 챙겨야 할 일들을 정리한 것이므로 참고하면 된다.

토지보상 업무진행 순서

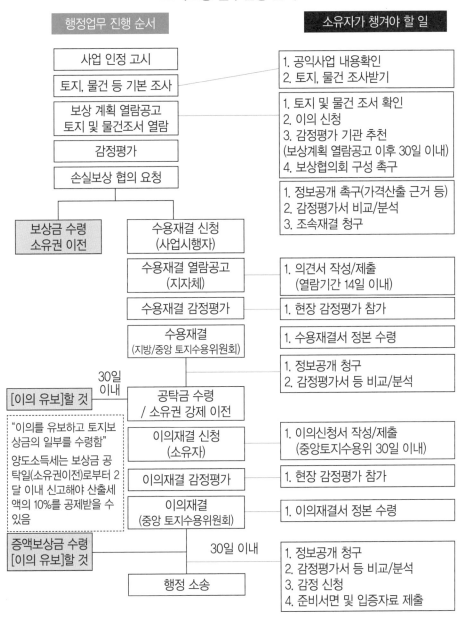

행정업무 진행 순서	소유자가 챙겨야 할 일
사업 인정 고시	1. 공익사업 내용확인
토지, 물건 등 기본 조사	2. 토지, 물건 조사받기
보상 계획 열람공고 토지 및 물건조서 열람	1. 토지 및 물건 조서 확인 2. 이의 신청 3. 감정평가 기관 추천 (보상계획 열람공고 이후 30일 이내) 4. 보상협의회 구성 촉구
감정평가	
손실보상 협의 요청	
보상금 수령 소유권 이전 / 수용재결 신청 (사업시행자)	1. 정보공개 촉구(가격산출 근거 등) 2. 감정평가서 비교/분석 3. 조속재결 청구
수용재결 열람공고 (지자체)	1. 의견서 작성/제출 (열람기간 14일 이내)
수용재결 감정평가	1. 현장 감정평가 참가
수용재결 (지방/중앙 토지수용위원회)	1. 수용재결서 정본 수령
	1. 정보공개 청구 2. 감정평가서 등 비교/분석
30일 이내 [이의 유보]할 것 공탁금 수령 / 소유권 강제 이전	
"이의를 유보하고 토지보상금의 일부를 수령함" 양도소득세는 보상금 공탁일(소유권이전)로부터 2달 이내 신고해야 산출세액의 10%를 공제받을 수 있음 / 이의재결 신청 (소유자)	1. 이의신청서 작성/제출 (중앙토지수용위 30일 이내)
이의재결 감정평가	1. 현장 감정평가 참가
이의재결 (중앙 토지수용위원회)	1. 이의재결서 정본 수령
증액보상금 수령 [이의 유보]할 것 30일 이내	1. 정보공개 청구 2. 감정평가서 등 비교/분석 3. 감정 신청 4. 준비서면 및 입증자료 제출
행정 소송	

2. 손실보상 :
내 재산! 정당한 값을 지불하라

영업 손실보상으로 인한 휴업·폐업 보상

「토지보상법」에서는 공익사업의 시행으로 영업을 폐지하거나 휴업을 하게 되어 영업 손실이 발생하는 경우 영업이익과 시설 이전비용 등을 고려하여 보상하도록 하고 있다. 보상대상이 되는 영업의 범위는 사업인정고시일 등 전부터 적법한 장소(무허가 건축물 등 불법형질변경 토지 그 밖의 다른 법령에서 물건을 쌓아두는 행위가 금지되는 장소가 아닌 곳을 말한다)에서 인적·물적 시설을 갖추고 계속적으로 행하고 있는 영업으로서, 관계 법령에 의한 허가·면허·신고 등을 필요로 하는 경우에는 사업인정 고시일 등 전에 허가 등을 받아 그 내용대로 행하고 있는 곳을 말한다.

영업이익의 기본산식은 "영업이익 × 휴업기간 + 영업이익 감소액 + 고정적 비용 등 + 이전비 및 감손상당액 + 부대비용"으로 한다. 개인영업의 경우 최근 3년간 평균영업이익으로 산정된 금액과 '통계청 발표 도시근로자 3인 가구 월평균 가계지출비' 기준으로 산정된 금액 중 큰 금액으로 결정한다.

휴업보상

공익사업의 시행으로 인해 영업장소를 이전하여야 하는 경우 영업이익 등을 보상하고 있는데 휴업기간은 4개월의 범위 내에서 정하고 있고, 특수한 경우 사업시행자의 인정을 받아 2년 내의 기간에서 휴업기간을 실제 휴업기간으로 인정받기도 한다. 영업이익 감소액은 '휴업기간 동안의 영업이익(또는 가계지출비)'의 20%로 간주하며 이 경우 상한액은 1천만 원이다.

휴업기간 동안에 발생하는 고정적 비용 항목은 ① 휴업기간 동안 휴직을 못하고 반드시 정상적으로 근무해야만 하는 최소인원의 인건비 ② 해당 영업과 직접 관련된 제세공과금 ③ 휴업기간 중의 영업용 자산에 대한 감가상각비·유지관리비 ④ 영업시설·원재료·제품 및 상품의 이전에 소요되는 비용 및 그 이전에 따른 감손상당액 ⑤ 이전광고비 및 개업비 등 영업장소를 이전함으로 인하여 소요되는 부대비용 ⑥ 임대차계약에 의하여 휴업 등과 관계없이 계속 지출되는 비용 ⑦ 보험계약에 따라 휴업기간 동안에도 지급되는 화재보험료 등 ⑧ 광고계약 등에 의하여 휴업 중에도 계속 지출되는 광고선전비 ⑨ 기타 이와 유사한 계약에 따라 휴업기간에 지출되어야 하는 비용으로서 모두 실비 변상적 성격을 띠고 있다. 여기서 이전비는 해체비, 운반비, 재설치비, 시험가동비 등이 포함되며 부대비용은 이전 후 이전광고비, 개업비는 포함되나 권리금은 포함되지 않는다.

폐업보상

공익사업의 시행으로 영업을 폐지하는 경우 영업손실은 2년간의 영업이익에 영업용 고정자산, 원재료, 제품 및 상품 등의 매각손실액을 더한 금액으로 평가한다. 영업폐지의 요건은 ① 영업장소 또는 배후지의 특수성으로 인해 당해 영업소가 소재하는 시군구 또는 인접 시군구의 지역 안의 다른 장소에 이전해서는 영업을 할 수 없는 경우 ② 당해 영업소가 소재하고 있는 시군구 또는 인접하는 시군구 지역 안의 다른 장소에서는 당해 영업의 허가 등을 받을 수 없는 경우 ③ 도축장 등 악취 등이 심해 인근주민에게 혐오감을 주는 영업시설로서 다른 장소로 이전하는 것이 현저히 곤란하다고 특별자치도지사·시군구청장이 객관적인 사실에 근거하여 인정하는 경우를 말하며 이때에는 폐업을 하게 된다.

농업 손실에 대한 보상도 가능하다

공익사업시행지구에 편입되는 농지에 대해 그 편입되는 농지의 면적에 통계

작성기관이 매년 조사·발표하는 농가경제조사통계에서 산출한 도별 연간 농가평균 단위 경작면적당 농작물 수입 또는 실제 소득의 2년분을 곱하여 산정한 금액을 영농손실액으로 보상하고 있다.

다만 사업인정고시일 등 이후부터 농지로 이용되고 있는 토지, 토지이용계획·주위 환경 등으로 보아 일시적으로 농지로 이용되고 있는 토지, 타인 소유의 토지를 불법으로 점유하여 경작하고 있는 토지, 농민이 아닌 자가 경작하고 있는 토지, 토지의 취득에 대한 보상 이후에 사업시행자가 2년 이상 계속하여 경작하도록 허용하는 토지에 대해서는 보상에서 제외한다.

자경농지가 아닌 농지에 대해서도 보상하고 있는데 그 조건은 다음과 같다. 농지의 소유자가 당해 지역에 거주하는 농민인 경우, 농지의 소유자와 실제 경작자간 협의가 성립된 경우 그 협의 내용에 따라 보상하고, 농지 소유자와 실제 경작자 간 협의가 성립되지 않았으면 각각 50%씩 보상하며, 농지 소유자가 당해 지역 거주 농민이 아닌 경우 실제 경작자에게 보상한다.

허가받지 않은 영업도 손실보상을 받을 수 있다

사업인정고시일 전부터 허가 등을 받아야 행할 수 있는 영업을 허가 등을 받지 않고 영업을 했다면 손실보상을 받을 수 있을까?

공익사업의 시행으로 적법한 장소에서 영업을 계속할 수 없게 된 경우에는 통계작성기관이 조사·발표하는 가계조사통계의 도시근로자가구 월평균 가계 지출비를 기준으로 산정한 3인 가구 3개월분 가계 지출비에 해당하는 금액을 영업손실 보상금으로 받을 수 있다. 영업시설·원재료·제품 및 상품의 이전에 소요되는 비용 및 그 이전에 따른 감손상당액(이하 영업시설 등의 이전비용이라 한다)은 별도로 보상한다. 다만, 본인 또는 생계를 같이 하는 동일 세대 안의 직계존속·비속 및 배우자가 해당 공익사업으로 다른 영업에 대한 보상을 받은 경우에는 영업시설 등의 이전비용만을 보상하도록 하고 있다.

소유자도 세입자도 주거이전비를 보상받을 수 있다

주거이전비

공익사업의 시행지구에 편입되는 주거용 건축물의 소유자 및 공익사업을 위한 관계 법령에 의한 고시 등이 있는 당시 공익사업 시행지구 안에서 3월 이상 거주한 주거용 건축물의 세입자가 이 법에 따른 주거이전비 보상의 지급대상자가 된다.

소유자인 경우 가계조사통계상 도시근로자가구의 가구원수별 월평균 가계지출비를 기준으로 규칙에서 정한 산식의 2월분을 지급한다. 단, 건축물의 소유자가 당해 건축물에 실제 거주하지 않거나 당해 건축물이 무허가 건축물인 경우에는 지급대상에서 제외된다.

세입자의 경우 공익사업의 시행으로 다른 지역으로 이주가 불가피한 주거용 건축물의 세입자로서 해당 공익사업시행지구안에서 3개월 이상 거주한 자에 대해 가구원 수에 따라 4개월분의 주거이전비를 보상한다.

이주정착금

사업시행자는 공익사업의 시행으로 발생한 이주대책대상자에게 이주대책을 수립·실시하지 않거나 이주대책대상자가 이주정착지가 아닌 다른 지역으로 이주하려는 경우 이주정착금을 지급한다. 주거용 건축물에 대한 평가액의 30%에 해당 하는 금액을 지급한다. 단, 이 금액이 6백만 원 미만일 때는 6백만 원으로, 1천2백만 원을 초과할 때는 1천2백만 원을 지급한다.

3. 사방이 막혀 있는 맹지에도 건축물을 지을 수 있을까?

내가 가지고 있는 땅에 건축물을 지으려면 반드시 도로와 접해 있어야 한다. 만약 내 땅이 도로에 접해 있지 않으면 맹지(盲地)라 하여 건축물을 짓는 것이 어렵다. 맹지란 지적도상에서 도로와 조금이라도 맞닿는 부분이 없는 토지를 말한다. 타 지번으로 사방이 둘러싸여 있으므로 자루형 대지라고도 한다. 지적도상으로는 도로에서 직접 진입할 수 없으나 실제로는 사람은 다닐 수 있고 차량으로는 들어갈 수 없는 토지인 경우가 많다.

건축법상 건축의 조건

「건축법」 제2조에서 도로는 보행과 자동차 통행이 가능한 너비 4m 이상의 도로로서 「국토의 계획 및 이용에 관한 법률」, 「도로법」, 「사도법」 등이나 시장·군수·구청장이 위치를 지정하여 공고한 도로나 그 예정도로를 의미한다고 규정하고 있다. 또한 같은 법 제44조에서는 건축물의 대지는 2m 이상 도로(자동차만의 통행에 사용되는 도로는 제외)에 접하도록 하고 있다. 결국 건축법상 건축물을 지으려면 원칙적으로 보행과 자동차 통행이 가능한 도로이면서 4m 이상 도로나 예정도로여야 하며, 건축물의 대지는 2m 이상 도로에 접해야만 가능하다.

맹지라도 건축 가능한 조건

만약 맹지를 가지고 있는 토지소유자라면 어떻게 해결해야 할까?

건축법 제44조 제1항 단서를 보면 접도의무의 예외 사유를 두고 있는데, 해당 건축물의 출입에 지장이 없다고 인정되는 경우, 건축물 주변에 광장, 공원, 유원지 등 공지가 있고 허가권자가 인정하는 경우에는 도로에 접하지 않아도 건축을 할 수 있다. 지적도상에는 도로가 없지만 주민들이 오랫동안 통행로로 이용하고 있는 사실상의 도로인 '현황도로'가 있다면 맹지에서 탈출하여 건축허가를 받을 수 있다.

현황도로란 일종의 관습상의 도로를 말하는데 지적도상 지목이 '도'가 아니라 대부분 '전', '답', '구거' 등으로 되어 있는 경우가 많다. 「건축법」 제45조 제1항에서 주민이 오랫동안 통행로로 이용하고 있는 사실상의 통로로서 해당 지방자치단체의 건축조례(현황도로에 관한 조례규정)로 정하는 경우 이해관계인의 동의를 받지 않고도 건축위원회의 심의를 거쳐 건축법상 도로를 지정할 수 있으므로 건축허가를 받을 수 있다.

또 「건축법」 제3조 제2항의 규정에 따르면 도시지역 및 지구단위계획구역 외의 지역으로서 동이나 읍이 아닌 지역(비도시지역)은 접도의무가 적용되지 않아 「건축법」 제45조 제1항의 규정을 적용하지 않으므로 지적도상 맹지에도 집을 지을 수 있다.

아울러 개발행위허가운영지침(국토교통부)에 따르면 진입도로는 도시 · 군계획도로 또는 시 · 군도, 농어촌도로에 접속하는 것을 원칙으로 하되, 이 도로에 접속하지 않는 경우 개설하고자 하는 진입도로의 폭이 개발규모가 5천m² 미만은 4m 이상의 폭을 확보하면 되도록 규정하고 있다. 또한 차량 진출입이 가능한 기존 마을안길, 농로 등에 접속하거나 차량통행이 가능한 도로를 개설하는 경우에 부지면적 1천m² 미만으로서 제1종 근린생활시설 및 단독주택을 건축할 수 있다.

그러므로 토지와 관련한 민원이 발생하면 반드시 현장실사를 나가는 것이 원칙이라 하겠다. 만약 현황도로가 없다면, 인접 토지를 매입하거나 토지사용 승낙서를 받아야 한다. 이런 경우 인접 토지주가 협조를 잘하면 다행이지만 값비싼 대가를 요구할 경우 어려움을 겪게 되므로 토지매입 시 주의해야 한다.

국유지대부를 통한 맹지 탈출

맹지에 접한 현황도로의 등기부등본을 발급해보고, 현황도로의 소유자가 국가, 즉 국유재산이라면 재산의 성격이 행정재산인지, 일반재산인지 파악해야 한다. 토지의 용도에 따라 행정재산과 일반재산으로 구분되는데, 행정재산은 공공의 목적으로 사용되는 재산으로서 원칙적으로 개인에게 매각·교환 등 처분할 수 없다. 일반재산은 행정재산을 제외한 모든 재산으로 대부·매각·교환이 가능하다. 국유지가 일반재산이면 한국자산관리공사(캠코)가 관리하므로 공매를 통해 매입하는 방법을 고려해보고, 그렇지 않을 경우 매년 토지사용료를 지불하고 사용하면(토지사용승낙서) 맹지에서 탈출할 수 있다.

4. 미지급용지(미불용지) 보상 : 손실보상금 청구를 해보자

미지급용지는 종전에 시행된 공익사업의 부지로서 보상금이 지급되지 않은 토지를 말한다. 원칙적으로 공공사업에 편입된 토지는 사업시행 이전에 보상을 해야 한다(사전보상의 원칙). 예를 들면 공원으로 지정되었으나 장기간 토지보상이 안 되거나 도로로 사용 중이면서 보상이 안 된 토지가 여기에 해당된다. 그러나 행정기관에서는 미지급용지임을 알고 있음에도 예산부족 등의 이유로 미지급용지로 평가하지 않아 토지소유자들이 재결신청이나 이의신청을 하는 사례가 많다.

개인의 사유 토지가 공공기관에 의해 미지급용지가 된 경우, 그 소유자는 정당한 보상금을 지급받는 것이 당연하다. 예전에는 토지소유자가 공공기관으로부터 보상금을 받지 못하고 재산권을 잃는 경우가 많았다. 공공기관이 사유 토지를 20년 이상 도로나 하천 등 공공용지로 사용한 경우에 명백히 미불용지임에도 불구하고 「민법」 제245조의 점유취득 시효 규정에 따라 토지보상 없이 해당 토지의 소유권을 취득해온 것이다.

그러다가 대법원 판례(95다28625)가 기존의 입장을 바꾸는 계기가 되었다. 공공기관이 미불용지에 대한 보상금 지불을 객관적으로 입증하지 못하는 경우 보상을 하여야 한다고 판결했고, 이를 계기로 소유자는 공공기관에 미불용지 매수를 청구하거나 무단점유에 따른 부당이득의 반환을 법원에 청구할 수 있는 길이 터인 것이다.

감정평가를 통해 종전의 공익사업에 편입될 당시의 이용 상황을 상정하여 평가하되 종전의 공익사업에 편입될 당시의 이용 상황을 알 수 없는 경우에는 편입될 당시의 지목과 인근토지의 이용 상황 등을 참작하여 평가한다. 또 미지급용지의 평가를 의뢰하는 때에는 보상평가의뢰서에 미시급용지(비불용지)임을 표시하도록 되어 있다(토지보상법 시행규칙 제25조).

5. 지적 불부합 토지 :
   아니, 내 땅이 아니라고?

실제 토지 경계와 지적공부(地籍公簿)상 경계가 일치하지 않는 토지를 '지적 불부합지'라고 하는데 우리 주변에서 분쟁소지로 발전하는 경우가 있다. 오늘날 지적공부는 100여 년 전 일제시대 당시 낙후된 기술과 장비로 측량한 후 종이도면에 작성, 등록한 것이다. 많은 시간이 지나면서 도면이 변형된 것도 있고, 그동안 경제성장을 거치면서 토지가 수없이 분할되고 훼손되어 실제 토지 경계와 지적도의 경계가 불일치하는 경우가 전국 토지 중 14.8%(554만 필지)나 된다.

토지소유자가 지적공부의 등록사항에 잘못이 있음을 알았을 때에는 지적소관청에 정정을 신청할 수 있다. 인접 토지소유자의 승낙서 또는 이에 대항할 수 있는 확정판결서 정본을 제출하여 지적소관청에 지적공부의 경계에 관한 정정을 신청한다. 그러나 토지의 경계는 당사자들의 재산관계에 매우 큰 영향을 미치는 사안이기 때문에 토지소유자 간 경계에 관한 분쟁이 발생하면 이를 원만히 합의하는 것이 어려운 경우가 많다.

 판례 **대법원 2016. 5. 24. 선고 2012다87898 판결**

"어떤 토지가 지적공부에 1필지의 토지로 등록되면 토지의 소재, 지번, 지목, 지적 및 경계는 다른 특별한 사정이 없는 한 이 등록으로써 특정되고 소유권의 범위는 현실의 경계와 관계없이 공부의 경계에 의하여 확정되는 것이 원칙이지만, 지적도를 작성하면서 기점을 잘못 선택하는 등 기술적인 착오로 말미암아 지적도의 경계선이 진실한 경계선과 다르게 작성되었다는 등과 같은 특별한 사정이 있는 경우에는 토지의 경계는 실제의 경계에 의하여야 한다. 이러한 특별한 사정이 있는 경우에, 실제의 경계에 따른 토지 부분의 소유권이 자신에게 있어 지적공부에 등록된 경계에 잘못이 있음을 주장하는 사람은, 구 측량·수로조사 및 지적에 관한 법률(2014. 6. 3. 법률 제12738호 공간정보의 구축 및 관리 등에 관한 법률로 개정되기 전의 것) 제84조 제1항, 제3항에 따라 지적소관청에 인접 토지 소유자의 승낙서 또는 이에 대항할 수 있는 확정판결서 정본을 제출하여 지적공부의 경계에 대한 정정을 신청할 수 있다. 여기서 인접 토지 소유자에 대항할 수 있는 '확정판결'은 지적공부를 기준으로 하여 그 지번에 해당하는 토지를 특정하고 소유자로서 인접 토지 소유자를 상대로 그에 관한 소유권의 범위나 경계를 확정하는 내용이 담긴 판결을 말하며, 경계확정의 판결, 공유물분할의 판결, 지상물 철거 및 토지 인도의 판결, 소유권확인의 판결 및 경계변경 정정신청에 대한 승낙 의사의 진술을 명하는 판결 등이 포함될 수 있다"고 판시했다.

토지 매매계약을 체결한 이후 실제 토지 경계와 지적도를 비교했을 때 일치하지 않는 상황이 발생했다고 치자. 토지면적이 감소된 토지소유자는 어떤 구제절차를 밟아야 하나?

방법은 「공간정보의 구축 및 관리 등에 관한 법률」 제29조에 따라 토지소유자, 이해관계인 또는 지적측량수행자는 지적측량성과와 관련하여 다툼이 있는 경우 관할 시·도지사를 거쳐 지방지적위원회에 지적측량 적부심사청구를 할 수 있다.

이 청구를 받은 시·도지사는 30일 이내에 다툼이 되는 지적측량의 경위 및 성과, 해당 토지에 대한 토지이용 및 소유권 변동 연혁, 해당 토지 주변의 측량기준점·경계·주요 구조물 등 현황 실측도 등을 조사하여 지방지적위원회에 회부하여야 한다. 지방지적위원회는 회부받은 날로부터 60일 이내에 심의 의결해야 한다. 부득이한 경우 1회에 한해 30일 이내에서 연장할 수 있다. 지방지적위원회는 지적측량 적부심사를 의결했으면 의결서를 작성하여 시·도지사에게 송부해야 한다. 시도지사는 의결서를 받은 날부터 7일 이내에 지적측량 적부심사 청구인 및 이해관계인에게 그 의결서를 통지하도록 하고 있다.

의결서를 받은 자가 불복 시 중앙지적위원회에 재심사청구를 할 수 있다. 지방지적위원회에 의결서를 받은 자가 의결서를 받은 날로부터 90일 이내에 국토교통부 장관을 거쳐 중앙지적위원회에 재심사청구를 하면 된다. 국토교통부 산하 중앙지적위원회는 60일 이내에 심의 의결해야 한다.

지방지적위원회의 의결이 있은 후 재심사를 청구하지 않거나 중앙지적위원회의 의결이 있는 경우에는 해당 지적측량성과에 대해 다시 지적측량 적부심사청구를 할 수 없다.

6. 장기미집행 도시계획시설 해제 :
벌써 몇 년째야! 되는 거야, 안 되는 거야?

   마을 입구에 있는 마을 이장네 땅 앞으로 도로가 난다고 한다. 이장은 보상을 받을 거라고 좋아하며 공사가 시작되길 기다리며 목돈을 쥘 기회를 노리고 있다. 그런데 어떻게 된 건지 이게 10년, 20년이 지나도 도로 공사가 시작되지 않고 깜깜 무소식이다. 마을 이장은 기다리다 지쳐서 내심 보상을 포기하고 건물을 지으려고 행정기관에 건축허가를 받으러 갔더니 담당공무원이 하는 말이 "그 땅은 도시계획도로 부지라서 앞으로 도로가 개설될 예정이므로 건축허가가 안 납니다. 도로공사가 언제 시작할지는 모르지만 일단 기다리셔야겠는데요"라는 답이 돌아왔다.

   「국토의 계획 및 이용에 관한 법률」에 따르면 도시계획시설이란 도로·철도·주차장 같은 교통시설과 공원 녹지·광장 등 공간시설, 학교·운동장 등 공공·문화 체육시설 등을 말한다.

   위 사례처럼 정부나 지자체가 도로나 공원 등 도시계획시설을 지정고시해 놓고 예산 부족 등으로 10년 이상 사업을 집행하지 못하고 있는 것을 장기미집행 도시계획시설이라 한다. 도시계획시설로 지정되면 건축물을 건립하는 등의 재산권 행사를 할 수 없다.

장기미집행에 따른 재산권 침해, 헌법 불합치 판결

   국가는 공익적 목적으로 도로나 공원 등을 조성하기 위해서는 정당한 보상을 한 후 사용해야 하나, 예산 부족 등의 이유로 이를 집행하지 못하자 1999년 10월 21일 헌법재판소는 도시계획과 부동산 시장에 큰 변화를 가져올 판결을 내리게 된다. "도시계획시설의 장기미집행에 따른 재산권 침해가 헌법과 불합치한다"는 판결(도시계획법 제4조 헌법 불합치)을 내린 것이다. 이 판결에 따라 2000년 도시계획법 전면 개정, 2002년 국토계획법 제정으로 장기미집행 도시계획시설에 대한 대대적인 재정비가 이루어졌다.

10년이 지났는데도 집행이 되지 않는 토지 중 특히 대지에 대해서는 국가에 매수해달라고 청구할 수 있는 매수청구권 제도가 도입되었고, 10년이 경과한 시점까지도 집행이 안 될 경우 도시계획 결정은 자동으로 실효(해제)되도록 하는 일몰제가 도입되었다. 이제 도시계획시설 결정 후 10년이 지났는데도 시설이 설치되지 않거나 보상이 이루어지지 않으면 국가를 상대로 토지를 매입하라고 요청할 수 있고, 2000년 7월 1일 이전에 결정된 도시계획시설 중 2020년 7월 1일까지 집행되지 않은 곳은 자동 폐지된다는 뜻이다.

10년 장기미집행 도시·군계획시설 해제 신청 가능

또 2015년 8월 개정된 「국토계획법」에는 지자체가 도시계획시설 조사를 2016년 12월까지 완료하도록 규정했고(제34조 도시·군관리계획의 정비), 같은 법 제48조의2 도시·군계획시설 결정의 해제 신청에서 토지소유자는 직접 해제를 요청할 수 있는 권한을 명시한 것이다. 이로 인해 2017년 1월 1일부터 10년 이상 장기미집행 도시·군계획시설에 대해서 지자체가 구체적인 집행계획을 수립·공고하지 않으면, 토지소유자가 해당 도시·군계획시설의 결정 해제를 신청할 수 있다.

기본적으로 3단계에 걸쳐 지자체(입안권자, 결정권자)와 국토부에 순차적으로 해제신청을 할 수 있는데, 1단계로 장기미집행 도시·군계획시설의 토지소유자는 도시·군관리계획 입안권자(주로 기초자치단체장)에게 해제 입안을 신청할 수 있다. 이때 입안권자는 해당 시설의 실효 시까지 설치하기로 집행계획을 수립하거나 해당 시설의 실시계획이 인가된 경우 등을 제외하고는 해제입안을 해야 한다.

2단계로 토지소유자는 1단계 신청에도 불구하고, 해제입안이 되지 않는 등의 사유가 발생하면 추가적으로 결정권자(광역자치단체 또는 기초자치단체장)에게 해제신청을 할 수 있다.

3단계는 1·2단계 신청 결과에도 해제되지 않거나 일부만 해제되는 등의 사유가 있으면, 토지소유자는 국토교통부장관에게 해제 심사를 신청할 수 있으며, 국토교통부장관은 중앙도시계획위원회 심의를 거쳐 결정권자에게 해당 시설의 결정 해제를 권고하고, 결정권자는 이에 따라야 한다.

이때 해제신청을 하기 위해 확인해야 하는 집행계획은 관련 지자체가 공고하도록 되어 있으므로, 본인 소유 토지의 집행계획 수립 여부는 해당 지자체에 문의하면 된다.

해제신청제 절차도

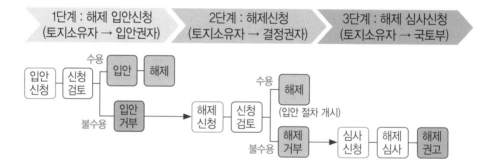

1단계 : 해제 입안신청은 입안권자에게

이렇게 토지소유자가 입안권자에게 해제 입안신청서를 제출하면 입안권자는 해제 입안신청을 받은 날부터 3개월 이내에 입안 여부를 결정하여 해제 입안신청에 대한 결과를 신청인 및 결정권자에게 통보해야 한다. 입안권자가 신청에 대해 수용하는 경우에는 도시·군계획시설결정 해제를 위한 도시·군관리계획 입안(법 제28조에 따른 주민의견청취를 위한 공고를 말한다)기한 및 해제결정기한을 제시하여야 하고, 반려할 경우에는 그 사유 등을 제시해야 한다.

입안권자가 신청인에게 해당 도시·군계획시설결정의 해제입안을 하기로 통지한 경우에는 입안권자와 결정권자가 신청인에게 입안하기로 통지한 날부터 6개월 이내에 해당 도시·군계획시설결정의 해제결정을 이행하여야 한다.

입안권자가 해당 도시·군계획시설결정의 해제입안을 하고자 하는 경우 신청토지를 포함하고 있는 도시·군계획시설에 대하여 해제입안하는 것을 원칙으로 하되, 해당 도시·군계획시설결정 해제로 기능상 영향을 받는다고 판단되는 인접한 도시·군계획시설까지 포함하여 해제입안을 할 수 있다.

입안권자가 법 제28조 제5항에 따라 해당 지방의회에 의견을 요청한 경우 지방의회는 요청을 받은 날부터 60일 이내에 의견을 제출해야 하며, 이 경우 60일 이내에 의견 제출이 없으면 의견이 없는 것으로 본다.

2단계 : 해제신청은 결정권자에게

해제입안을 신청했으나 입안이 거부되면 토지소유자는 결정권자에게 도시·군계획시설결정에 대해 해제신청을 할 수 있다. 결정권자는 해제신청을 받은 날부터 2개월 이내에 해제절차 진행 여부를 결정하여 해제신청에 대한 결과를 신청인 및 입안권자에게 알려줘야 한다.

3단계 : 해제 심사신청은 국토교통부에

해제를 신청했으나 해제가 거부되면, 국토교통부장관에게 그 도시·군계획시설결정의 해제 심사를 신청할 수 있다. 국토교통부장관은 해제 심사신청을 받은 날부터 3개월 이내에 해당 도시·군계획시설결정의 해제 권고 여부를 결정하여 해제 심사신청에 대한 결과(그 사유와 해제결정 기한)를 신청인 및 결정권자에게 알려야 한다.

국토교통부장관이 해제 심사신청을 받은 경우, 결정권자에게 해제를 권고하기 위해서는 중앙도시계획위원회 심의를 거쳐야 한다. 입안권자와 결정권자는 국토교통부장관으로부터 서류제출을 요청받은 날부터 14일 이내에 해제 심사를 위한 서류를 제출해야 한다. 심의 결과에 따라 국토교통부장관이 해제를 권고하면 결정권자는 지체없이 입안권자에게 해당 도시·군계획시설결정의 해제입안을 요청해야 하며, 해제를 권고받은 날부터 6개월 이내에 해당 도시·군계획시설 결정을 해제해야 한다. 입안권자와 결정권자는 해당 도시·군계획시설결정의 해제입안, 해제결정을 이행한 경우 그 결과를 입안권자, 결정권자, 국토교통부장관 및 신청인에게 알려주도록 하고 있다.

7. 부동산 관련 기타 이의신청은 어떻게 해야 하나?

개별공시지가 이의신청은 시장·군수 또는 구청장에게 제출해야

「부동산가격 공시 및 감정평가에 관한 법률」 제11조에 근거하여 개별 토지가격 조사가 완료되어 구청장이 지가를 결정 공시한 이후 결정된 개별공시지가에 이의가 있는 자는 그 결정·공시일부터 30일 이내에 서면으로 시장·군수 또는 구청장에게 이의를 신청할 수 있도록 하고 있다.

신청서를 작성해 접수하면 감정평가업자의 검증을 통해 재조사한 후 부동산평가위원회 심의를 거쳐 결과를 통보하게 된다. 처리기간은 이의신청 기간 만료일부터 30일 이내에 그 결과를 신청인에게 서면으로 통지해야 한다.

개별주택가격 이의신청도 시장·군수 또는 구청장에게 제출해야

같은 법 제17조 제8항 시행령 제37조에 근거하여 결정 공시된 개별주택의 주택 특성이 같거나 유사한 인근주택 등과의 가격 불균형으로 이의가 있는 주택소유자 등은 개별주택가격이 결정, 공시된 날로부터 30일 이내에 시장·군수 또는 구청장에게 이의 신청을 하면 된다.

이의신청 처리 절차는 개별공시지가 절차를 준용한다.

공동주택가격 이의신청은 국토교통부 장관에게 제출해야

같은 법 제18조 제8항 시행령 제42조에 근거하여 결정 공시된 공동주택가격의 주택 특성이 같거나 유사한 인근 공동주택 등과 가격 균형을 이루고 있지 않아 이의가 있는 토지소유자 등은 공동주택가격이 결정, 고시된 날로부터 30일 이내에 국토교통부장관에게 이의신청 서류를 서면으로 내면 다시 검증을 받을 수 있다.

02 운전면허 정지·취소 처분에 이의를 제기하고 싶다면

1. 음주운전 절대 안 돼! 처분도 만만치 않아

면허정지처분을 받았을 경우 임시운전증명서 발급을 활용하자

음주운전의 처벌 규정이 점점 강화되고 있는 추세다. 교통안전공단에서 음주운전이 얼마나 위험한지 실험을 했다. 실제 술을 마신 상태(혈중알코올농도 0.03~0.05%)로 자동차를 운전하는 운행안전성 평가를 해본 결과 시속 60km로 주행할 경우 전방에 적색 신호등 점등 시 운전자 반응시간이 느려지고 제동페달을 밟는 힘이 부족해지는 현상이 발생했다. 제동거리가 평상시보다 평균 10m 더 증가한 것이다. 또한 곡선주행 때에도 반응시간이 느리고 핸들조작능력이 현저히 떨어져 차선이탈현상이 자주 나타났다.

술에 취한 상태에서 운전을 하게 되면 정상운전 속도보다 평균 16km 더 빨리 달린다는 연구결과도 있다. 또 70kg인 성인 남성을 기준으로 소주 한 병을 마실 경우 10시간을 쉬어야 알코올이 완전히 분해된다고 한다. 최소한 7시간이 지나야 혈중알코올 농도가 0.047%로, 면허정지 및 벌점 100점 처벌이 내려지는 0.05% 미만으로 떨어진다.

　1회의 법규위반·교통사고로 인한 벌점 또는 누산점수가 1년간 121점 이상, 2년간 201점 이상, 3년간 271점 이상에 도달할 경우 운전면허가 취소된다.

　또 1회의 법규위반·교통사고로 인한 벌점 또는 처분벌점이 40점을 기점으로 벌점 1점당 1일을 정지일수로 계산하여 집행한다. 보통 벌점이 40점 이상이 되면 운전면허 정지처분 사전통지서를 받게 된다.

　운전면허의 취소 또는 정지처분에 이의가 있는 사람은 그 처분을 받은 날로부터 60일 이내에 이의를 신청할 수 있고 이의신청과 상관없이 행정심판 청구가 가능하다.

　차량 운전을 해야 생업을 할 수 있는 직종인 영업직·운전직·유통업 종사자에게 운전면허 정지는 청천벽력 같은 처분이다. 처분 벌점 40점을 받지 않도록 주의 운전을 했다면 좋았겠지만 이미 엎질러진 물이니 일단 앞으로 닥칠 위기 상황에 잘 대처하는 것이 중요하다.

　우선 운전면허 정지처분을 받은 자가 바로 정지기간이 시작되는 것을 원하지 않는 경우에는 임시운전증명서(40일 이내)를 발급받을 수 있다(도로교통법 시행규칙 별지 제79호 서식). 경찰서장이 필요하다고 인정하는 경우 1회에 한해 20일 범위 내에서 연장 가능하다. 유효기간이 지난 후에는 면허 정지기간이 시작되므로 운전을 할 수 없다.

음주운전자만 처벌 받는 게 아니다 – 동승자 처벌 강화

　2016년 4월부터 음주운전 동승자 처벌조항이 생겨 운전자가 음주를 했다는 사실을 알고도 운전을 하도록 내버려뒀다면 동승자도 함께 적발되며 음주운전 교사 또는 방조죄(형법 제31조, 32조 적용)가 적용된다.

　만약 음주운전 사고로 동승자가 다칠 경우 대인배상 보험금 중 약 40%는 못 받게 되고, 음주운전을 방조한 경우에는 보상금이 최대 60%까지 줄어들 수 있다.

▶ **음주운전 방조범 입건 대상 유형(예시) – 대검찰청**

1. 음주운전 사실을 알면서도 차량(열쇠)을 제공한 자
2. 음주운전을 권유, 독려, 공모하여 동승한 자
3. 피용자 등 지휘감독 관계에 있는 사람의 음주운전 사실을 알면서도 방치한 자
4. 음주운전을 예상하면서 술을 제공한 자 등
※ 다만, 대리운전이 손쉬운 지역에서 식당 업주가 술 판매 사례는 제외

단순음주운전, 벌점 초과, 적성검사 미필, 기타 경찰관의 위법 또는 부당한 행위로 운전면허가 취소되었을 때에는 행정심판에서 인용될 여지가 있지만, 사고 후 도주, 무면허 운전, 음주측정 거부 등으로 운전면허가 취소되는 경우에는 행정심판에서도 인용된 사례가 거의 없다.

단순 음주운전 경력만으로도 기존 삼진아웃제도에서 이진아웃제도로 강화

음주운전 이진아웃제도는 상습적인 음주운전자를 예방하고 가중처벌하기 위해 만들어진 제도이다. 음주운전으로 운전면허 행정처분(정지 또는 취소)를 받은 사람이 다시 음주운전(혈중알코올농도 0.03%이상)으로 적발되면 운전면허를 취소하고 2년간 운전면허 시험에 응시할 자격을 박탈하게 되므로 주의해야 한다.

예를 들어 과거 도로교통법상 도로가 아니라는 이유로 형사처벌인 벌금만 받고 행정처분을 받지 않았다 하더라도 이진아웃 횟수에 해당된다. 또 특별사면을 받았더라도 이진아웃 횟수에 포함된다는 것도 잊어서는 안 될 것이다.

'이진아웃제'에 걸리게 되면 최고 이천만 원까지 벌금을 물게 되고 구제받기도 쉽지 않다. 오히려 이런 경우에는 차량을 매각하고, 더 이상 운전을 하지 않겠다는 내용의 진정성이 담긴 반성문을 제출하여 집행유예처분을 받거나 벌금으로 감경 받을 방안을 찾아보는 게 좋다.

2. 음주운전으로 과도한 처분을 받았다고 생각되면 구제 방법은?

음주운전으로 운전면허 정지 또는 취소처분에 대해 구제받을 수 있는 방법은 이의신청을 하거나 행정심판을 청구하는 것이다. 이에 불복할 경우 행정소송을 진행하는 방법도 있다. 그러나 운전면허 행정처분에 불복하는 경우 행정심판을 거치지 않고서는 행정소송을 제기할 수 없다.

지방경찰청에 이의신청을 해보자

음주운전을 해 적발된 경우, 혈중알코올농도가 0.03%~0.08% 미만이면 벌점(100점)과 면허취소뿐만 아니라 1년 이하 징역 또는 500만 원 이하의 벌금에 처하게 된다. 0.08% 이상이면 면허취소와 함께 사고의 심각성에 따라 결격기간도 1~5년까지 처해진다. 2019년 6월 25일부터 음주운전의 위험성과 상습음주운전에 대한 경각심을 높이기 위해 음주운전에 대한 형사적 책임은 더 강화되었다. 음주운전이 아니라 하더라도 교통사고로 사람을 죽게 하거나 다치게 하고, 구호조치를 하지 않은 경우(일명 뺑소니) 형사처벌은 별도로 하고 면허취소 사유가 된다.

[행정상 책임] 음주운전시 운전면허 행정처분

구분		단순음주	대물사고	대인사고
1회	0.03%~0.08% 미만	벌점100점	벌점100점(벌점110점)	면허취소(결격기간 2년)
	0.08%~0.2% 미만	면허취소(결격기간 1년)	면허취소(결격기간 2년)	
	0.2% 이상			
	음주측정거부			
2회 이상		면허취소(결격기간 2년)	면허취소(결격기간 3년)	
음주운전 인사사고 후 도주				면허취소(결격기간 5년)
사망사고				

출처 : 도로교통공단 홈페이지(교통법규 QnA)

[형사상 책임] 음주운전 처벌기준 강화(2019.6.25.)

위반횟수		처벌기준
1회	0.2% 이상	2년~5년 이하 징역 / 1,000만 원~2,000만 원 이하 벌금
	0.08%~0.2%	1년~2년 이하 징역 / 500만 원~1,000만 원 이하 벌금
	0.03%~0.08%	1년 이하 징역 / 500만 원 이하 벌금
측정거부		1년~5년 이하 징역 / 500만 원~2,000만 원 이하 벌금
2회 이상 위반		2년~5년 이하 징역 / 1,000만 원~2,000만 원 이하 벌금

※ 관련근거 : 도로교통법 제148조의2

출처 : 도로교통공단 홈페이지(교통법규 QnA)

운전 중 교통사고로 인적피해가 발생한 경우 추가 벌점 기준

구분		벌점	내용
인적 피해 교통 사고	사망 1명마다	90	사고발생 시부터 72시간 이내에 사망한 때
	중상 1명마다	15	3주 이상의 치료를 요하는 의사의 진단이 있는 사고
	경상 1명마다	5	3주 미만 5일 이상의 치료를 요하는 의사의 진단이 있는 사고
	부상신고 1명마다	2	5일 미만의 치료를 요하는 의사의 진단이 있는 사고

출처 : 도로교통법 시행규칙 [별표28]

운전면허 정지 또는 취소처분에 대해 이의가 있는 경우 그 처분을 받은 날부터 60일 이내로 지방경찰청장에게 이의를 신청할 수 있다(도로교통법 제94조). 이의신청과 동시에 행정심판을 청구할 수 있고, 만약 이의신청이 받아들여진다면 행정심판을 취소하면 된다. 또 이의신청 과정을 생략하고 바로 행정심판을 진행하는 것도 가능하다.

「도로교통법」 규정에 따르면 음주운전으로 면허취소 또는 정지처분을 받은 경우라도 운전이 가족의 생계를 유지할 중요한 수단이거나, 모범운전자로서 처분 당시 3년 이상 교통봉사활동에 종사하고 있거나, 교통사고를 일으키고 도주한 운전자를 검거하여 경찰서장 이상의 표창을 받은 사람이라면 이의신청을 통해 처분을 감경받을 가능성이 있다.

단, 혈중알코올농도 0.1%를 초과하거나, 음주운전으로 인적피해 사고를 냈거나, 음주측정에 불응 또는 단속경찰관을 폭행했거나, 과거 5년 이내 3번 이상 인적 피해교통사고 전력이 있거나, 과거 5년 이내 음주운전 전력이 있는 경우에는 이의신청을 해도 심의를 통과하기 어렵다.

이의신청과 동시에 행정심판도 고려해보자

의뢰인과 상담과정에서 주의 깊게 살펴보다 보면 생계형은 아니지만 운전업무가 꼭 필요한 경우가 있다. 이때에는 그 이유와 근거를 명확히 하고, 이의신청 절차 없이 바로 행정심판 청구를 진행해보자.

운전면허 취소처분 결정통지서를 받고 처분을 안 날로부터 90일 이내 신청하거나, 처분이 있은 날로부터 180일 이내 신청해야 한다. 행정처분이 있음을 안 날이란 운전면허 정지 또는 취소처분 결정통지서가 당사자의 주소지나 거소지에 등기우편으로 도착한 날을 의미한다.

행정심판은 이의신청 때와 달리 혈중알코올농도 기준치 초과 여부, 최근 5년 내 음주운전 사고 전력이 있는지 여부, 사고 발생 여부와 발생 경위 및 합의 여부, 주거형태나 부채상황 등을 바탕으로 구제 가능 여부를 보는 경우가 많다.

특히 행정심판은 단 1회의 기회로 종결되므로 청구의 취지 및 내용 작성이 매우 중요하다. 우선 음주운전의 무죄를 주장할 것인지, 측정과정의 부당성을 주장할 것인지를 잘 판단해야 한다. 행정심판 청구에서 인용확률을 높이려면 사건 당시 상황에 대해 입증자료를 잘 만들어야 한다. 아주 작고 사소한 사실 증거라도 놓치지 말고 '입증자료'를 요청하여 발급받는 것도 잊지 말자. 또 필요에 따라서는 탄원서와 진정서를 함께 제출하는 것도 고려해야 한다.

최근 사회적 분위기를 보면 면허취소 구제가 쉽지 않다. 꼼꼼한 준비 없이 심판청구를 했다가 단 한 번의 기회를 놓쳐 낭패를 보는 경우도 많다. 따라서 행정구제에 대한 전문자격사인 행정사로서 운전면허 구제 상담을 할 때에는 구제 가능성에 대한 전문적이고 체계적인 접근이 필요할 것이다.

▶ **행정심판 청구서 작성 시 염두에 두면 좋은 사항**

1. 의뢰인이 운전을 하지 않으면 생계를 유지하기 힘든 직업을 가졌는가?
2. 가정 형편(주거형태, 채무 정도, 가족 중 중병환자, 장애 정도)은 어느 정도인가?(지방세 세목별 관세(납세)증명서-과세 사실 없어도 발부 가능, 주민센터 발급)
3. 운전면허 취소·정지처분이 위법성·부당성·가혹성 없이 적법하게 이루어졌는가?(주취운전자정황진술보고서-해당 경찰서에서 기록열람복사신청)
4. 음주단속 과정에서 단속경찰관이 재량권을 일탈하거나 남용한 부분은 없는가?
5. 음주운전 당시 혈중알코올농도 수치는 얼마인가?(운전면허 취소처분 통지서 확인)
6. 과거 운전경력 중 면허정지/취소, 사고, 음주, 벌점의 이력이 있는가?(운전경력증명서-경찰서 민원실 발급)
7. 음주운전을 하게 된 동기는 무엇이었고 부득이한 사정이 있었는가?
8. 음주운전이 고의적인 것이었는가? 불가피한 사정이 있었는가?
9. 국가유공자, 행정안전부 표창, 사회봉사활동경력 등 공익활동을 한 경험이 있는가?(증빙 자료 첨부)
10. 운전면허 취소 시 자신의 꿈이 무산되거나, 향후 취직이 불가능하다거나, 가족의 생계를 유지하는 데 곤란해지는 사정이 생기는가?

행정심판 재결 후 행정소송까지

참고로 「도로교통법」에 따른 처분은 행정심판의 재결(裁決)을 거치지 않으면 전치주의 채택관계로 행정소송을 제기할 수 없다(도로교통법 제142조, 행정소송법 제18조).

행정소송은 행정심판 재결서정본을 송달받은 날부터 90일 이내, 재결이 있은 날부터 1년 이내(행정소송법 제20조)에 주소지의 지방경찰청을 관할하는 행정법원 또는 지방법원(본원)에서 진행하면 된다.

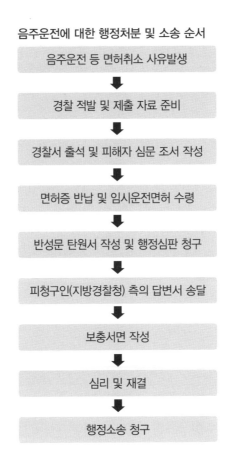

음주운전에 대한 행정처분 및 소송 순서

음주운전 등 면허취소 사유발생

⬇

경찰 적발 및 제출 자료 준비

⬇

경찰서 출석 및 피해자 심문 조서 작성

⬇

면허증 반납 및 임시운전면허 수령

⬇

반성문 탄원서 작성 및 행정심판 청구

⬇

피청구인(지방경찰청) 측의 답변서 송달

⬇

보충서면 작성

⬇

심리 및 재결

⬇

행정소송 청구

다음은 음주운전으로 면허취소 처분을 받았으나 행정심판을 통해 구제된 사례이다. 사례 ①은 차량주인이 음주를 했다는 사실로 경찰공무원이 음주측정을 실시했으나 대리운전자의 진술만 있을 뿐 차량주인이 음주운전을 했다는 객관적인 자료가 없어 면허취소 처분이 인용되지 않은 사건이다.

사례 ②는 운전자 본인의 동의 없이 채혈조사한 결과를 가지고 면허취소처분을 내렸으나 절차상 하자가 인정되어 면허취소 처분이 위법하다고 판결을 내린 사건이다.

음주운전 사건에서 구제된 사례

사례 ① 음주 운전을 했다는 객관적인 자료가 없어 행정심판에서 구제된 사례

○ 대리운전자 진술만으로는 음주운전 사실을 불인정한 행정심판례

(자동차운전면허 취소처분 취소청구 국민권익위원회 2015-8006, 2015. 8. 4. 인용)

청구인과 이해관계가 상충하여 신빙성이 낮은 이 사건 대리운전자의 진술에만 의지하여 경찰공무원이 청구인에게 음주측정을 실시한 것으로 보이는 점, 청구인이 일관되게 음주운전 사실을 부인하고 있는 점, 대리운전기사의 진술서에 기재된 내용만으로 청구인이 음주운전을 하였다고 단정하기 곤란하고 이 사건 대리운전자의 진술 외에 청구인이 음주운전을 하였다고 인정할 수 있는 객관적인 자료가 없는 점 등을 종합하여 볼 때, 청구인이 혈중알코올농도 0.157%의 술에 취한 상태에서 운전했다는 이유로 행한 피청구인의 이 사건 처분은 위법·부당하다.

음주운전 사건에서 구제된 사례

사례 ② 절차상 하자가 있다는 내용으로 처분의 위법성을 주장한 사례

○ 운전자 본인 동의 없이 채혈 조사하여 면허정지·취소 처분은 위법하다는 판례

(자동차운전면허 취소처분 취소청구 법원 2016. 12. 27. 선고 2014두46850 판결)

음주운전 여부에 관한 조사방법 중 혈액 채취(이하 '채혈'이라고 한다)는 상대방의 신체에 대한 직접적인 침해를 수반하는 방법으로서, 이에 관하여 도로교통법은 호흡조사와 달리 운전자에게 조사에 응할 의무를 부과하는 규정을 두지 아니할 뿐만 아니라, 측정에 앞서 운전자의 동의를 받도록 규정하고 있으므로(제44조 제3항), 운전자의 동의 없이 임의로 채혈조사를 하는 것은 허용되지 아니한다.

따라서 음주운전 여부에 대한 조사 과정에서 운전자 본인의 동의를 받지 아니하고 또한 법원의 영장도 없이 채혈조사를 한 결과를 근거로 한 운전면허 정지·취소 처분은 「도로교통법」 제44조 제3항을 위반한 것으로서 특별한 사정이 없는 한 위법한 처분으로 볼 수밖에 없다.

3. 음주운전, 도로교통법상 처분으로 끝나는 게 아니다

공무원이 음주운전으로 적발되면 공무원법상 별도의 징계처분을 또 받는다

공무원이 음주운전을 하다가 적발될 경우 공무원 관련 규정에 의해 징계처분을 받게 된다. 징계처분을 받았는데, 지나치게 과하다고 판단되면 음주운전을 한 행위는 잘못되었다 하더라도 부당한 인사상 불이익 처분에 대해서는 행정 구제를 통해 공무원 신분을 보장받는 제도가 있다. 이를 소청심사제도라 한다. 소청심사제도의 이해를 통해 공무원의 억울한 처분을 구제할 수 있는 방법을 알아보자.

공무원이라 하더라도 국가·지방공무원, 경찰공무원, 교원공무원, 군인 등 직군에 따라 음주운전에 대한 규정이 다르므로 의뢰인의 소속기관에 따라 관련 규정을 검토하는 것도 중요하다.

공무원의 음주운전 감경 사유는 혈중알코올농도가 어느 정도인지, 이 사건 전에 음주운전 전력이 있었는지 여부, 이 사건 외에 비위 전력이 있었는지 여부, 음주운전으로 인해 사고 여부가 어느 정도인지, 평소 업무 태도와 포상 실적, 재발방지를 위하여 어떠한 조치를 취하고 있는지, 반성의 정도, 채무·생활고·장애·부양가족·기타 생활에 어려운 점을 고려하여 소청심사 청구를 해야 한다.

◆ 지방공무원 징계규칙(행정안전부령) 제2조 제1항

음주운전 징계기준(제2조 제1항 관련)				
유 형 별		징계 요구 (처리 기준)	징계기준	비 고
최초 음주운전 을 한 경우	혈중알코올 농도 0.08% 미만인 경우	경징계 또는 중징계	정직~감봉	1. "음주운전"이란 「도로 교통법」 제44조제1항 을 위반하여 운전한 것을 말하며, 「도로교 통법」 제44조제2항을 위반하여 음주측정에 응하지 않은 경우를 포함한다. 2. "운전업무 관련 공무 원"이란 운전원 등 운 전을 주요 업무로 하 는 공무원을 말한다. 3. 운전업무 관련 공무 원이 음주운전을 했 더라도 운전면허취소 나 운전면허정지 처 분을 받지 않은 경우 에는 혈중알코올 농 도에 따른 징계기준 을 적용한다.
	혈중알코올 농도 0.08% 이상인 경우 또는 음주측정에 응하지 않 은 경우	중징계	강등~정직	
2회 음주운전을 한 경우			파면~강등	
3회 이상 음주운전을 한 경우			파면~해임	
음주운전으로 운전면허가 정지되거나 취소된 상 태에서 운전을 한 경우			강등~정직	
음주운전으로 운전면허가 정지되거나 취소된 상 태에서 음주운전을 한 경우			파면~강등	
음주운전으로 인적 또는 물적 피해가 있는 교 통사고를 일으 킨 경우	상해 또는 물적 피해의 경우		해임~정직	
	사망사고의 경우		파면~해임	
	사고 후 「도로 교통법」 제54조 제1항에 따른 조 치를 하지 않은 경우	물적 피해 후 도주한 경우	해임~정직	
		인적 피해 후 도주한 경우	파면~해임	
운전업무 관련 공무원이 음주 운전을 한 경우	운전면허 취소처분을 받은 경우		파면~해임	
	운전면허 정지처분을 받은 경우		해임~정직	

다음은 경찰공무원이 음주운전으로 정직3월 처분을 받았으나 소청심사를 통해 감봉3월로 감경받은 사례이다. 소청심사위원회에서 감경을 결정하게 된 이유가 반복적이거나 고의적인 음주운전이 아니라 단순 음주운전이었다는 점, 음주량이 많지 않고 기준치에 가깝다는 점, 평소 업무태도가 성실했다는 점 등을 참작하여 감경했음을 눈여겨 볼 필요가 있다.

소청심사례 **경찰공무원이 음주운전으로 정직3월 처분을 받아 소청심사 청구한 사례**

사건 : 2015-190 정직3월 처분 감경 청구
소청인 : ○○경찰서 경사 A
피소청인 : ○○지방경찰청장

○ 주문
피소청인이 2015. 2. 17. 소청인에게 한 정직3월 처분은 이를 감봉3월로 변경한다.

○ 처분요지
혈중알코올농도 0.055%의 주취상태로 약 4km 가량 운전하다가 신호대기 중 시동을 켠 채로 잠이 든 것을 일반인이 제보하여 형사 입건된 비위로 정직3월 처분

○ 소청이유
평소 과중한 업무로 인해 피로가 누적되어 신호대기 중 잠이 든 점, 음주 측정시간 당시는 혈중알코올농도 수치가 가장 높을 때인 점, 음주전력이 없고 음주운전 최저 기준치인 0.05%에 근접한 점 등을 감안하여 원처분의 감경을 요구

○ 결정요지
단순 음주운전인 점, 혈중알코올농도의 수치가 기준치에 가까운 점, 17년 4월간 성실하게 근무한 점 등을 고려하여 감경 결정

외국인이 음주운전으로 형사처벌 받으면 강제퇴거 가능성 높아

얼마 전 한 유명 인사가 세 차례 음주운전으로 벌금 700만 원을 받았다는 기사가 있었다. 외국인이 음주운전으로 벌금 700만 원을 받았다면 출입국사무소의 사범심사 대상이 되어 비자는 무효가 되고 강제퇴거를 당할 가능성이 높다.

출입국관리법이 아닌 다른 법률을 어겨 형사처벌을 받은 경우 출입국 사범심사를 받아야 한다. 따라서 음주운전을 하다가 적발되어 형사처벌을 받았다면 액수에 상관없이 사범심사를 받게 되는 것이다.

이 규정에 따라 출국 명령이나 강제퇴거를 당하게 되면 다음 번 한국 입국 때에도 규제를 받게 된다. 최소 5년 동안 입국규제를 받게 되고, 입국규제 기간 동안에는 재입국이 힘들다고 보는 것이 원칙이지만, 특별한 인도적 사유가 있을 경우 그 사유를 서류로 입증하게 되면 재입국이 가능하기도 하다.

출입국사무소는 범죄의 경중에 따라 강제출국, 출국명령, 계속체류 등을 결정한다. 외국인의 경우 다소 억울하게 형사처벌을 받아 출입국 사범심사 대상이 될 경우 한국 말이 서툴러 자신의 주장을 제대로 피력하지 못하거나 구제절차를 몰라 소명을 제대로 못 하는 사례가 많다. 출입국사무소를 통해 강제출국명령을 받게 되면 본국으로 돌아가야 하고 국내에 재입국 시 단순 초청비자나 취업비자로는 재입국이 어렵다.

03 사업체를 경영하는 사장님, 어느 날 영업정지처분을 받았다면

　최근 경기가 나빠지면서 소비심리도 많이 위축되어 동네 상권골목은 장사가 잘 안 된다는 목소리가 높다. 이런 상황에서 미성년자에게 술을 팔았다는 이유로 영업정지처분을 받거나 고의적인 상황에 몰려 단속에 걸리는 사례도 있다.

　해당 사업장의 규모, 매출액, 개업일, 영업정지 정황, 사유, 채무상태에 따라 영업정지 구제를 위한 사유서를 사건에 맞게 진술하는 것이 중요하다.

　영업정지처분에 대한 구제가 이루어지면 영업정지에 따른 과징금으로 감경받거나 영업정지 기간이 단축되기도 한다. 또 단축된 영업정지 기간을 영업정지 과징금으로 대체하여 납부하고 영업을 계속할 수 있다면 업소 문을 닫지 않고 계속 영업을 할 수 있다.

1. 치킨집 손님이 술을 달라고 해서 팔았는데, 청소년이었다면?

일반음식점을 운영하는 청구인은 치매에 걸린 모친을 모시면서 식당을 운영해왔다. 모친에게 갑자기 급박한 사정이 생겨 잠시 자리를 비운 사이 청구인의 사촌언니가 잠깐 동안 식당을 봐주면서 손님으로 온 청소년들에게 주류를 제공·판매하다 경찰의 단속에 걸렸다. 이로 인해 영업정지 2개월 처분을 받았으나 사촌언니가 기소유예 처분을 받은 사실이 참작되어 처분의 2분의 1을 감경받았다.

청구인은 이마저도 억울하다 여겨 영업정지처분 취소청구를 하였는데, 행정심판위원회에서는 관할관청의 처분 자체는 적법·타당하나, 청구인 이외에는 모친을 돌 볼 사람이 없다는 점, 사촌언니는 가정주부로서 일반음식점 운영에 대해 잘 알지 못하는 점, 9명의 청소년들에게 판매된 주류가 지극히 소량이고 청소년들이 주류를 마셨다고 보기 어려운 점을 고려하였다. 처분을 통한 공익보다는 청구인이 입게 될 불이익이 크므로 일부 인용하여 영업정지 15일 처분으로 감경한 것이다.

이처럼 치킨집이나 호프집 등 일반음식점을 운영하다 보면 본의 아니게 손님 중 청소년에게 주류를 판매하게 되어 영업정지처분을 받는 사례가 있다.

처분을 받은 점주 입장에서 처분의 정도가 과하다고 생각되고 영업을 지속하지 못할 경우 생계에 큰 타격을 입는다면 행정심판을 통해 구제받을 수 있는 방법을 모색해보자.

 법령 일반음식점에서 청소년에게 주류를 판매하다가 적발되는 경우 적용되는 법령

가. 「청소년보호법」 제28조 제1항
누구든지 청소년을 대상으로 청소년 유해약물 등을 판매·대여·배포(자동기계장치·무인판매장치·통신장치를 통하여 판매·대여·배포하는 경우를 포함한다)하거나 무상으로 제공하여서는 아니 된다.

나. 「식품위생법」 제44조 제2항 제4호, 같은 법 제75조 제1항 제13호, 같은 법 시행규칙 제89조 및 [별표23]

식품접객영업자는 「청소년보호법」 제2조에 따른 청소년에게 주류를 제공하는 행위를 하여서는 아니 되며 이를 위반하였을 경우 1차 위반 시 영업정지 2개월 처분을 하되 검사로부터 기소유예의 처분을 받거나 법원으로부터 선고유예의 판결을 받은 경우로서 그 위반사항의 정도가 경비하거나 고의성이 없는 사소한 부주의로 인한 것, 국민보건상 인체의 건강을 해할 우려가 없다고 인정되는 경우, 2분의 1 이하의 범위에서 그 처분을 경감할 수 있다.

사전통지서를 받았다면 의견서를 작성해 제출하라

의뢰인의 사건 진행이 현재 행정처분 사전통지서를 받은 상태라면 우선 의견서를 작성해서 해당 기관에 제출해야 한다. 행정처분 통지서를 받은 상태라면 입증자료를 준비해야 하는데, 사건사실확인서, 경찰서 조서, 진술서 등 정상 참작이 될 만한 자료를 만들어야 한다. 또 손님으로 온 미성년자들의 연락처가 있다면 영업주에게 도움이 될 만한 탄원서를 받아서 형사처벌 전에 탄원서를 제출하면 형사처벌 수위에 따라 행정처분이 감경되기도 한다.

행정심판 청구와 동시에 집행정지 신청서를 제출하라

행정사가 민원인의 딱한 처지를 이해하고 영업정지처분이 과하다는 판단이 서면 우선 영업정지처분 취소청구의 내용으로 행정심판 청구를 하면서 동시에 집행정지 신청과 과징금 전환 신청을 제안할 수 있다.

집행정지 신청이란 행정기관으로부터 받게 될 행정처분을 잠시 보류함으로써 그 기간 동안에도 계속 음식점 영업을 할 수 있도록 하는 제도로서 행정심판 청구와 동시에 서류를 제출해야만 가능하다. 즉 행정심판 청구는 하지 않으면서 집행정지 신청만 하는 것은 불가능하다는 뜻이다. 사유가 분명하고 채택될 만하다고 판단되면 집행정지가 받아들여지는 경우가 꽤 많으므로 음식점

문을 닫더라도 성수기를 피할 수 있다. 집행정지 신청을 할 만한 사유가 있는지, 근거를 무엇으로 할 것인지에 대한 검토를 해보는 것이 중요하다.

영업정지처분 대신 과징금으로 대체 납부 방법, 놓치지 말고 챙겨보자

과징금 전환 신청도 활용해보자. 영업정지처분을 받았더라도 음식점 문을 닫는 대신 과징금으로 대신 납부하고 영업정지를 면하도록 하는 제도로서 영업장 매출액을 1일로 환산하여 정하고, 매출 규모에 따라서 과징금의 금액이 달라지므로 우선 과징금 규모가 어느 정도 나올지 판단하는 것이 중요하다. 다만 과징금 전환은 신청만 하면 되는 것이 아니라 검찰로부터 기소유예를 받거나 법원의 선고유예 판결을 받은 경우처럼 참작할 만한 요소가 있는 경우에만 채택되므로 잘 검토하는 것이 필요하다.

그 외에도 영업주는 미성년자인 줄 알면서 술을 판매한 것이 아니라는 증거를 확보하는 것이 중요하므로 영업장 내부에 설치된 CCTV에 손님에게 신분증을 요구하는 상황이 녹화된 자료가 있다면 심판 청구 시 증거자료로 아주 유용하다. 영업주의 최근 변동된 매출 규모 등 경제적 상황, 가족 등의 생활형편 수준은 어느 정도인지, 고의적으로 발생한 것인지 1회성의 실수였는지, 재발방지를 위한 대책을 강구하였는지 등에 따라 영업정지 감경 처분이 달라질 수 있으므로 상황에 맞는 적절한 대응이 필요하다.

2. PC방에서 청소년 출입시간 외 출입으로 과징금 부과처분을 받았다면?

한 인터넷컴퓨터게임시설(일명 PC방) 업소에서 청소년 출입시간을 준수하지 않아 과징금 50만 원을 부과받은 사건이 있었다. 해당 업소에 종사하는 종업원이 1989년생임을 확인하고 출입을 허용하였는데 사건업소를 나가 오토바이 절도사건으로 인해 검거되어 경찰 진술과정에서 당일 행적을 추적한 결과 사건업소가 언급되어 적발되었다.

이 건의 경우 처분사전통지서에는 사건 당일 청소년 출입시간 외에 청소년을 출입시켜 경찰서 단속반에 의해 적발되었다고 되어 있으나, 사건업소에 경찰이 단속 나온 사실은 없고 청소년 진술과정에서 드러난 사건이다.

이에 행정심판위원회에서는 청소년들이 신분증을 위조한 점, 청소년들의 오토바이 절도사건을 조사하는 과정에서 이 사건을 알게 된 점, 청구인이 사건업소를 운영하면서 위반 전력이 없는 점, 청구인의 어려운 형편 등을 감안해 볼 때, 인터넷컴퓨터게임시설 제공업자로서의 의무사항 준수를 통하여 청소년 보호라는 공익을 실현하고자 하는 처분의 목적에 비하여 청구인이 입게 될 손실이 너무 크므로 영업정지 10일에 갈음하는 과징금 50만 원 부과처분을 취소한다는 청구취지를 인용한 사례이다.

법령 PC방에서 청소년출입 외 시간에 청소년이 출입하다가 적발된 경우 적용되는 법령

가.「게임산업진흥에 관한 법률」제28조 제7호 및 시행령 제16조 제2호

인터넷컴퓨터게임시설 제공업자의 청소년 출입시간은 오전 9시부터 오후 10시까지로 규정하고 있고, 게임물 관련 사업자는 영업시간 및 청소년의 출입시간을 준수해야 한다.

나.「게임산업진흥에 관한 법률」제35조 제2항, 제36조 제1항, 시행령 제21조

인터넷컴퓨터게임시설 제공업자가 이를 위반 할 경우 영업정지, 허가·등록취소, 영업폐쇄를 명할 수 있고 영업정지처분에 갈음하여 과징금을 부과할 수 있다. 영업시간 및 청소년 출입시간을 준수하지 않은 경우 영업정지 10일을 규정하고 있고 영업정지 1일에 해당하는 과징금 금액은 5만 원으로 규정하고 있다.

위의 사례처럼 PC방을 운영하다 보면 청소년 출입허용시간(오전 9시~오후 10시) 외 시간에 청소년을 출입시켜 영업정지처분을 받는 경우가 종종 발생한다. 특히 야간시간에 아르바이트생들이 업소를 관리하는 경우가 많은데, 야간 아르바이트생들도 나이가 어린 사회 초년생인 경우 적절하게 대응하지 못해 적발되는 사례들이 생기게 된다.

청소년의 부적절한 출입으로 1차 적발 때에는 영업정지 10일(과징금 전환 시 50만 원)로 마무리 될 수 있지만, 2차 위반은 영업정지 1개월, 3차 위반은 영업정지 3개월, 4차 위반 때는 영업정지 6개월 처분 등 그 처벌의 수준이 높다.

청소년출입제한 시간에 청소년 출입을 허용하는 것은 청소년 범죄를 더욱 유발할 가능성이 높다. 청소년의 건전한 육성을 위해 공익적 차원의 계도를 함께하는 것이 중요하다고 판단된다.

3. 호프집에 청소년을 고용하다가 단속에 걸렸다면?

주류 판매를 위주로 하는 호프집에서 청소년을 고용했다가 적발되어 행정처분을 받은 사건이 있었다. 통상 호프집은 일반음식점으로 등록하긴 하나 주류 판매를 하므로 「청소년보호법」에 따른 청소년고용금지업소에 해당한다. 해당 사건업소에서 청소년을 종업원으로 고용한 것은 사실이므로 해당 구청에서는 당초 영업정지 3개월 처분을 내리려고 했으나 지방법원의 선고유예 판결 결과를 반영하여 1/2로 감경했고 영업정지 45일 처분이 내려졌다.

이런 상황을 볼 때 행정처분이 위법·부당한 것은 아니지만 동종위반전력이 없고, 사건·청소년의 아버지로부터 고용 동의서를 받았던 점, 업주가 깊이 반성하고 있는 점, 사건의 처분으로 입게 될 경제적 피해 등을 고려해서 영업정지 30일 처분으로 감경받은 사건이다(일반음식점 영업정지처분 취소청구, 국민권익위원회 행심 제2013-058호, 2013. 3. 26. 인용).

 법령 청소년고용금지업소에서 청소년을 종업원으로 고용하다가 적발된 경우 적용되는 법령

가. 「식품위생법」 제44조 제2항 제3호, 제75조 제1항 제13호 및 같은법 시행규칙 제89조 및 [별표 23]

청소년 유해업소에 청소년을 고용하는 행위를 하여서는 아니 되고, 이를 1차 위반한 경우 영업정지 3개월을 처분하도록 규정하고 있으며, 법원의 선고유예의 판결을 받은 경우 2분의 1 이하의 범위에서 처분을 경감할 수 있도록 규정하고 있다.

나. 「청소년보호법」 제2조 제5호 나목(1) 및 같은법 시행규칙 제3조(2012. 9. 14. 대통령령 제24102호로 개정되기 이전의 것)

일반음식점 중 음식류의 조리·판매보다는 주로 주류의 조리·판매를 목적으로 하는 소주방·호프·카페 등의 영업형태로 운영되는 영업은 청소년 고용금지업소로서 청소년 유해업소로 규정하고 있다

영업정지 등 행정처분이 있을 때에는 행정처분 사전통지서를 받은 단계에서 이의신청을 하고 형사처벌을 받기 전에 탄원서나 진정서를 제출하는 등 소명할 기회를 놓치지 않는 것이 필요하다.

최종 통보받은 결정통지서의 행정처분이 과하다고 판단되면 행정심판 청구서 제출과 함께 집행정지 신청서를 제출하는 등 행정처분의 감경 노력을 해야 한다.

이 외에도 영업정지 등 행정처분을 받을 수 있는 위반행위는 무수히 많다. 그 중에서도 다음의 표는 청소년과 관련되거나 적발빈도가 높다고 판단되는 대표적인 위반유형과 처분기준이다.

영업정지 등 행정처분을 받는 대표적 위반 유형과 처분기준

위반 사항	행정처분기준			
	1차 위반	2차 위반	3차 위반	4차 위반
식품위생법				
식품접객업자가 청소년을 유흥접객원으로 고용하여 유흥행위하게 한 행위	영업허가 취소 또는 영업소 폐쇄			
청소년유해업소에 청소년을 고용하는 행위	영업정지 3개월	영업허가 취소 또는 영업소 폐쇄		
청소년유해업소에 청소년을 출입하게 한 행위	영업정지 1개월	영업정지 2개월	영업정지 3개월	
식품접객업자가 청소년에게 주류를 제공하는 행위	영업정지 2개월	영업정지 3개월	영업허가 취소 또는 영업소 폐쇄	
담배사업법				
담배소매업자가 청소년에게 담배를 판매한 경우	영업정지 2개월	영업정지 3개월		
음악산업 진흥에 관한 법률				
노래연습장에 청소년 출입시간 (오후 10시 이후) 외에 청소년을 출입시킨 때	영업정지 10일	영업정지 1개월	영업정지 3개월	등록취소 영업폐쇄
노래연습장에서 주류를 판매, 제공한 때	영업정지 10일	영업정지 1개월	영업정지 3개월	등록취소 영업폐쇄
노래연습장에 접대부(남녀를 불문한다)를 고용·알선한 때	영업정지 1개월	영업정지 2개월	등록취소 영업폐쇄	
공중위생관리법				
숙박업소에서 청소년에게 이성혼숙을 하게 하는 등 풍기를 문란하게 하는 영업행위를 하거나 그를 목적으로 장소를 제공한 경우	영업정지 2개월	영업정지 3개월	영업장 폐쇄명령	
숙박업소에서 숙박자에게 성매매알선 등 행위 또는 음란행위를 하게 하거나 이를 알선 또는 제공한 경우	영업정지 3개월	영업장 폐쇄명령		

4. 의료기관·의료인이 위법·부당행위로 면허자격 정지 등 처벌을 받았다면?

건강보험심사평가원이 국회에 제출한 자료를 보면 최근 5년간(2011~2016년 6월) 허위·부당청구로 환수조치 받은 의료기관은 718개소로 환수된 금액이 225억 5,300만 원으로 밝혀진 바 있다. 또 환수 조치된 이들 의료기관 중 부당·허위 청구기간이 최소 2년 이상 된 곳이 90개소며, 이 중에서 3년 이상 되는 기관도 64개인 것으로 집계됐다.

의료법상 면허자격을 소지한 의사·한의사·약사들은 자신이 운영하는 의료기관에서 환자를 치료하고 국민건강보험공단에 건강보험료를 청구하면서 본인부담금을 면제·할인해주거나, 환자를 진료하지도 않고 진료를 한 것처럼 허위·부당청구를 하거나, 영리 목적으로 환자를 의료인에게 소개·알선·유인 또는 이를 사주하는 행위를 하다 적발되어 행정처벌을 받는 사례가 종종 있다.

또 인기가 많고 수익이 좋다고 소문난 특정 진료과목의 경우 병·의원들끼리 경쟁이 치열하다 보니 비교 광고를 하거나 소비자 현혹 광고인 줄 모르고 홈페이지 등에 등재했다가 적발되어 처벌을 받는 경우도 많다.

의료기관·의료인에서 자주 적발될 수 있는 사건의 유형과 행정관청의 처벌에 따라 행정심판위원회의 심판은 어떻게 진행되는지 살펴보자. 특히 의료종사자가 과도한 처벌을 받지 않도록 해당 사건의 사실관계와 쟁점을 잘 검토하는 것이 중요하다 할 것이다.

① 의료기관이 환자에게 본인부담금을 면제·할인해줘 적발되었으나 구제된 사례

사례 ①은 어느 한의원에서 환자를 치료하고 본인부담금을 면제하면서 국민건강보험공단에 건강보험료를 청구하여 이를 취득하였고, 본인부담금을 면제해주는 대신 영리 목적을 위해 환자를 유인하도록 했다는 이유로 행정청에서

1개월간 한의사면허 자격정지처분을 내렸다[한의사면허 자격정지처분 취소청구, 국민권익위원회 2015-07669, 2015. 11. 17. 인용, 2015년도 행정심판재결례집(27집)].

그 근거로서 「의료법」 제27조 제3항에 따르면 누구든지 「국민건강보험법」이나 「의료급여법」에 따른 본인부담금을 면제하거나 할인하는 행위, 금품 등을 제공하거나 불특정 다수인에게 교통편의를 제공하는 행위 등 영리를 목적으로 환자를 의료기관이나 의료인에게 소개·알선·유인하는 행위 및 이를 사주하는 행위를 하여서는 안 된다고 명시하고 있다. 이 조항을 위반하는 행위를 한 의료인에게 자격정지 2개월의 행정처분을 하게 되며, 해당 사건에 대해 검사로부터 기소유예의 처분을 받은 경우 해당 처분기준의 2분의 1의 범위에서 감경받을 수 있다.

다만, 환자의 경제적 사정 등을 이유로 개별적으로 관할 시장·군수·구청장의 사전승인을 받아 환자를 유치하는 행위, 「국민건강보험법」 제109조에 따른 가입자나 피부양자가 아닌 외국인 환자를 유치하기 위한 행위는 할 수 있다고 되어 있다. 하지만 청구인의 주장에 따르면 본인부담금을 할인해준 환자는 청구인의 장인과 장모, 간호조무사의 모친과 두 아들로서 청구인과 특수 관계에 있는 지인이며, 그 금액 또한 6만 900원에 불과하다는 점에서 영리 목적은 없었다고 주장했다.

이 사건 행정심판에서는 면제해준 본인부담금의 금액이 크지 않은 점, 환자들이 청구인의 가족이나 한의원 직원 가족인 점, 이 사건 외 관행적으로 본인부담금을 할인해주거나 면제해준 사실이 확인되지 않는 점 등을 볼 때 영리목적으로 한 소개·알선·유인한 행위라고 보기 어렵다고 판단하였다.

② 병원 진료를 받지 않은 환자에 대해 진료비를 거짓 청구해 처벌받은 사례

또 다른 사례 하나를 살펴보자. 사례 ②는 해당 지역 행정청이 병원 현지조사를 하는 과정에서 해당 의료기관 의사가 병원에 내원하여 진료를 받지 않은 환자들을 진료한 것으로 진료기록부에 허위로 기록하고 진료비를 거짓으로 청구했다가 「의료법」 위반으로 7개월의 의사면허자격 정지처분을 받은 사건이다(한의사 면허자격 정지처분 취소청구, 국민권익위원회 중앙행심2013-01391, 2013. 2. 19. 기각).

「의료법」에 따르면 의료인이 관련 서류를 위조·변조하거나 속임수 등 부정한 방법으로 진료비를 거짓 청구한 때에 해당하면 1년의 범위에서 면허자격을 정지시킬 수 있다고 규정되어 있다. 또한 「보건복지부령」에도 이런 부정한 방법으로 진료비를 거짓으로 청구한 경우 월평균 거짓 청구한 금액에 따라 행정처분을 구분하도록 규정하고 있다.

이 사건의 경우 청구인은 단순히 급여비용을 과다하게 청구했다는 사실만으로 자격정지처분을 하는 것은 가혹하다고 주장했으나, 실제 현지조사결과 환자가 진료를 받지 않았는데 거짓으로 진료비를 청구한 점, 약 7개월간 거짓 청구한 금액이 1,400만 원에 달하는 등을 이유로 청구인의 자격정지처분 취소청구건은 받아들여지지 않았고 행정심판위원회에서 기각되었다.

③ 의료기관에서 위법한 광고행위로 적발되어 처벌받은 사례

사례 ③은 어느 한 안과의원에서 홈페이지에 의료법을 위반한 비교 광고 및 소비자 현혹 광고 내용이 있다고 민원이 접수되었으며 조사결과 혐의가 인정되어 해당 지역 경찰서에서 청구인을 고발 조치하였으나 검찰에서 기소유예 처분이 내려지자 관할관청이 영업정지 15일에 갈음하는 과징금 부과처분을 내린 사건이다(의료법위반 과징금부과처분 취소청구, 국민권익위원회 서행심2013-417, 2013. 7. 22. 기각).

이 사건은 「의료법」 제56조, 제64조, 제67조에 따라 의료법인, 의료기관 또는 의료인은 치료효과를 보장하는 등 소비자를 현혹할 우려가 있는 내용의 광고, 다른 의료기관·의료인의 기능 또는 진료 방법과 비교하는 내용의 광고 등을 하지 못하도록 하고 있다. 의료기관이 이를 위반하는 경우 보건복지부장관 또는 시장·군수·구청장은 그 의료업을 정지, 개설허가 취소, 의료기관 폐쇄를 명할 수 있고 의료업 정지처분에 갈음하는 과징금을 부과할 수 있도록 하고 있다.

해당 사건의 청구인(안과의원) 측은 검찰 조사에서 홈페이지에 게재된 내용은 인정하나 그 내용은 안과에서 주로 하는 수술의 종류와 그 내용을 비교 기술한 것일 뿐 비교 광고라 할 수 없고, 환자의 알 권리를 충족시켜주기 위한 목적이 있다고 주장했다. 그럼에도 지적된 사항에 대해 바로 개선 조치를 하였기에 검찰에서도 기소유예처분을 받은 만큼 행정처분도 취소해달라는 취지였던 것으로 파악된다. 하지만 해당 행정심판위원회는 피청구인이 관계 법령에 따라 내린 처분(영업정지 15일에 갈음하는 과징금 부과)은 위법·부당하다고 할 수 없으므로 청구를 기각했다.

④ 의료기관의 과대광고로 행정처분을 받았으나 내용이 적법하다고 재결한 사례

사례 ④의 경우 의료기관에서 치료효과를 보장하는 내용의 과대광고("얼굴의 모든 점을 제거해 드립니다. 뿌리까지 제거하기 때문에 양방피부과의 레이저 제거처럼 흉터나 재발의 염려는 전혀 없습니다")를 하였다고 어느 민원인이 국민신문고에 민원 신고를 하면서 관할관청에 이첩된 사건이 있었다(의료기관 업무정지처분 취소청구, 국민권익위원회 행심 제2011-043호, 2011. 2. 15. 인용).

행정청은 해당 한의원이 홈페이지를 통해 과대광고를 한 사실을 확인하고 '치료효과를 보장하는 등 소비자를 현혹할 우려가 있는 내용의 광고'를 하였다는 이유로 업무정지 1개월 처분의 사전통지를 하였다.

행정심판위원회는 이 사건에 대해 광고 문구가 일반화되어 있어 의료법 위반의 정도가 경미한 것으로 보이는 점, 해당 검찰청으로부터 혐의 없음(증거불충분) 처분을 받은 점, 처분 사유도 홈페이지 관리업체가 위 의료기관의 승낙을 받지 않고 임의로 올렸으며 광고 내용도 위탁업체에 제공한 사실이 없다는 것이 확인되었으므로 청구인(이 사건 한의원) 측이 과대광고를 하였다고 보기 어렵다고 판단하여 업무정지 1개월 처분을 취소하였다.

04

능동적·창의적·적극적 행정으로 받은 징계처분, 행정사가 적극 나서자

1. 공무원 등이 억울한 징계처분을 받았다면
소청심사를 활용하자

소청심사제도는 공무원이 징계처분, 그 밖에 그 의사에 반하는 불리한 처분이나 부작위에 대해 이의를 제기하는 경우 이를 심사하고 결정하는 행정심판제도의 일종이다. 위법·부당한 인사상 불이익 처분에 대한 구제라는 사법 보완적 기능을 통해 직접적으로 공무원의 신분 보장과 직업 공무원 제도를 확립하고, 간접적으로는 행정의 자기 통제 효과를 도모하고 있다.

특히 「부정청탁 및 금품등 수수의 금지에 관한 법률」(일명 김영란법)이 제정·공포되면서 청렴문화 정착에 대한 국민들의 기대가 높은 편이다. 「공무원법」에 의한 징계규칙에도 금품수수 등 고질적이고 구조적인 비리와 음주운전, 성(性)범죄, 개인정보 유출 등 사회적으로 비난 가능성이 높은 비위사건에 대해서는 엄격한 기준을 적용하여 엄정한 공직사회를 확립하려는 것이 정부의 취지라할 것이다.

그러나 능동적이고 창의적인 자세로 국민의 입장에서 적극행정을 펼쳐 나가는 과정에서 발생한 단순·경미한 실수에 대해서도 엄격하고 일률적인 잣대로 처분이 내려진다면 공직사회는 더욱 경직되게 마련이다.

행정사는 공무원 등이 과도한 징계처분, 의사에 반하는 불리한 처분, 부작위를 받게 되어 손해를 입지 않도록 공정하고 객관적인 심사를 돕고, 공무원들의 권익을 보호하는 데 일조할 수 있다. 따라서 사후에라도 소청심사를 통해 구제조치를 취함으로써 공직자들이 더욱 열심히 일할 수 있는 공직 풍토를 조성해 나가는 데 행정사들이 제 역할을 할 수 있다.

공무원 등이 받게 되는 처분의 종류는 징계처분, 기타 의사에 반하는 불리한 처분, 부작위 등이 있다. 징계처분이라 함은 파면, 해임, 강등, 정직, 감봉, 견책(징계부가금 포함)을 의미하고, 기타 의사에 반하는 불리한 처분이라 함은 강임, 휴직, 직위해제, 면직, 전보, (기각)계고, (불문) 경고 등을 의미한다. 또 부작위라 함은 당사자의 신청에 대하여 행정청이 상당한 기간 내 일정한 처분을 하여야 할 법률적 의무가 있음에도 처분을 하지 않은 경우로서, 예를 들면 복직청구 등이 해당된다. 구체적으로 어떠한 것이 포함되는지 여부는 사안의 성격과 내용에 따라 결정된다.

단, 소청심사를 해도 심사대상에 해당되지 않는 사항도 있다는 점을 알아야 한다. 예를 들면 변상명령과 같은 공무원의 신분 변동에 해당되지 않는 처분, 일반적·추상적 행정법령 개정을 요구하거나, 행정청 내부적 의사결정 단계에서 일어난 행위, 행정청의 알선·권고·견해표명 등과 같이 법적 효과가 발생하지 않는 행위 등에 대한 것은 심사대상이 되지 않는다.

▶ 공무원·교사·군인 등 직역에 따라 소청심사위원회가 다르므로 주의하자

- 공무원 : 일반직 공무원, 외무공무원, 경찰공무원, 소방공무원, 국가공무원, 대통령경호실 소속은 인사혁신처 소청심사 위원회
- 국·공립학교 교원, 사립학교 교원은 교원소청심사위원회
- 군인은 계급에 따라 항고심사위원회 및 국방부 군인사 소청심사위원회
- 지방공무원은 각 시도 소속 소청심사위원회
- 입법부, 사법부, 헌법재판소, 중앙선거관리위원회 소속 소청심사위원회가 별도로 있음.

※ 「인사혁신처 소청심사위원회 소청심사 – 관할」 참조

2. 소청심사를 청구할 때 검토해야 할 사안도 점검해보자

소청심사는 음주운전, 성추행, 뇌물수수, 공금횡령 등 각 사건마다 진행방식이 다르기 때문에 '쟁송전략'도 달라야 한다.

최근 5년간 소청심사 처리건수는 연평균 911건이며, 심사결과 인용률은 평균 38%나 된다(2012년~2016년). 금품수수, 음주운전, 성범죄, 개인정보 유출 등 주요 비위에 대한 징계기준이 최근 강화되고, 경찰공무원의 경우 품위손상과 유착비리 근절을 위한 강도 높은 사정활동이 계속됨에 따라 징계처분에 대한 소청제기가 지속되고 있다. 또한 공무원의 권리구제 의식이 높아지면서 수사경과해제 등 징계 외 인사상 불이익 처분에 대한 소청제기도 꾸준히 나타나고 있다(인사혁신처 소청심사위원회 자료).

또한 최근 제기된 총 4,637건의 소청심사청구 건 중 463건(제기율 9.98%)이

소청심사 결정에 불복하고 행정소송을 제기한 결과 소청인이 승소한 사건이 87건이며 약 18.8% 수준이나 된다.

사건의 승소한 사유를 잘 살펴보고, 소청심사 청구 시에도 징계 등 처분 당시 이 부분에 대한 문제가 없었는지 세심하게 검토한 후 대응한다면 억울한 징계처분을 면할 가능성이 높아질 것이다.

특히 소청심사 청구를 할 때 고려해야 할 사안은 ① 징계사유에 대한 사실이 관련자의 진술만 있는 것인지 입증자료가 충분히 있는지 여부 ② 재량권을 일탈 또는 남용했는지 여부(직무관련성, 과중한 처분 등) ③ 실제 징계사유가 부당하거나 위법한 것은 없는지 ④ 유사사례와 비교하여 형평성에 어긋나는지 여부 ⑤ 징계의결 또는 취소처분 당시 절차상 하자가 있는지 여부 ⑥ 정상참작을 구할 만한 요소가 무엇인지 등을 먼저 검토해야 한다.

▶ **소청인이 승소한 주요 사유별 내용**

① 징계사유에 대한 입증 부족
 – 일방 당사자 혹은 관련자의 진술에만 의존하여 징계혐의를 인정하고 명백한 입증자료 없이 징계처분이 이루어진 경우
 – 진술이 번복되거나 해당 비위사실이 명백하게 입증하기 어려운 경우

② 재량권 일탈·남용(2) – 기타 비위
 – 비위사실에 비하여 재량권의 한계를 벗어나 지나치게 과중한 처분을 한 것은 위법하다고 보아 원처분을 취소한 경우

③ 징계사유 (일부) 부당
 – 동일한 사실관계임에도 불구하고, 이에 대하여 법원과 소청심사위원회(혹은 처분청)가 서로 달리 판단하여 징계사유의 일부 혹은 전부를 인정할 수 없는 경우

④ 형평성 부족
 – 행위자와 감독자의 책임은 각기 구분되어 징계처분이 되어야 함에도 불구하고 그러하지 않은 경우
 – 유사 사례와 비교하였을 때 특히 과중한 처분을 내린 경우

⑤ 절차하자
- 징계의결을 요구할 당시, '감경대상 공적유무'를 함께 제출하여야 함에도 불구하고 제출하지 않은 경우
- 승진 또는 임용의 취소처분을 하는 경우는 당사자의 이익을 침해하는 처분에 해당하는 만큼 미리 당사자에게 사전통지하고 의견 제출의 기회를 주는 등의 사전절차가 필요하나 그러하지 않은 경우

⑥ 정상참작
- 사건발생의 원인, 사후대처 등을 종합적으로 고려하여 정상참작 한 경우

※「소청결정에 대한 행정소송 사례분석집」, 인사혁신처 소청심사위원회, 2017.

소청심사청구의 제기기간은 징계의결 등을 통보받은 날로부터 15일 이내에 하고 처분 사유 설명서가 교부되는 징계처분 및 징계 부가금, 직위해제, 강임, 휴직, 면직처분 등은 처분 사유 설명서를 받은 날로부터 30일 이내에 청구하고, 처분 사유 설명서가 교부되지 않는 불리한 처분(전보, 계고, 경고 등)은 처분이 있은 날을 안 날로부터 30일 이내 청구해야 한다.

소청심사 청구 시 제출하는 서류는 다음과 같다. 소청심사청구서는 2부를 작성해야 하며, 공무원의 직종에 따라 해당하는 소청심사위원회에 제출해야 한다. 또 첨부 서류나 자료가 있는 경우 이것도 반드시 2부를 준비해야 한다.

▶ 소청심사 청구 시 제출 서류

□ 징계처분 및 징계부가금
  ① 소청심사청구서(서명포함)
  ② 징계처분 인사통지서
  ③ 징계처분사유설명서
  ④ 징계의결서 사본
  ⑤ 기타 본인이 소청 이유에서 적시하거나 주장하는 사실 또는 논거에 대한 입증 서류나 자료(예 : 대법원 판결문 사본, 표창장 사본, 탄원서 등)
  ⑥ 납입고지서(징계부가금 처분의 경우에만 해당됨)

□ 처분 사유 설명서가 교부되는 그 밖에 그 의사에 반하는 불리한 처분(직위해제, 강임, 휴직, 면직)
  ① 소청심사청구서(서명포함)
  ② 인사발령통지서(공문)
  ③ 처분사유설명서
  ④ 기타 본인이 소청 이유에서 적시하거나 주장하는 사실 또는 논거에 대한 입증 서류나 자료

□ 처분 사유 설명서가 교부되지 않는 그 밖에 그 의사에 반하는 불리한 처분 또는 부작위
  ① 소청심사청구서(서명포함)
  ② 처분 또는 부작위에 대한 증빙서류(공문 등)
  ③ 기타 본인이 소청 이유에서 적시하거나 주장하는 사실 또는 논거에 대한 입증 서류나 자료

05 심각한 **학교폭력**, 방치하지 마세요

　지난해 교육부 발표에 따르면 학교폭력 피해 경험이 있는 학생이 3만 9,000여 명이고, 그 중 언어폭력이 가장 높은 것으로 나타났다. 집단 따돌림, 신체폭행, 스토킹, 사이버 괴롭힘 등의 순으로 나타났다. 또 학교폭력 가해학생은 대부분 같은 학교 동급학생인 경우가 가장 많았다. 피해장소는 교실 안에서 가장 많이 일어났으며 피해학생의 비율도 중·고등학교보다는 초등학교가 가장 높았다.

　학교폭력이란 학교 내외에서 학생을 대상으로 발생한 상해, 폭행, 감금, 협박, 약취·유인, 명예훼손·모욕, 공갈, 강요·강제적인 심부름 및 성폭력, 따돌림, 사이버 따돌림, 정보통신망을 이용한 음란·폭력 정보 등에 의하여 신체·정신 또는 재산상의 피해를 수반하는 행위를 말한다.

　학교폭력 문제는 피해학생과 부모뿐만 아니라 가해학생과 그 가족들에게도 모두 심리적·정신적으로 힘든 사건일 가능성이 높다. 이 문제를 해결하기 위해서는 이성적으로 문제의 핵심을 잘 파악하고 명확한 증거를 통해 자신의 주장을 펼치는 것이 매우 중요하다.

　자식의 문제라는 이유로 지나치게 감정적으로 대응하거나 비이성적 태도로 접근할 경우 피해학생과 학부모도 힘들어질 뿐만 아니라 피해학생·가해학생

모두 학교생활이 어려워지기 때문이다.

학교폭력에 대해 관련하여 자신의 억울한 사정이나 상황을 설명하고 해명하기 위해서는 초동조치, 현장조사, 목격자 진술, CCTV 확보, 탄원서 작성, 사건 재분석 등 증거 및 참고가 될 만한 자료를 우선 확보하는 것이 필요하다. 학교폭력의 피해 증거는 학교폭력대책심의위원회에서 해당 학교폭력 문제를 심의하거나, 가해학생에게 형사책임 또는 민사책임을 물을 때 결정적인 역할을 하므로 매우 중요한 자료가 될 수 있다.

학교폭력과 관련한 증거를 수집·확보하는 방법

우선 서면자료는 육하원칙에 따라 진술서를 작성해야 한다. 금품을 빼앗기거나 언어폭력을 당했다면 누가, 언제, 어디서, 무엇을, 어떻게, 왜 그렇게 했는지 구체적으로 진술해야 한다. 또 학교폭력으로 인해 신체에 상해를 입었다면 진술서 외에도 상처부위를 사진으로 촬영해두고, 병원 치료를 받았다는 진단서를 발급받아 제출하는 것도 중요하다.

주변의 친구들에게도 현장에서 폭력장면을 보았거나 말을 들었다면 사실에 근거하여 진술서를 작성해달라고 요청하는 것이 필요하다. 학교폭력을 당하는 장면이나 욕설, 협박, 괴롭힘 등을 당하는 현장이 찍힌 사진이나 동영상, 녹음파일이 있다면 수집하는 것도 필요하다.

그 외에도 사이버상 따돌림을 당한 경우, 이메일이나 대화방의 채팅 내용 또는 인터넷 게시글 등의 화면을 저장하거나 출력하여 증거자료로 제출해야 한다.

학교폭력으로 피해를 입은 학생뿐 아니라 가해학생으로 지목받은 경우에도 의견 진술을 할 기회가 있으므로 이에 대비해 증거자료를 확보하는 것이 중요하다 하겠다.

1. '왕따', '사이버 따돌림', '방폭'을 당한 학생이 더 이상 상처 입지 않으려면?

학교폭력의 피해자가 된 학생은 위축되고 심리상태가 불안정할 가능성이 매우 높다. 부모가 속상한 마음에 아이보다 더 크게 아파하거나 가해학생에 대한 분노를 표출하게 되면 자녀가 더 힘들어하므로 이를 잘 살펴야 한다. 속상하다고 해서 감정적으로 대응하기보다는 객관적인 사실을 바탕으로 합리적인 대응을 하는 것이 중요하다.

'왕따'는 집단 따돌림, 집단 괴롭힘을 의미한다.
'사이버 따돌림'이란 인터넷, 휴대전화 등 정보통신 기기를 이용하여 학생들이 특정 학생들을 대상으로 지속적이고 반복적으로 심리적 공격을 가하거나 특정 학생과 관련된 개인정보 또는 허위 사실을 유포하여 상대방이 고통을 느끼도록 하는 일체의 행위를 말한다.
'방폭'은 단체 채팅방에 피해학생을 혼자 남겨두고 나가는 행위로 사이버폭력의 유형 중 하나이다.

자녀는 부모가 위기상황에 어떻게 대처하는가 하는 대응 모습을 통해 위기관리 능력을 배우기도 한다. 또 부모가 현명하게 대처하면 자녀도 어려움을 극복하고 심리적인 건강을 회복하는 데 큰 도움이 된다.

「학교폭력예방 및 대책에 관한 법률」에 따르면 학교의 장은 학교폭력 문제를 담당하는 전담기구를 구성해야 하며, 학교폭력 사태를 인지한 경우 지체없이 전담기구 또는 소속 교원에게 가해 및 피해 사실 여부를 확인하도록 법으로 규정하고 있다. 또 피해학생이나 그 보호자는 피해사실의 확인을 위해 전담기구에 실태조사를 요구할 수도 있다.

또 학교폭력의 예방 및 대책에 관한 사항을 심의하기 위해 교육지원청에 학교폭력대책심의위원회(이하 '심의위원회'라 한다)를 설치하도록 되어 있다. 학교장의 요청이 있는 경우, 피해학생 또는 그 보호자가 요청하는 경우, 학교폭력이 발생한 사실을 신고받거나 보고 받은 경우, 가해학생이 협박 또는 보복한 사실을 신고받거나 보고받은 경우 심의위원회는 회의를 소집하도록 하고 있다. 또 이 심의위원회는 피해학생을 보호할 필요가 있다고 인정되면 심리상담 및 조언, 일시보호, 치료 및 치료를 위한 요양, 학급교체 등 필요한 조치를 취할 것을 학교의 장에게 요청할 수 있으며, 긴급보호가 필요할 경우 학교의 장이 보호조치를 취한 뒤 교육지원청에 보고하도록 하고 있다.

법령 학교폭력예방 및 대책에 관한 법률

제16조(피해학생의 보호) 제1항
- 제1호 : 학내외 전문가에 의한 심리상담 및 조언
- 제2호 : 일시보호
- 제3호 : 치료 및 치료를 위한 요양
- 제4호 : 학급교체
- 제5호 : 삭제
- 제6호 : 그 밖에 피해학생의 보호를 위하여 필요한 조치

따라서 피해학생의 부모는 학생이 겪은 상황을 객관적이고 정확하게 파악하여 개요를 정리하고 피해 기간 및 강도, 가해자의 신상 등을 파악한 후 원인이 무엇인지 알아봐야 한다. 자녀의 상처 및 심리상태를 자세히 파악하는 것도 매우 중요한데, 내 아이가 문제의 원인을 제공했을 수 있으므로 자녀의 사회성이나 언행, 태도 등에서 잘못된 점을 미리 파악해야 재발을 막을 수 있다. 이때 전문가의 도움을 받아 현재의 피해 정도와 상태를 세심하게 살펴보고 필요한

조치를 취하는 것도 필요하다.

심의위원회가 가해학생에 대한 전학 조치를 요청한 경우 교육장은 그 사실을 해당 학생이 소속된 학교의 장에게 통보해야 한다. 이 경우 해당 통보를 받은 학교장은 교육감 또는 교육장에게 해당 학생이 전학할 학교의 배정을 지체없이 요청해야 한다. 교육감 또는 교육장은 가해학생이 전학할 학교를 배정할 때 피해학생의 보호에 충분한 거리를 고려해야 하며, 관할 구역 외의 학교를 배정하려는 경우 해당 교육감 또는 교육장에게 이를 통보하도록 하고 있다. 전학조치된 가해학생과 피해학생이 상급학교에 진학할 때에는 각각 다른 학교를 배정해야 한다. 이 경우 피해학생이 입학할 학교를 우선적으로 배정한다.

그 외에도 학생이 다쳤다면 치료 후 병원비 청구 및 심리상담 비용에 대해서도 손해배상청구가 가능하다.

학교 폭력이 발생하여 심의위원회가 내린 조치결과에 대해 피해학생 또는 그 보호자는 피해학생 본인에 대한 조치뿐만 아니라 가해학생에 대한 조치에 대해서도 이의가 있는 경우 「행정심판법」에 따라 처분이 있음을 알게 된 날부터 90일 이내에 행정심판 청구를 할 수 있다.

2. 가해학생이지만 너무 심한 처벌을 받았는데 감경받고 싶어요

내 아이가 가해학생이 되면 부모는 우선 놀라고 화난 마음에 자녀를 비난하거나 감정적으로 일을 처리하기 쉽다. 하지만 위기상황일수록 침착하게 대응해야 자녀도 상처를 덜 받고 자신의 행동에 책임지는 자세를 배울 수 있으므로 부모나 관계자는 이 점을 명심해야 한다.

특히 문제가 커지면 가해학생도 피해학생과 마찬가지로 당황하고 불안해하며 심리적으로 위축된다. 아이의 마음을 먼저 헤아린 다음 근본 원인을 파악하고 앞으로 이런 일이 다시는 일어나지 않도록 적절한 조치와 도움을 요청하는 것이 필요하다 할 것이다.

다음은 어느 한 고등학교에서 일어난 사건이다[학교폭력 가해학생 징계(사회봉사 등) 처분 취소청구, 국민권익위원회 경교행심2013-1, 2013. 7. 25. 인용]. 어느 날 교실에서 헌혈을 하기 위해 이동 중 가해학생(A군)이 피해학생(B군)은 하지 말라고 하는데도 일명 생일빵으로 오른쪽 어깨를 양손으로 천천히 장난 삼아 모두 17대를 때렸다. 같은 날 점심시간 무렵 급식소에서 점심을 먹은 후 피해학생(B군) 식판에 남아 있던 빵을 보고 가해학생(A군)이 손을 두 번 뻗으며 빵을 집어 가려고 하자 화가 난 B군이 가져가지 말라고 하는 과정에서 말다툼이 생겼다. 이후 두 사건으로 인해 B군은 점심시간이 끝나고 담임선생님께 외출증을 발급받아 집으로 가 부엌에 있는 흉기(식칼 2자루)를 숨겨와 들고 체육수업을 하고 있는 강당으로 들어왔으며 A군을 찾는 과정에서 체육선생님에게 제지당한 일이 있었다.

이 학교 측은 이 사안을 인지한 후 같은 날 오후 전담기구에서 조사를 실시하였고 6일 뒤 학교폭력대책자치위원회(이하 '자치위원회'라 한다)를 개최하여 가해학생에게 각각 사회봉사(5일), 학생특별교육이수(30시간), 학생보호자 특별교육이수(4시간) 조치를 의결하였고, 피해학생에게는 심리상담 및 조언의 조치를 의결하였다.

이 조치 결과에 대해 가해학생 측은 피해학생이 중학교 시절에도 학교 내 폭력에 시달려 왔었고, 이로 인해 고등학교 진학 후 과잉방어적인 태도를 보였으며, 평소 급우들이 있는 자리에서 학급게시판에 칼을 던지는 행위를 한 사실이 있었다고 주장하였다. 그러나 학교에서는 피해학생에 대해 치료적인 방법이나 교육적인 방법을 고려하지 않고 방치해뒀다고 주장했으며, 가해학생이 행한

행위는 잘못되었으나 이와 같은 점을 고려했을 때 자치위원회가 내린 처분은 지나치게 과중하다고 주장하였다.

가해학생 측은 행정심판을 청구하였는데, 이러한 주장이 일부 인용되어 자치위원회가 내린 처분을 취소하고 피해학생에 대한 서면사과, 학교에서의 봉사(5일)처분으로 변경하여 재결 처분이 내려졌다.

재결의 이유를 보면 가해학생이 축하해주기 위한 의도로 '안마하듯이 어깨를 가볍게 두드렸던 점, 피해학생이 초등학교때부터 중학교 때까지 놀림과 폭력에 시달림으로 인하여 고등학교 진학 후 과잉방어적인 태도를 보인 점 등을 고려할 때, 학교 폭력의 심각성·지속성·고의성, 해당 조치로 인한 가해학생의 선도 가능성 등을 종합적으로 판단해볼 때 그 행위에 비하여 균형을 잃은 과중한 조치로서 재량권을 일탈·남용하였다'고 판단하였다.

위 사건에서도 볼 수 있듯이 '내 자식은 그럴 리가 없다'는 생각을 버리고, 상황을 객관적으로 파악하기 위해 정보를 수집하는 것이 중요하다. 정확한 정보를 바탕으로 자녀의 폭력적 행동의 근본 원인을 찾아보고, 일시적인 문제인지 구조적인 원인 때문인지에 대해 파악하고 이를 개선하기 위한 도움과 치료가 선행되어야 할 것이다.

우선 학교폭력문제의 가능성이 있다고 판단이 되면 학부모끼리 해결하려고 하기보다는 담임교사와 학교 측에 솔직히 얘기하고 도움을 요청하는 것이 낫다. 학교 측에서 문제를 제기한 경우에도, 협조적으로 응하고 사실 여부에 따라 학교 측의 절차를 성실히 따르는 것이 사건을 해결하는 데 도움이 된다.

피해학생과 부모에게 공식적으로 유감을 표시하고 진심으로 사과하고, 자녀 앞에서 피해학생이나 부모의 태도를 비난해선 안 되며, 합의 또는 돈 문제와 관련한 사안도 가급적 피하는 것이 좋다.

학교폭력에 대한 조치는 「학교폭력 예방 및 대책에 관한 법률」 제17조(가해학생에 대한 조치)에 따라 학교폭력대책심의위원회가 피해학생의 보호와 가해학생의 선도 교육을 위하여 양측의 사실조사와 의견진술 기회를 부여한 후 적정한 조치를 취하도록 되어 있다. ① 피해학생에 대한 서면사과 ② 피해학생 및 신고 고발 학생에 대한 접촉, 협박 및 보복행위의 금지 ③ 학교에서의 봉사 ④ 사회봉사 ⑤ 학내외 전문가에 의한 특별 교육이수 또는 심리치료 ⑥ 출석정지 ⑦ 학급 교체 ⑧ 전학 ⑨ 퇴학 처분 중 필요한 조치를 결정한 후 요청하기 전에 가해학생 및 보호자에게 의견진술의 기회를 부여하는 등 적절한 절차를 거쳐야 한다. 심의위원회가 학교의 장에게 조치할 것을 요청하게 되면 학교장은 14일 이내에 해당 조치를 해야 한다.

법령 학교폭력예방 및 대책에 관한 법률

제17조(가해학생에 대한 조치) 제1항

- 제1호 : 피해학생에 대한 서면사과
- 제2호 : 피해학생 및 신고 · 고발에 대한 접촉, 협박 및 보복행위의 금지
- 제3호 : 학교에서의 봉사
- 제4호 : 사회봉사
- 제5호 : 학교 내외 전문가에 의한 특별교육이수 또는 심리치료
- 제6호 : 출석정지
- 제7호 : 학급교체
- 제8호 : 전학
- 제9호 : 퇴학처분

사실조사 및 심의 · 의결과정에서 가해학생이 행사한 학교폭력의 심각성 · 지속성 · 고의성, 가해학생의 반성 정도, 해당 조치로 인한 가해학생의 선도 가능성, 가해학생 및 보호자와 피해학생 및 보호자 간의 화해의 정도, 피해학생이 장애학생인지 여부에 따라 그 처분의 정도가 결정된다.

가해학생이 특별교육을 받을 때는 부모님(보호자)도 함께 교육을 받아야 하

고, 이를 지키지 않으면 300만 원 이하의 과태료를 내야 한다. 또 심의위원회의 조치 사항은 일부 조치에 대해 1회에 한해 기재를 유보하는 것을 제외하고는 학교 생활기록부에 기록이 된다. 다만 조치사항이 기록되더라도 진심으로 반성하고 개선된 모습을 보일 경우 생활기록부 기재사항은 졸업 후 즉시 삭제가 가능하다.

학교 폭력이 발생하여 심의위원회가 내린 조치결과에 대해 가해학생 또는 그 보호자가 이의가 있는 경우 「행정심판법」에 따라 처분이 있음을 알게 된 날부터 90일 이내에 행정심판 청구를 할 수 있다.

06 사인 간의 갈등, 소송 전에 **분쟁조정·중재기구**를 적극 이용해보자

1. 허위·왜곡·과장·편파보도에 대한
정정·반론·추후보도는 언론중재위원회를 이용하자

언론에 의한 보도는 공정하고 객관적이어야 한다. 또 국민의 알 권리와 표현의 자유를 보호해야 한다. 인간의 존엄과 가치를 존중하고 타인의 명예를 훼손하거나 권리 또는 공중도덕이나 사회윤리를 침해해서는 안 된다.

그러나 일상적으로 접하는 신문, 텔레비전, 라디오, 위성방송, 인터넷 통신 등 언론매체들이 생산해내는 많은 기사들을 보면 유익하고 국민에게 필요한 정보를 제공하기도 하지만 허위·왜곡·과장·편파 보도로 인해 피해를 입는 사례도 종종 발생하고 있다. 독자의 취향에 영합하는 선정적 보도나 '아니면 말고' 식의 무책임한 보도는 개인이나 기업, 단체의 명예나 신용, 인격 등을 훼손하는 피해가 발생하게 된다.

특히 최근 들어 인터넷매체를 중심으로 개인의 사생활 침해나 피의자 신원 공개 등 개인적·사회권 권익을 침해하는 사례가 빈번하게 발생하고 있어 언론중재위원회의 시정권고를 받은 건수만 봐도 3배 이상 급증한 것으로 나타났다.

TIP! 언론중재위원회에 따르면 2020년 한 해 동안 언론사 대상으로 한 시정권고 건수는 935건으로 집계됐다.

시정권고 건의 사유를 보면 피의자·피고인 신원 공개로 인한 피해 건수가 가장 많고, 그 다음이 개인의 사생활 침해로 인한 피해라고 한다.

개인이나 기업이 언론 등의 보도로 인해 생명, 자유, 신체, 건강, 명예, 사생활의 비밀과 자유, 초상, 성명, 음성, 대화, 저작물 및 사적 문서, 그 밖의 인격적 가치 등에 관한 권리(이하 '인격권'이라 한다)를 침해받았다면 소송으로 가기 전에 언론중재위원회를 통해 피해구제를 신청해보자.

「언론중재 및 피해구제 등에 관한 법률」에 따르면 언론이 보도한 내용이 사실과 달라 피해를 입은 자는 해당 언론보도 등이 있음을 안 날부터 3개월 이내에 언론사 등의 대표자에게 정정보도, 반론보도, 추후보도를 청구할 수 있다.

법령 언론중재 및 피해구제 등에 관한 법률

> 언론중재위원회에 조정·중재 청구를 하는 것은 보도가 있음을 안 날부터 3개월 이내, 보도가 난 때로부터 6개월 이내에 해야 하며, 보도가 있음을 안 날로부터 3개월이 지나거나, 보도가 난 후 6개월(180일)이 경과하면 할 수 없다. 이 경우에는 법원에 소송을 제기해야 한다. 단, 추후보도청구의 경우 형사절차가 무죄판결 또는 이와 동등한 형태로 종결된 사실을 안 날부터 3개월 이내에 청구할 수 있다 (제14조, 제17조).

정정보도 등을 청구할 때에는 언론사 등의 대표자에게 서면으로 해야 하며, 청구서에는 피해자의 성명, 주소, 전화번호 등을 적고 언론보도 등의 내용 및 정정을 청구하는 이유와 청구하는 정정보도문, 반론보도문, 추후보도문의 게재를 청구하면 된다. 이때 청구인은 문제가 된 언론 기사나 방송분에 대해 문서, 녹음, 녹화물, 녹취록 등을 증거자료로 제출해야 하며 필요시 청구인의 주장을 입증할 수 있는 자료도 첨부해야 하므로 꼼꼼하게 준비하는 것이 중요한데, 추후 언론중재위원회 조정·중재 단계에서도 필요한 자료들이다.

> ▶ **추후보도문 청구의 종류**
> 정정보도 청구 – 사실과 다른 기사를 진실에 맞게 고쳐달라고 청구하는 것
> 반론보도 청구 – 언론사의 보도와 상반되는 피해 당사자의 주장을 보도해
> 달라고 청구하는 것
> 추후보도 청구 – 범죄를 저질렀거나 혐의가 있다고 보도된 사람이 무죄 무혐의
> 처분을 받았을 때 이를 보도해달라고 청구하는 것

청구를 받은 언론사 대표자는 그 수용 여부를 3일 이내에 통지해야 하며, 언론보도 내용이 보도과정에서 성립한 경우에는 해당 언론사 등이 그러한 사실이 없었음을 입증하지 않으면 그 사실의 존재를 부인하지 못한다.

또 언론사 측이 청구인의 청구를 수용할 경우 지체없이 피해자 또는 그 대리인과 협의하고 청구를 받은 날부터 7일 내에 정정보도문 등을 방송하거나 게재하도록 규정하고 있다.

피해자와 언론사 등의 대표자 간 정정보도청구 등과 관련하여 분쟁이 발생한 경우 피해자 또는 언론사 등은 언론중재위원회에 조정(피해자와 언론사의 분쟁을 중재위원회가 합의를 유도해 해결하는 절차)을 신청할 수 있다. 또 피해자는 언론보도 등으로 금전적인 피해를 입었다면 언론보도 등이 있음을 안 날부터 3개월 이내에 손해배상액을 명시하여 조정 신청도 가능하다.

이렇게 조정 신청을 하게 되면 위원회의 중재위원회는 조정기일을 정하여 당사자에게 출석을 요구하게 되는데, 출석요구를 받은 신청인이 2회에 걸쳐 출석하지 않으면 조정신청이 취하된다는 점을 잊지 말아야 한다. 만약 피신청 언론사 등이 2회에 걸쳐 출석하지 않으면 조정신청 취지에 따라 정정보도 등

을 이행하기로 합의한 것으로 본다. 조정기일에 중재위원은 조정 대상인 분쟁에 관한 사실관계와 법률관계를 당사자들에게 설명·조언하거나 절충안을 제시하는 등 합의를 권유하게 된다. 중재위원회는 이러한 절차를 거쳐 조정 신청 접수일부터 14일 이내에 조정 결정을 내린다. 만약 변호사 아닌 자가 신청인이나 피신청인의 대리인이 되려는 경우에는 미리 중재위원회의 허가를 받아야 한다. 조정 결과 당사자 간 합의가 성립하거나 직권조정결정에 대해 이의신청이 없으면 조정된 사항에 대해 재판상 화해와 같은 효력이 생긴다.

만약 당사자 사이에 합의가 이루어지지 않거나 신청인의 주장이 이유가 있다고 판단이 되면 중재부는 직권으로 조정을 갈음하는 결정(이하 '직권조정결정'이라 한다)을 하게 되는데, 이 직권조정결정에 불복하는 자는 결정 정본을 송달받은 날부터 7일 이내에 불복 사유를 명시해 서면으로 이의신청을 할 수 있다. 이때부터 소가 제기된 것으로 보고 피해자를 원고로 하고 상대방인 언론사 등을 피고로 한다.

또 당사자 양쪽은 정정보도청구 등 또는 손해배상의 분쟁에 관하여 중재부의 종국적 결정에 따르기로 합의하고 중재(피해자와 언론사 간 중재부의 결정에 따르기로 미리 합의하고 중재신청을 함)를 신청할 수도 있다. 이 중재신청은 조정절차 진행 중에도 할 수 있고, 중재결정의 효력은 확정판결과 동일한 효력이 생긴다. 이때 중재신청은 조정신청과 달리 당사자 간에 언론중재위원회의 종국적 결정을 따르겠다고 상호 합의하고, 이에 기초하여 언론중재신청서 및 중재신청합의서를 제출해야 한다.

피해자는 법원에 정정보도청구 등의 소를 제기할 수 있는데, 정정보도 청구의 소는 민사소송법의 소송절차 규정에 따라 재판하고, 반론보도 청구 및 추후보도 청구의 소는 민사집행법의 가처분절차에 관한 규정에 따라 재판하게 된다. 소제기 접수 후 3개월 이내에 판결이 선고된다.

2. 소비자 피해구제는
소비자분쟁조정위원회를 이용해보자

소비자 피해가 발생하여 분쟁이 생기면 원칙적으로 민사소송을 통해 해결해야 하지만 소송으로 가는 경우 비용이 많이 들고, 시간이 많이 소요되고, 복잡한 절차 때문에 포기하는 경우가 많이 생긴다. 이런 불편을 해소하고 신속한 분쟁해결을 위해 소비자는 물품이나 서비스를 사용하다가 피해가 발생하면 한국소비자원에 피해의 구제를 신청할 수 있도록 하고 있다. 또 국가·지방자치단체 또는 소비자단체는 소비자로부터 피해구제의 신청을 받은 경우에 한국소비자원에 그 처리를 의뢰할 수 있다고 「소비자기본법」 제55조에 규정되어 있다.

개별피해구제의 신청
피해구제의 신청이나 의뢰는 서면으로 해야 하며 긴급하거나 부득이한 경우에만 구술이나 전화 등으로 할 수 있도록 하고 있는데, 한국소비자원은 신청서가 접수되면 사실조사 과정을 거쳐 소비자와 사업자에게 피해보상에 관한 합의를 권고한다. 피해구제의 처리기간은 보통 신청서가 접수된 후 30일 이내에 합의가 이루어지도록 하여 피해구제 절차를 종료하고 있다(소비자기본법 제58조). 다만, 의료, 보험, 농업 및 어업 관련 사건과 피해원인 규명에 시험·검사 또는 조사가 필요한 사건이라서 상당한 시일이 요구되는 경우 60일 이내의 범위에서 처리기한을 연장할 수 있다.

피해를 입은 당사자가 한국소비자원에 피해구제 처리를 신청하여 처리절차를 밟고 있는 도중에 당사자의 소제기가 있으면 한국소비자원은 지체 없이 피해구제 절차를 중지하고, 당사자에게 이를 통보한다.

피해보상의 합의권고를 위해 30일(연장된 경우 최대 90일)이 지나도 합의가 이루어지지 않으면, 소비자분쟁조정위원회로 사건이 회부되어 분쟁조정절차가 진행된다.

소비자분쟁조정위원회는 소비자와 사업자 사이에 발생하여 합의권고에 의해 해결되지 않은 피해구제사건의 분쟁조정을 위하여 한국소비자원에 설치한 기구를 말한다. 위원장 1인을 포함한 50인 이내의 위원으로 구성하고 위원은 원장의 제청에 의해 공정거래위원장이 임명하거나 위촉하도록 하고 있다.

개별분쟁조정의 신청

소비자와 사업자 사이에 발생한 분쟁에 관해 소비자 피해 관련 기구에서 소비자분쟁이 해결되지 않거나, 합의권고에 따른 합의가 이루어지지 않은 경우 소비자분쟁조정위원회에 분쟁조정을 신청할 수 있다(소비자기본법 제65조 제1항). 소비자분쟁조정위원회는 원칙적으로 조정신청을 받은 날부터 30일 이내에 분쟁조정을 마쳐야 하는데, 부득이한 사정이 있는 경우에는 기간 연장이 가능하고, 이때에는 연장사유와 그 기한을 당사자에게 통지해야 한다. 이 위원회에서 조정 결정된 내용은 즉시 당사자에게 통보되며, 당사자가 통보를 받은 날부터 15일 이내에 의사표시가 없는 때에는 수락한 것으로 본다. 만약 수락을 거부하는 경우 수락 거부의 의사표시를 서면으로 해야 한다.

소비자분쟁조정위원회에서 조정이 성립되면 조정조서를 작성하고, 그 분쟁조정의 내용은 재판상 화해와 동일한 효력을 갖게 된다. 위원회에서 결정한 조정결정에 대해 당사자 일방이 수락을 거부하여 조정이 불성립된 경우 법원의 소송절차(소액심판제도, 민사조정제도, 민사소송제도 등)를 통해 해결할 수 있다.

소비자분쟁조정위원회의 분쟁조정 절차도

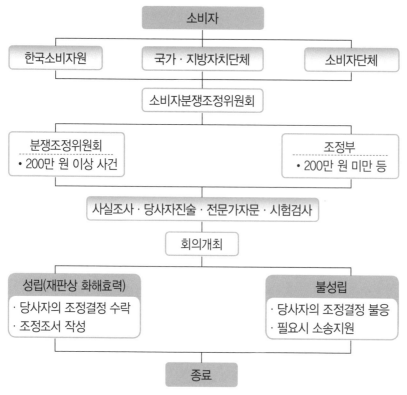

출처 : 소비자상담 · 피해구제 매뉴얼, 한국소비자원, 2014.

1. 조정 성립 후 소송제기해도 되나요?
소비자분쟁조정위원회에서 조정이 성립되면 해당 사건은 종결되기 때문에, 그 조정의 내용은 종결된 것이므로 별도의 소송을 제기할 수 없습니다. 단, 사업자가 이행하지 않을 경우 강제집행이 가능합니다.

2. 사업자나 소비자가 조정결정을 수락하지 않아 불성립한 경우 효력은 어떻게 되나요?
조정결정은 별도의 효력을 갖지 않으므로 법원에 소송을 제기하여 분쟁을 해결해야 합니다.

집단분쟁조정의 신청과 효과

물품이나 서비스에 대한 같거나 비슷한 유형의 피해가 다수 소비자(피해보상이나 분쟁해결이 되었거나 분쟁조정·소제기 중인 소비자를 제외한 50명 이상의 피해소비자가 있는 경우)에게 발생한 경우 소비자분쟁조정위원회에서 일괄적으로 분쟁을 조정할 수 있다. 집단분쟁조정 결과의 효력은 조정절차에 참가한 다수의 소비자에게 모두 발생하며, 조정절차에 참가하지 못한 소비자도 사업자가 조정결정 내용을 수락하고, 참가하지 못한 소비자에 대해 보상계획서를 제출한 경우 보상계획서에 따라 피해보상을 받을 수 있으므로 이를 잘 활용해 소비자권익을 찾는 것도 중요하다 할 것이다.

소비자단체소송의 신청과 효과

제품 구매 등으로 피해를 입은 다수의 소비자들이 해당 기업에 대해 소비자단체를 통해 일괄적으로 소송을 제기할 수도 있다. 소비자단체소송은 피해구제를 직접 받아내는 '집단소송제'와 달리, 판결 효력이 해당 제품의 판매금지나 불공정 약관 시정 등 기업의 위법행위 금지에만 미친다. 따라서 소비자가 금전적 보상을 받기 위해서는 소비자 개개인이 별도의 민사소송을 제기해야 한다.

3. 소상공인이 불공정거래로 피해를 입었다면 한국공정거래조정원에 분쟁조정을 신청해보자

경제활동을 하다보면 예상치 못한 분쟁에 휘말릴 가능성이 있다. 계약서 해석에 대해 다툼이 생기거나 대금 결제방식에 의견이 엇갈리는 경우도 있다. 또한 경제구조가 복잡해지니까 분쟁 종류와 그 양상도 다양해지고 있다.

그렇다고 모든 분쟁을 소송으로 해결할 수는 없다. 아무래도 소송은 시간과 비용면에서 부담이 크기 때문이다.

한 창업자가 노후 대비로 사업을 준비하다가 치킨전문점을 운영하기로 결심했다고 하자. 마침 사세 확장을 하고 있던 어느 한 가맹본부가 가맹점 확보를 위해 공격적 마케팅의 일환으로 '오픈 후 3개월간 매출이 부진하면 창업 비용 1000만 원을 지원하겠다'는 약속을 서면으로 하고 가맹 계약을 체결했다. 그런데 영업개시 후 판매가 부진하여 약속한 지원금을 요구했더니 가맹본부가 이를 거절한 것이다.

이처럼 사업자 간 분쟁이 발생하면 소송으로 가기 전 조정절차를 통해 문제를 해결할 수 있도록 하기 위해 공정거래위원회에서는 한국공정거래조정원을 설치하고 거래의 유형에 따라 5개의 분쟁조정협의회를 두고 운영하고 있다.

첫째, 불공정거래행위로 발생한 사업자 간 분쟁이 발생하는 경우에는 공정거래분쟁조정협의회를 통해 분쟁을 조정한다. 분쟁조정 대상은 「공정거래법」 제23조(불공정거래행위의 금지) 제1항을 위반한 혐의가 있는 행위로서 ① 단독의 거래 거절 ② 차별적 취급 ③ 경쟁사업자 배제 ④ 부당한 고객유인 ⑤ 거래강제 ⑥ 거래상 지위의 남용 ⑦ 구속조건부거래 ⑧ 사업활동 방해 등에 해당하는 경우이다.

둘째, 불공정거래행위로 발생한 가맹본부와 가맹사업자 간 분쟁이 발생한 경우로서 가맹본부가 허위 과장된 정보를 제공하거나, 가맹사업자에게 부당한 계약해지 및 종료를 요구하는 경우, 영업지역의 침해 등 가맹사업과 관련한 분쟁이 발생하는 경우 가맹사업거래분쟁조정협의회에서 조정한다.

셋째, 건설 또는 용역의 하도급거래를 하면서 대금을 미지급하거나 부당하게 용역대금을 감액, 어음할인료를 미지급한다든가, 부당하게 발주를 취소하는 경우, 완성된 용역이나 제품을 수령하지 않는 경우 등 불공정거래행위로 발생한 원사업자와 수급사업자 간 분쟁을 조정하기 위해 하도급거래분쟁조정협의회를 두고 있다.

넷째, 대규모 유통업자와 납품업자 등 사이의 분쟁조정을 위해 설치된 대규모유통업거래 분쟁조정협의회에서는 서면 계약서 미교부, 상품대금의 미지급, 판촉비용 부담의 전가, 계약기간 중 계약조건의 변경 등의 사건을 담당하고 있다.

그 외에도 불공정 약관으로 발생한 사업자와 고객(소비자기본법에 따른 소비자 제외)의 해제권을 배제하거나 제한하는 등의 약관 내용이 「약관규제법」 제17조를 위반한 경우 약관분쟁조정협의회에서 분쟁조정을 담당하고 있다.

대리점분쟁조정협의회에서는 공급업자와 대리점 간 분쟁에 조정역할을 한다. 주로 대리점거래 계약서를 제공하지 않으면서 구입을 강제하는 경우, 경제상 이익 제공을 강요하거나, 판매목표량을 강제로 할당, 경영활동 간섭, 주문내역의 할인요청 거부 또는 회피 등 대리점거래에서 발생할 수 있는 분쟁을 담당한다.

중소기업이나 소상공인 등 '을'의 입장에서 불공정거래행위로 인해 피해를 보았다면 관련 조정기구를 통해 문제를 해결할 수 있는 방법을 찾아보자. 「공정거래법」, 「가맹사업법」, 「대규모유통업법」, 「대리점거래 공정화법」, 「하도급거래 공정화에 관한 법률」에서는 한국공정거래조정원에서 이뤄진 조정결과에 대해 재판상 화해의 효력을 부여하고 있으므로 분쟁 당사자가 조정 내용을 불이행할 경우 별도의 소송 없이도 강제집행이 가능하다.(단, 재판상 화해 효력에 대한 규정이 없는 약관규제법상 조정결과는 민사상 효력만 있으므로 당사자가 조정결과를 지키지 않을 경우 민사소송을 제기해야 한다.)

분쟁조정 단계별 절차

분쟁조정 신청을 접수하면 해당 협의회에서는 등기우편으로 양 당사자에게 접수사실 및 자료요청 공문을 통지하고 양 당사자는 기한 내에 분쟁 관련 답변서, 보완서 등을 제출하고 협의회에서는 사실관계 조사를 하게 된다. 조정 당사자가 2회 이상 자료제출 요청에 불응하면 분쟁조정 절차가 중지될 수도 있다. 사실관계 조사 등을 거친 모든 분쟁사건은 분쟁조정협의회에 상정되어 심의절차를 거치게 되는데, 이 과정에서 필요한 경우 분쟁당사자가 협의회에 참석하여 의견을 진술하는 경우도 있다. 분쟁조정협의회의 심의를 통해 조정절차가 종료되면 그 여부를 최종 의결하고 분쟁당사자에게 그 결과를 통보한다. 협의회에서 조정안을 제시하면 양 당사자는 14일 이내에 조정안에 대한 수락여부를 통지해야 한다. 합의 여부 등 조정절차가 종료되면 양 당사자에게 문서로 등기 송달이 되고, 사실상 모든 조정절차는 종료되게 된다.

만약 조정이 되지 않은 사건의 경우 공정거래위원회에 보고되고, 공정거래위원회는 필요한 경우 사건조사를 실시하기도 하며 사업자들도 조정에 적극적으로 참여하는 경향이 있으니 잘 활용하면 유익하다.

불공정거래 관련 분쟁조정 절차

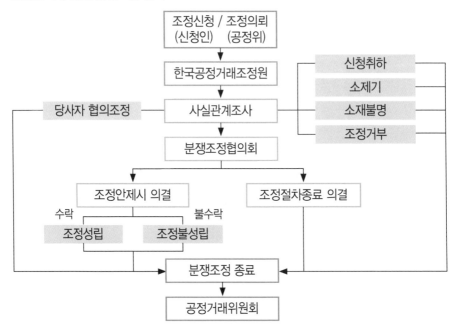

기타 분쟁조정 · 중재 관련 공공기관

기관명	업무	홈페이지 주소
한국공정거래조정원	공정거래, 가맹사업거래, 하도급거래, 대규모유통업거래, 약관, 대리점 관련 분쟁조정	www.kofair.or.kr
한국소비자원	소비자 피해구제 및 분쟁조정 등	www.kca.go.kr
금융감독원	금융거래 관련 피해구제 및 분쟁조정	www.fss.or.kr
방송통신위원회	방송·통신 서비스 이용 관련 피해 및 분쟁조정	www.kcc.go.kr
대한상사중재원	상거래 행위 관련 분쟁조정, 알선 및 각종 중재	www.kcab.or.kr
전자거래분쟁조정위원회	전자상거래 관련 분쟁조정	www.ecmc.or.kr
한국의료분쟁조정중재원	의료분쟁 조정 및 중재	www.k-medi.or.kr
한국저작권위원회	저작권 분쟁에 대한 알선·조정	www.copyright.or.kr

07 내용증명 · 탄원서 · 진정서 · 녹취록, 이럴 때 작성하자

1. 이사 날짜 잡아놨는데 전세금을 안 빼주면 내용증명을 보내자

주택임대차 계약을 맺은 임차인은 임대 계약기간이 만료될 시점이 도래하여 이사하겠다는 의사를 1개월 전에 임대인에게 전달하고 이사 날짜가 정해졌다고 치자. 이사 날짜가 도래했으나 임대인은 다음 임차인을 구하지 못했다는 이유로 전세금을 돌려주지 않는다면 어떻게 해야 하나?

현행 「주택임대차보호법」에는 임대차가 끝난 후 보증금이 반환되지 아니한 경우 임차인은 법원에 임차권등기명령 신청을 통해 임차권 등기를 할 수 있다. 이때 사전에 임대차 계약이 종료되었음을 소명할 수 있는 증거로서 내용증명 발송증명서를 발송하여 보증금 반환청구 독촉을 해두는 것이 좋다.

내용증명이란 등기취급을 전제로 우체국 창구 또는 정보통신망을 통하여 발송인이 수취인에게 어떤 내용의 문서를 언제 발송하였다는 사실을 우체국이 증명하는 특수취급제도(우편법시행규칙 제25조 제1항 제4호, 제46조)를 말한다. 법률상 각종의 최고(催告) · 승인(承認) · 위임(委任)의 해제 · 취소 등 권리 의무의 변경 기타로 후일 당사자 간의 분쟁 등이 생겼을 때의 증거로서 소송이나 재판에 도움을 주기 위한 제도라 할 수 있다. 따라서 기록취급을 하지 않는 통상우편으로는 증명을 할 수 없으므로 반드시 등기우편으로 하여 기록을 남겨야 하며, 또는 언제 배달하였다는 것을 증명하는 '배달증명' 우편물로서 발송하면 된다.

내용증명의 효과는 우선 증거보전 기능을 한다. 내용증명을 보냈다는 것만을 가지고 법률상 어떤 특별한 효력이 발생하는 것은 아니지만, 어떤 내용과 독촉이 있었다는 사실을 증거로 확보할 필요가 있을 때 사실에 대한 증거로 남기기 위한 것이다.

두 번째로 채무자 등에 대한 심리적 압박감 및 소송 입증자료로 활용할 수 있다. 예를 들면 채무자가 빚을 갚지 않고 차일피일 미룬다거나 임대인이 보증금을 돌려주지 않을 때 내용증명을 활용해보자.

내용증명을 문서로 작성할 때 특별한 양식은 없지만 특정일에 특정 내용을 전달했다는 증거로 간단 명료하게 작성하는 것이 중요하다. 내용증명 서면이 여러 장일 때에는 반드시 간인 표시를 하고 우편물은 보통 3통을 작성하여 1통은 내용문서의 원본으로서 수취인에게 우송하고, 등본 2통은 우체국과 발송인이 각각 1통씩 보관한다. 발송인은 내용증명 우편물을 발송한 날로부터 3년 이내에 한하여 발송 우체국에서 재차 증명을 받거나 등본의 열람을 청구할 수 있다. 이때에는 특수우편물의 수령증을 제시해야 하므로 잘 보관해둬야 한다.

내용증명의 유형에는 채권양도의 통지, 채무자에 대한 채무 독촉, 계약해지 등 임대인에게 보증금 반환 청구 독촉, 월세지급요구 독촉, 미지급 임금 또는 퇴직금 지급청구, 물건대금 청구, 권리금 등이 있다.

2. 사정을 봐서 도와달라는 요청을 할 때는 탄원서를 작성하자

탄원서는 개인이나 단체가 국가나 공공기관 등에 대하여 억울한 사정이나 선처를 바란다거나 타인에 대한 처벌(처분)을 바란다는 내용을 담아 호소하는 문서를 말한다.

탄원서가 법적 구속력은 없지만 형사처벌이나 판결, 기타 사안 등에 대하여 중요한 영향을 끼칠 수 있으므로 같은 상황이라면 탄원서가 없는 것보다 제출하는 것이 훨씬 유리하다. 탄원서를 잘 작성하면 처벌을 줄이는 데 큰 역할을 한다.

탄원서는 정해진 양식은 없고 자신의 피해 상황이나 억울한 내용, 선처를 바라는 내용을 육하원칙에 의거해서 작성하면 된다. 탄원 취지와 이유 등을 구체적이고 논리적으로 작성하면 되고, 내용을 장황하게 쓰지 않도록 주의하자. 특히 진심으로 뉘우치고 반성하는 기색을 실감나게 표현하여 관계기관의 마음을 움직이도록 작성하는 것이 필요하다. 또 구제를 요청하는 부분에 대해 일목요연하게 작성하는 것이 효과적이다. 탄원서도 진정서와 마찬가지로 주장과 요구사항에 대한 증빙자료나 관련자 확인서가 있으면 유리하고, 필요시 탄원서 동의인 명단 등을 함께 첨부하여 제출하는 방법도 있다.

탄원서의 종류는 음주운전으로 인한 면허취소 등에 대한 탄원서, 폭행 관련 탄원서, 교통사고 탄원서, 과도한 행정처분 및 단속 등에 대한 교통사고 탄원서, 영업정지 취소처분 탄원서, 징계처분 탄원서, 부당해고 탄원서 등 종류가 많다.

3. 잘못된 제도를 고쳐달라고 요청할 때는 진정서를 작성하자

진정서란 개인이나 주민 또는 단체가 서면 또는 구술 등에 의해 공식·비공식적으로 국가 지방자치단체 기타 관계기관에 대하여 어떤 조치를 취해줄 것을 희망하는 의사표시를 하는 문서를 의미한다.

진정서는 ① 행정기관의 위법 부당하거나 소극적인 처분으로 인하여 권리를 침해받거나 불편 또는 부당한 경우를 당하였을 경우 ② 법령, 제도, 절차 등 행정업무에 관한 질의 또는 해석을 요구하는 경우 ③ 사법기관에 억울함을 호소하거나 타인에 대하여 처벌을 요구하는 경우 ④ 정부시책이나 행정제도 및 운영의 개선을 요구하는 경우 ⑤ 행정기관 등에 대하여 특정한 행위를 요구하는 경우에 제출할 수 있다.

행정심판이나 행정소송 등을 통하여 구제받으려면 시간과 비용이 많이 들고, 그 절차가 복잡한 반면 진정서는 형식, 절차, 비용, 시간 등 여러 면에서 유리하므로 행정기관에 문제해결을 위해 잘못된 부분을 바로잡고자 할 경우 활용하면 좋다.

진정서는 법적인 서식이 따로 있는 것은 아니며, 진정인 인적 사항과 피진정인 그리고 진정 원인과 주장하는 내용, 요구사항, 취지에 대해 육하원칙에 의거해서 기술하면 된다. 관계 행정기관이 이를 충분히 이해할 수 있도록 그 뜻을 명확히 작성하면 되고, 주장과 요구사항과 관련된 증빙자료나 관련자 등의 확인서가 있으면 더 좋다.

진정서를 접수한 행정기관은 그 민원에 대해 법적으로 응답할 의무가 있는 만큼 그 효력은 유효하다 할 수 있다.

진정서의 활용범위는 영업정지 진정서, 용도변경 불허 진정서, 정당한 수사 촉구 진정서, 임금 미지급 진정서, 교통사고 진정서, 부동산 임대차 진정서, 음주운전 진정서, 건축공사로 인한 건축물 피해보상 진정서 등 종류는 다양하다.

4. 녹취록을 작성하는 경우
사실확인증명서도 함께 발급하자

「행정사법」제2조에 따르면 "행정사는 다른 사람의 위임을 받아 행정기관에 제출하는 서류의 작성, 권리·의무나 사실증명에 관한 서류의 작성과 서류의 제출 대행 등을 수행한다. 다만 다른 법률에 따라 제한된 업무는 할 수 없다"라고 규정하고 있다. 또한 행정안전부에서도 행정사가 다른 사람으로부터 위임받아 녹취록을 작성하고 자신이 그 녹취록을 작성하였다는 내용의 사실확인증명서를 발급하는 것은 다른 법률에 제한이 있는 경우를 제외하고는 「행정사법」제2조(임무), 제20조(증명서의 발급) 및 같은 법 시행령 제2조 및 제21조에 따라 가능하다고 판단하고 있다.

주주총회, 조합총회, 이사회, 포럼, 좌담회, 세미나, 워크샵, 각종 위원회의 영상녹취나 녹음된 파일을 텍스트로 풀어내는 작업을 하게 될 경우 녹취록과 함께 행정사가 작성했다는 사실확인증명서(행정사법 시행규칙 별지 제17호 서식)를 첨부해서 발급하면 된다.

대화 내용을 녹취할 때에는 상대방의 동의를 구한 후 녹음하는 것이 가장 좋다. 법원은 「통신비밀보호법」제3조 제1항에서 '공개되지 아니한 타인 간의 대화를 녹음 또는 청취하지 못한다'고 정하고 있어, 대화에 원래부터 참여하지 않는 제3자가 그 대화를 하는 타인들 간의 발언을 녹음 또는 청취하여서는 아니 된다는 취지의 판결을 내린 바가 있다는 것도 참조하면 좋다(대법원 2007. 12. 27. 선고 2007도9053 판결).

5. 채권추심을 하려는데 채무자 주소를 모를 경우
사실조사를 해보자

채권자가 돈을 빌려준 채무자에게 빚을 갚으라는 독촉 내용증명을 수차례 보냈는데도 채무자가 몰래 이사를 가거나 주소 불명으로 반송되어 온다면 어떻게 해야 할까?

채무자의 주소를 알아내야 한다. 그러려면 우선 민원인(채권자)이 가지고 있는 차용증이나 금전 소비대차계약서, 물건 거래 시 거래명세서·장부 등 채권·채무관계임을 증명하는 증거자료를 검토하여 채권·채무관계를 확인한다. 「주민등록법」 제29조, 「주민등록법 시행령」 제47조·48조에 의거해 '채권·채무관계자의 주민등록표 초본의 교부 신청서'와 변호사, 행정사, 세무사, 법무사만 발급해줄 수 있는 '이해관계사실 확인서'(주민등록법 시행규칙 별지 제11호 서식)를 지참하고 주민센터에 가면 채무자의 주민등록 초본을 받아볼 수 있다.

「행정사법」 제2조 제1항 제7호 및 동법 시행령, 시행규칙을 보면 행정사는 민법상 신의성실의 원칙에 따라 의뢰인으로부터 사무 전권을 위임받아 사실조사 및 확인 업무를 하고 그 결과를 증명력 있는 증거로 입증해주는 사실확인증명서나 사실조사보고서 등을 서면으로 작성하여 위임한 자에게 제출하는 업무를 수행할 수 있다고 규정하고 있다.

이처럼 사실조사란 실제로 또는 객관적으로 일어난 일이나 현장에 대해 그 내용을 명확하게 알기 위해 면밀하게 살펴본 것을 사실 있는 그대로 조사하는 것을 말하며 그 종류도 다양하다.

TIP!

▶ 사실조사 및 확인 업무의 종류와 사례

▫ 이해관계에 대한 사실조사(채권, 거주, 신상, 각종 진위 여부)
  – 채권자의 채권추심 및 소송을 위한 특정인의 소재파악 및 조사(거주
    확인 사실조사)
  – 법원으로부터 판결받은 채권에 대한 재산조사
  – 혼인관계 사실 여부 조사
  – 부동산 실지조사(무단농지전용, 국공유지 사용 여부 실지조사, 부동
    산 매매사실 조사)

▫ 피해사실에 대한 사실조사(보험, 사고, 학위, 신상, 민형사상 증거수집)
  – 교통사고의 사고원인, 과실상계 조사 등 피해사실의 사실 확인조사
  – 건축분쟁사고, 의료분쟁사고 등에 관한 사실조사 보고서
  – 국내외 저작권 침해 원인에 대한 사실조사 보고서
  – 행정기관에 제출하는 입증자료 등의 사실조사 보고서
  – 국내외 교육기관 명의 학위 위·변조 등 가짜 학위 진위 여부 조사
  – 부당해고, 산업재해 등 조사
  – 공권력 행사가 미치지 못하는 국내외 사실조사
  – 민·형사, 가사, 행정 사건과 관련하여 법정에서 사용될 증거 수집
  – 기타 사실조사 업무와 관련된 조사보고서

▫ 제출방식
  – 보고서(문서) 작성
  – 사진 촬영자료
  – 동영상 촬영자료

4장

정부와 기업·단체에 행정업무 지원하자

01 나랏일에
참여하자

1. 행정기관 사업에
함께 해보자

중앙부처, 광역단체, 기초단체 및 관련 공공기관은 제도의 도입 취지와 목적에 맞게 정책을 설계하고 집행·관리하며 지도점검 한다. 이 모든 업무를 행정기관이 직접 수행하기에는 많은 어려움이 있다. 필요에 따라 자문을 받거나 투명성·객관성을 위해 내부에 전문위원회를 두거나, 실행을 위해 외부 전문가나 민간단체와 협력하기도 한다. 특히 행정지도와 점검에는 많은 인력과 시간을 필요로 하기에 행정기관이 업무를 원활히 수행하기 쉽지 않다. 국민이 경제활동을 함에 있어 모르고 한 행위나 주의를 태만히 하여 발생한 위법행위는 사전 홍보, 지도점검만 잘해도 행정처분이나 분쟁에도 이르지 않고, 사회비용도 줄일 수 있을 것이다. 이러한 업무에 행정사가 할 수 있는 분야를 발굴하고 참여할 수 있다.

예를들면 일부 기초자치단체에서 도입하고 있는 '마을행정사' 제도이다. 대부분의 행정기관에 민원실이 있지만 민원 접수 위주로 운영되고 있어 민원인이 궁금해 하는 답을 즉시 듣기는 쉽지 않다. 복잡하고 전문성이 요구되는 행정절차에 대해서는 더욱 그러하다. 또한 취약계층의 경우 행정 문턱이 높다는 인식이 자리잡고 있어, 행정기관의 많은 노력에도 불구하고 아직 여러 가지 이유로 생활밀착행정을 구현하기에는 갈 길이 많이 남아 있다. 이런 점에서 '마을행정사' 제도는 오랜 기간 공직생활을 통해 익힌 행정실무와 경험을 쌓은 행정사가 민원인의 입장에서 아쉽고 부족했던 행정을 채울 수 있을 것이다.

서울시에서 공개모집하여 운영하고 있는 '공익감사단' 사업도 행정사 업무에 많은 시사점을 준다. 공익감사단은 '감사기본계획에 따라 시행되는 실지감사에 감사반의 일원으로 참여, 공익제보에 따른 실지 조사 등 각종 조사 시에 조사관으로 참여, 민간위탁시설 및 보조금 지원 사업 등의 점검에 참여하거나 전문 분야 관련 자문'을 한다. 이러한 공익감사단의 공개모집 대상자로 법률 분야에 행정사가 포함된 바도 있으며, 시정업무 경력 분야도 가능하므로 위촉 요건이 되는 행정사의 역할이 기대되는 점이기도 하다.

또한 소상공인 육성과 전통시장·상점가 지원 및 상권활성화를 위해 설립된 소상공인시장진흥공단에서는 '소상공인 역량강화사업'의 일환으로 컨설턴트를 위촉하고 있다. 컨설턴트를 위촉하는 이유는 소상공인의 능동적 대처능력 함양 및 자생력 강화를 위해 전문인력을 활용한 현장밀착 지원을 위해서이다. 이 사업에 전문인력으로 행정사를 위촉하여 자문에 참여하도록 한 것이다.

뿐만 아니라 복지시설. 어린이집, 아파트 관리 등 행정기관의 일상점검에도 참여하여 운영의 효율성과 안전, 행정지도도 수행할 수 있다. 그 외에도 복지부, 행자부, 노동부 등 각 부처에서 수행하고 있는 민간 지원사업 등에서 적극적으로 사업을 발굴하고 참여한다면 국가적으로도 유익한 일이 될 것이다. 생각해보면 국가자격사로서 정부사업에 참여할 업무는 더욱 넓어질 것이고 기여할 역할도 많아질 것이다.

2. 행정기관의 민간 지원사업에 참여할 수 없을까?

　대부분의 정부지원정책은 당사자 신청을 요한다. 그러나 정작 당사자는 그러한 제도가 있는지조차 모르고 있으며 설령 알고 있다 하더라도 대상이 되는지도 모르며 대상이 된다 하더라도 복잡한 신청서류와 절차로 부담을 갖게 된다.

　취약계층에 대한 다양한 복지정책이 있으나, 당사자가 신청하지 않으면 제도를 이용할 수 없다. 정부지원을 받기위해서는 주민센터를 찾거나 보건복지콜센터 등을 이용해야 한다. 한편 정부는 복지정책 접근성을 높이기 위해 '복지로'라는 복지포털서비스를 함께 운영하고 있다. 많은 이들에게 분명 도움이 될 것이나 독거노인, 장애인 또는 매일 고된 일로 생활을 이어가는 취약계층에게는 이 또한 쉽지 않다. 다른 한편 취약계층이 도움 요청을 생각하더라도 당사자의 처지에 대한 인식과 행정기관을 직접 찾아야 한다는 심리적 부담이 더 큰 장벽이 아닐까 한다. 찾아가고 발굴해야 하는 행정서비스가 필요한 대목이다.

　지원 사각지대를 해소하고 정책목표를 달성하기 위해 다양한 방안을 모색해야 할 것이다. 즉, 국가의 책임성을 더욱 강화하는 방향으로 정책이 개선되어야 할 것이다. 또한 행정절차에 사람의 온기를 더해야 한다. 사각지대에 처해 있는 사람들이 행정사의 조력을 받도록 하는 것도 좋은 방안이 아닐까 한다.

　근로장려금 제도 역시 이를 이용하려면 신청해야 한다. 일을 열심히 하지만 소득이 적어 생활이 어려운 근로자에게 근로장려금을 지급하여 실질소득을 지원하는 정책이다. 맞벌이가구의 경우 더 많은 근로장려금을 지원한다. 이 역시 당사자가 신청해야 하는 관계로 농어촌지역 노년층이 대상인지 여부를 판단하기도 어렵거니와 인터넷이나 세무서를 방문하여 신청해야 하며, 특히 국세청이 신청자의 근로소득을 확인할 수 없을 경우 이를 사전에 준비하는 일이 여간 어려운 일이 아닐 것이다. 이에 대구 국세청의 경우 경상북도와 상호업무협약을 맺고 도와주도록 한 바도 있다. 이러한 업무 역시 행정기관과 협력하여 행정사의 역할을 모색해볼 필요가 있다.

이상의 몇몇 사례와 사업에서 보듯이 각 부처와 지자체 및 공공기관에서 수많은 민간 지원사업을 수행하고 있으나, 지원사업이 수요자와 제대로 연결되고 있는지, 당초 설계한 대로 집행되고 있는지, 기대한 효과가 나타나고 있는지 등의 문제가 항상 숙제로 남아 있다. 이러한 문제에 좀 더 면밀히 접근하여 국민생활 편익 증진을 위해 새로운 모색을 할 때이며, 이에 행정사가 중요한 역할을 담당할 수 있을 것이다.

02 정부지원 컨설팅

1. 정부지원금제도는 무엇이며, 어떤 것이 있는가?

　개인이든 기업이 사업을 하고자 할 때 가장 먼저 걱정하는 것은 '자금'이다. 사업을 시작하고자 하는 분야에 전문성이나 우수한 아이디어가 있거나 혹은 사업이 어려움에 처해 있거나 확장하고자 할 때 우선해서 해야 할 일이 자금 확보이다. 그러나 이는 큰 어려움이 아닐 수 없다. 사업에 확신은 있으나 금융시장에서 통상적인 방법으로 자금을 조달할 수 없다면 정부지원금을 적극적으로 활용하는 방안을 모색해볼 필요가 있다. 하지만 다수의 중소기업인은 지원금을 받을 수 있는 사업에는 무엇이 있는지, 대상은 되는지, 얼마나 받을 수 있는지, 절차는 어떻게 되는지, 헛수고만 하는 건 아닌지 하며 시도조차 하지 못하는 경우가 허다하다.

　일반적으로 정부지원금은 정부와 지자체, 공공기관이 특정 분야의 정책과 사업의 달성을 위해 법인이나 개인에게 지원하는 예산, 기금 등의 자금으로 국고보조금, 정책금융기관과 공공기관의 정책자금 등을 통칭한다. 국고보조금은 반대급부 없이 정부예산으로 지원하는 자금이고, 정책금융기관 정책자금은 보증 등의 금융자금으로 만기에 상환해야 하며, 공공기관 정책자금은 보증, 대출, 무상지원 등의 다양한 지원사업을 말한다. 이러한 정부지원금 사업은 사회, 경제, 복지, 과학, 기술, 문화, 체육, 외교, 국방 등 전 분야에 걸쳐 있으며, 각 부처와 지차제 그리고 그 산하 공공기관이 정책에 부합되게 폭넓고 다양한 사업에 정부지원금을 배정하고 있다. 참고할 만한 대표적인 사업과 기관의 정부지원금 배정 규모는 아래에 기술하였다. 배정 규모는 정부와 공공기관이 계획하고 있는 정부지원금 결정 당시 기준으로 향후 사업종류와 공급 규모는 지속해서 늘어날 것이라는 점을 염두에 두고 참고해야 할 것이다.

이러한 정부지원금 사업에 행정사의 자문 기회를 확대할 필요가 있다. 「행정사법」에 따라 행정사는 행정 관계 법령 및 행정에 대한 상담 또는 자문에 대한 응답 업무를 수행할 수 있다. 국가지원금, 기업, 제품과 기술 인증 관련 업무는 수많은 행정 관련 상담과 자문 업무 중 별도의 전문화된 업무로 접근할 수 있는 분야이며, 행정사의 역량으로 정부정책의 효과도 높이고 기업의 성장에도 기여할 수 있어 가능성이 높은 업무라 할 수 있다. 다음에 소개하는 정부지원금과 공공기관들은 중소기업과 소상공인의 지원사업과 정부지원금에 관련하여 자문에 응할 때 우선해서 검토해볼 만하다.

국고보조금

국고보조금에 관한 일반법인 「보조금 관리에 관한 법률」에서는 보조금을 "국가 외의 자가 수행하는 사무 또는 사업에 대하여 국가가 이를 조성하거나 재정상의 원조를 하기 위하여 교부하는 보조금·부담금, 그 밖에 상당한 반대급부를 받지 아니하고 교부하는 급부금으로 규정하고 있고, 민간보조사업이란 국가 외의 자가 행하는 사무 또는 사업에 대하여 국가가 이를 조성하거나 재정상의 원조를 하기 위해 민간사업자에게 교부하는 보조금에 의해 이루어지는 사업을 말한다. 이러한 국고보조금 사업은 국고보조금통합관리시스템에 따르면 2021년 예산 기준으로 97.9조 원이며, 이중 민간이전은 23.1조 원, 자치단체 이전은 74.8조 원에 이르고 있다. 2016년 국고보조금 규모가 60.3조 원임을 감안한다면 국고보조금은 갈수록 증가할 것이며, 전체 예산에서의 규모도 증가 추세에 있다.

국고보조금의 민간이전사업이나 민간재교부사업은 정책방향에 따라 매년 사업이 달라질 수 있으므로 신청하기 전에 꼼꼼하게 검토해야 한다. 참고로 현재 인기검색 사업은 문화가 있는 날 직장 문화배달 사업, 노인일자리 및 사회활동지원 확대(일자리), 문화재돌봄사업, 문화가 있는 날 생활문화동호회 활성화 지원, 생활문화공동체만들기, 어린이급식관리지원센터 설치 운영, 아동청소년 정신건강증진사업 등이 있다.

국고보조금은 보증, 대출 등과 달리 자금에 대한 상환의무가 없어 부정수급의 유혹이 높아 사업목적과 자원배분, 감시감독이 엄격하다. 이에 정부는 보조사업자에 대한 감시·감독 및 벌칙을 강화하고 있다. 정보공시 의무화, 외부회계감사제도 도입과 함께 고의·부정수급 시 보조사업 참여 금지, 국가발주사업 입찰 참여 제한, 징벌적 과징금 부과 등 벌칙을 강화하고 있는 점을 유념해야 할 것이다.

민간보조사업의 운영 절차

출처 : 박홍엽, 민간보조사업 성과관리 현황과 과제, 국회예산정책처, 2012. 8.

금융공공기관 정책자금

정책자금은 정부가 정책적 필요성에 따라 민간에 공급하는 자금이며, 금융공공기관은 시장의 실패를 보완하거나 정부의 특정정책을 달성하기 위해 정부의 자금으로 설립·운영되는 기관으로 대출, 투자, 보증의 방식으로 민간에 자금 공급 역할을 한다. 대표적인 기관으로는 특수은행(산업은행, 기업은행, 수출입은행, 농협, 수협)과 신용보증기금, 기술보증기금이 있다. 중소기업과 소상공인이 주로 자금조달을 위해 찾는 기관인 신용보증기금과 기술보증기금을 그리고 특수은행 중에서는 기업은행의 자금공급 사업을 간단히 살펴보자.

신용보증기금 : 담보능력이 미약한 기업의 채무를 보증하게 하여 기업의 자금 융통을 원활히 하기 위해 설립된 신용보증기금은 담보력이 미약한 중소기업을 우선적으로 보증한다. 보증총량은 50조 원 수준으로 중점정책부문이 경제기반강화와 경제활력제고 관련 기업과 산업분야에 자금을 공급하고 있으며, 경제기반강화에는 창업기업, 수출기업, 설비투자기업을 경제활력제고에는 4차 산업 혁명과 고용창출·유지 분야를 지원한다.

기술보증기금 : 담보력이 부족하나 기술력을 보유하고 있는 중소기업의 기술성, 사업성 등 미래가치를 평가하여 금융기관 등으로부터 원활하게 자금을 지원받을 수 있도록 보증서를 발급하는 기관으로 주요지원 대상은 신기술을 영위하고 있는 중소기업이다. 보증총량은 20조 원 이상으로 중점적인 보증분야는 혁신성장산업과, 소재·부품·장비 R&D, 수출기업 등이며, 보증기업에 기술평가정보를 제공하거나 기술매칭 추천사업도 병행하고 있다.

기업은행 : 중소기업자에 대한 효율적인 신용제도를 확립함으로써 중소기업자의 자주적인 경제활동을 원활히 하고 그 경제적 지위의 향상 도모를 위해 설

립되었다. 기업은행의 중소기업 자금공급규모는 50조 원 이상으로 주요지원 부문은 미래성장성이 높은 분야, 경기회복 지원 분야, 중소기업 역량강화 분야로 4차산업 연관 산업, 소재·부품·장비 산업과 소상공인·자영업자 금융 지원을 지속적으로 확대하고 있다.

공공기관 정책자금

정부는 예산 등으로 조성된 정책자금을 정부부처가 직접 또는 공공기관이나 단체 등을 통한 간접의 방식으로 민간에 공급한다. 대부분의 정책자금은 공공기관을 통해 기업이나 개인에게 공급된다. 이러한 대표적인 공공기관에는 앞에서 밝힌 금융공공기관 이외에 중소기업진흥공단, 소상공인시장진흥공단, 창업진흥원, 한국콘텐츠진흥원, 한국출판문화산업진흥원 등이 있다. 여기서는 중소기업과 소상공인을 위한 자금을 주로 공급하는 중소기업진흥공단, 소상공인시장진흥공단의 주요 정책자금 업무에 대해 살펴보자.

중소벤처기업진흥공단 : '9988'은 중소기업의 대명사로 쓰인다. 이는 중소기업이 국내 전체 기업의 99%이며 종사자수는 88% 정도 된다는 의미에서 나온 숫자로 우리 국민 대부분의 생활 터전이 중소기업이라 해도 과언이 아니다. 따라서 국민경제의 큰 축을 감당하고 있는 중소기업의 진흥을 위해 정부가 정책을 수립·집행하는 것은 당연한 일이다. 중소벤처기업진흥공단은 중소기업의 진흥을 위한 사업을 효율적으로 추진함으로써 국민경제의 균형 있는 발전에 기여 하기 위해 설립되었으며, 주요자금지원분야는 혁신창업사업화, 신시장 진출지원, 신성장기반확충, 재도약지원, 긴급경영안정 등이며 중소벤처기업을 위한 마케팅 방법과 현장 실무 경험을 겸비한 인력양성 지원사업도 수행하고 있다.

소상공인시장진흥공단 : 소상공인의 자유로운 기업 활동을 촉진하고 경영안정과 성장을 도모하여 소상공인의 사회적·경제적 지위 향상과 국민경제의 균형 있는 발전, 그리고 전통시장과 상점가의 시설 및 경영의 현대화와 시장 정비를 촉진하여 지역상권의 활성화와 유통산업의 균형 있는 성장도모를 위해 설립되었다. 주요자금지원분야는 성장기반을 위한 자동화설비 도입 분야, 혁신성 및 사업성이 우수한 소상공인, 창업초기나 사업전환 등에 필요한 경영안정 분야와 장애인 기업, 재도전 소상공인, 사회적경제기업, 청년고용 등을 위한 특별 경영안정 분야 등이 있다. 소상공인이 영위하는 많은 분야를 폭넓게 포함하고 있다. 소상공인시장진흥공단이 직접 대출하거나 대리대출 방식으로 자금을 공급하는데 시중금리보다 낮을 뿐아니라 금융권에서의 자금조달이 어려운 소상공인에게는 큰 도움이 될 것이다. 자금공급 이외에도 판로지원, 컨설팅, 고용보험료 지원, 불공정거래피해상담을 하고 있으며, 청년상인육성, 특성화시장육성과 전통시장안전관리 사업 등을 수행하고 있다.

2. 정부지원금 사업, 행정사가 적임자이다

정부지원금의 사업 종류는 많다. 그 명칭도 부담금, 보조금, 지원금, 장려금, 출연금, 출자금, 융자, 보증 등 언뜻 무슨 내용인지 파악조차 어렵기도 하고 행정기관도 많고 사업의 종류로 많아 정부지원금을 받고자하는 기업은 어떤 정부지원금을 신청해야 하는지, 대상이 되는지, 조건은 어떠한지 파악하기도 어렵다. 또한 절차도 복잡하고 준비해야 할 서류도 많아 엄두조차 내지 못하는 경우가 허다하다.

그나마 다행인 것은 행정 전산화와 정보공개로 기업이 의지를 갖고 있다면 정부지원금 사업과 대상 여부를 알아볼 수 있도록 정보접근 환경이 개선되었다는 점이다. 정부지원금 지원사업 수행 기관이나 기업의 소속협회에서 잦은 설명회나 안내로 지원사업과 대상 등을 알아보기가 과거에 비해 편리해진 것이 사실이다. 또한 시중에는 정부지원금 관련 서적도 많고 컨설팅 업체도 넘쳐나고 있다. 그러나 한편으로는 정부지원금 받기가 그만큼 복잡하고 어렵다는 방증이 아닌가 한다. 하루하루 현업에 매진해야 하는 중소기업의 사정을 감안한다면 아직도 '그림의 떡'으로 생각하는 경우가 많다.

　한편 풍부한 정부지원금, 다양한 지원사업, 복잡하고 까다로운 절차 등의 연유로 정부지원금 수급을 위해 브로커들의 불법 행위가 벌어지고 있다. 보도에 따르면, 불법 브로커들은 정부기관 명의를 명함에 사용하거나, 해당 기관 직원을 사칭하고 신청서류를 허위로 작성하거나 위·변조 후 수수료를 요구하고, 지원대상이 아닌데도 인맥을 통해 지원받게 해주겠다며 접근해 선금만 받고 잠적한다는 것이다. 이러한 불법행위를 예방하기 위해 중소기업진흥공단에서는 '정책자금 브로커 부당개입 차단으로 정책자금 투명성 제고' 방안을 발표할 정도이다. 이 방안에는 기업들이 국가지원금 신청 편의성, 제출서류 간소화 방안과 전국에 설치된 '정책자금 브로커 신고센터' 내에 담당자 지정제도를 도입하고 신고포상금을 대폭 상향하는 등의 대책이 담겨 있다. 이러한 대책이 실효를 거둘 수 있는지는 두고 볼 일이다. 이미 2009년도에도 정책자금 지원 관련 불법 브로커에 대한 대책이 있었음에도 별 효과를 거두지 못했기 때문이다.

　정부지원금은 정책적 목적을 위해 국민 세금이나 공공기관이 조성한 자금으로 필요한 곳에 사용되어야 그 목적이 실현되어 공공의 이익을 극대화할 수 있을 것이다. 하지만 이를 거짓이나 부당하게 수령하거나 목적한 대로 자금이 사용되지 않을 경우 기업의 피해로 이어지며, 공공의 이익을 저해할 우려가 높다. 국가지원금의 공급과 수요의 적절한 매칭이 정책사업의 성패를 결정한다

해도 과언이 아닐 것이다. 이 지점에서 행정사의 자문과 설명이 빛을 발할 수 있을 것이다.

풍부한 경험과 전문성으로 정책 이해도가 높다

우선 정부의 정책을 잘 이해할 수 있는 국가자격사라는 점이다. 현재 많은 행정사는 오랜 기간 중앙부처, 광역단체, 기초단체 등에서 그리고 여러 행정업무 분야에서 공직자로 근무했다. 30년 넘게 근무하신 분들도 많이 있다. 이들은 기본적으로 정책 도입 취지와 집행기준, 절차, 점검에 대해 잘 알고 있다. 또한 최근 국가자격시험 통과 후 행정전문 분야에서 꾸준히 연구하고 활약하고 있는 행정사 역시 검증된 자원이라고 할 수 있다. 앞서 기술했듯이 정부지원금은 많은 기관에서 여러 명칭으로 집행되고 있기 때문에 공급자와 수요자 간에 미스매치가 발생하는데, 이러한 문제를 해소할 수 있는 적임자가 바로 행정사이다.

지속적이고 안정적인 관리가 가능하다

정부정책과 기업 조건에 맞는 정부지원금을 매칭하는 데 있어 누구보다 적절한 역할을 수행할 수 있을 뿐 아니라, 기업이 정부지원금을 활용함에 있어서도 정책 취지에 부합하도록 자문할 수 있는 적임자이다. 대부분의 자금은 사용 분야가 정해져 있어 이를 준수하지 않을 경우에는 환수처분이 내려진다. 예를 들어 「산업기술혁신 촉진법」에 따르면 환수처분과 함께 법령 위반 정도에 따라 제재부가금을 부과받거나 국가연구개발사업에 참여를 제한받을 수도 있다. 행정사의 자문으로 정부지원금의 부당신청과 사용을 사전에 방지할 수 있을 것이며, 정부지원금의 효율성을 높이고 기업에 선의의 피해가 발생하지 않도록 역할을 수행할 수 있다.

국가자격자로서 책임성과 신뢰도가 높다

행정사는 행정사법에 따라 정부의 지도·감독을 받는다. 정부나 자치단체장이 행정사에 대한 감독을 위하여 필요하다고 인정하면 해당 행정사에 대하여 업무에 관한 사항을 보고 하게 하거나 자료의 제출 등을 명령할 수 있으며, 공무원으로 하여금 장부·서류 등을 검사하거나 질문하게 할 수 있다. 또한 법령 위반 정도에 따라 자격의 취소까지 이를 수 있다. 행정사는 법령의 통제를 엄격하게 받는 국가자격사이다. 업무를 수행함에 있어 행위에 대한 자기 책임성이 높아 정부와 기업으로부터 신뢰를 받을 수 있다.

3. 정부지원 사업 선정과 사후 점검 관리에 유의할 점은?

정부가 자금을 공급하면서 기준이나 절차도 없이 아무렇게나 지원할 리는 만무하다. 정부지원금 사업에 선정되기 위해서는 우선 선정기관이 정한 조건에 맞아야 한다. 자금공급기관은 수급대상인 기업, 제품, 기술 등이 조건에 맞는지 따져보기 위해 각종 서류검토와 현장조사를 통해 면밀히 점검한다. 지원 조건에 부합하기 위해서는 정부 정책상 각종 '확인제도', '인증제도'를 눈여겨 볼 필요가 있다. 기업으로는 벤처기업, 사회적기업, 녹색전문기업 등이나 제품과 기술의 성능인증, 신제품인증, 신기술인증 등을 획득했다면 정부지원금 수급선정 대상에서 유리한 고지에 올랐다고 할 수 있다. 이러한 인증을 받게 되면 정부지원금과 함께 세제지원, 판로지원 및 광고지원과 같은 다양한 사업의 지원도 받을 수 있다. 인증 관련 기업·제품·기술과 그 조건, 지원 및 절차에 대해서는 '정부의 기업 및 제품·기술 인증 컨설팅' 주제에서 자세히 다루고자 한다.

유의해야 할 점은 정부지원금을 수급하는 데 있어 신청과 사후관리에 위법 부당한 일이 생기지 않도록 각별히 신경써야 한다. 우선 정부지원금을 부당하게 지원받거나 목적 외 용도로 사용하였을 경우 법령의 엄중한 처분을 받게 된다. 최근 국가보조금을 타내기 위해 서류를 허위로 기재하는 등 국가와 지방자치단체를 적극적으로 속여 보조금 지급 사업자로 선정된 조합법인 대표와 사업위탁을 받은 교수는 사업비 일부를 횡령한 혐의 등으로 각각 징역 3년과 징역 1년을 선고받은 바 있다. 또한 중소기업진흥공단 등에서 자금을 출자해 기금을 조성한 뒤 한국벤처투자가 운영을 맡고 있는 엔젤투자 매칭펀드의 지원금을 받기 위해 브로커와 짜고 엔젤투자자의 통장을 위조하는 방식으로 투자금을 유치한 것으로 가장하여 매칭펀드 자금을 가로챈 자들이 적발되기도 했다. 이 외에도 창업지원금을 받게 해주겠다며 수수료를 노린 브로커들의 농간에 오히려 빚만 떠안은 사례가 빈번히 발생하고 있다.

이상의 사례는 신청-심사-선정-지원-점검 단계를 거치는 정부지원금 수급 절차에서 신청단계에서부터 자금이 목적한 대로 활용될 수 있도록 각별한 주의가 필요함을 보여준다. 행여 욕심이 과하여 그릇된 선택을 할 경우 자금의 소실뿐 아니라 기업과 개인의 미래를 보장받을 수 없는 지경에 이를 수 있다. 이에 가담한 사람도 처벌을 면치 못할 것이다. 당연히 처벌도 경계해야 하지만 모두의 성취를 위한 방안으로 정부지원금 사업에 접근해야 한다.

일단 정부지원금을 받게 된다면, 자금 확보라는 측면과 함께 사업성에 대한 행정기관의 '공인'을 얻는다는 측면에서 도약의 발판을 마련한 것임에는 틀림없다. 그러나 자금의 활용에 주의를 기울이지 않는다면, 앞서 기술하였듯이 정책목적에 따라 집행되지 않을 경우 자금의 지급정지, 지급된 자금의 환수 외에도 추가적인 벌칙을 받을 수 있기 때문이다.

일례로 「산업기술혁신 촉진법」에는 산업기술개발사업에 참여한 기관, 단체, 기업 등이 정부출연금을 연구개발비의 연구용도 외의 용도로 사용한 경우 산업통상자원부장관이 이미 출연한 사업비의 전부 또는 일부를 환수할 수 있다고 규정되어 있다. 법원 판례를 보면, 이 규정에 따라 정부출연금을 받은 모업체가 협약에 따른 사업과제 수행과 무관한 용도로 사용하여 횡령하였다며 한국산업기술평가관리원으로부터 환수처분을 받은 바 있다.

또, 행정심판례를 보면 민간보육시설인 어린이집을 운영한 사람이 부당한 보조금을 받은 이유로 행정기관으로부터 보조금 반환처분과 과징금 부과처분, 보육시설 평가인증 취소처분을 받았다. 「영유아보육법」에 따르면 국가나 지방자치단체는 어린이집의 설치·운영자, 육아종합지원센터의 장, 보수교육 위탁 실시자 등이 거짓이나 그 밖의 부정한 방법으로 보조금을 교부받은 경우에는 이미 교부한 비용과 보조금의 전부 또는 일부의 반환을 명할 수 있고, 또 1년 이내의 어린이집 운영정지를 명하거나 어린이집의 폐쇄를 명할 수 있다.

이상의 사례에서 보듯이 기업이든 시설이든 국가지원금을 용도 외 목적으로 사용하거나 부당한 방법으로 수령하였을 경우 법령에 의해 환수 처분이 내려지고, 별도의 벌칙이 추가되어 처분받게 된다. 「보조금 관리에 관한 법률」에 따르면 중앙관서의 장 등은 거짓이나 부정한 방법으로 보조금을 지급받는 경우나 지급목적과 다른 용도로 사용한 경우, 지급받기 위한 요건을 갖추지 못한 경우에는 보조금수령자에게 반환을 명하며 제재부가금 및 가산금을 부과·징수한다. 또 위법 수령자는 위법 정도에 따라 10년 이하의 징역 또는 1억 원 이하의 벌금에 처해질 수 있다.

이렇듯 정부지원금은 관리가 엄격하고 처분이 엄중하다. 앞뒤 안 가리고 우선 정부지원금만 따내고 보자는 식의 접근은 모두를 위험에 빠뜨릴 수 있는 그릇된 생각이다. 하지만 정부지원금 신청과 수급, 사후관리를 원칙과 절차에 따라 수행한다면 문제될 것이 없다. 기업 성장에 큰 보탬이 되거니와 그게 우리나라 경제발전에도 기여하는 것이다.

03 정부의 **기업** 및 **제품·기술 인증** 컨설팅

1. 인증은 기업의 성장 발판이다

　정부는 국가경제의 발전과 육성을 위해 특정 분야의 제품이나 기업을 지원하거나 보호하기 위한 정책을 만들고, 그 정책에 부합되는 제품이나 기업에게는 세제, 금융, 예산, 판로지원 등 여러 정책수단을 동원하여 지원한다. 정부가 지원금을 지급함에 있어 자금투입으로 기업, 제품과 기술이 의도한 정책에 부합하는 성과를 낼 수 있는지를 검토하는 것은 당연한 일이다. 즉, 지원을 함에 있어 지원대상 제품과 기업이 그 조건에 해당하는지를 살피기 위해 서류를 검토하거나 현장을 방문하기도 하고 때로는 제품과 기술을 검증하기도 한다. 이를 위해 정부는 벤처기업, 이노비즈기업, 메인비즈기업과 같은 혁신형기업 인증제도 등을 운용하고 있다. 기업에 대한 인증과는 별도로 제품 등과 같은 평가대상이 정해진 표준이나 기술규정 등에 적합하다는 평가를 하여, 그 사용 및 출하가 가능하다는 것을 입증하는 인증제도 또한 운용하고 있다.

　법적 근거를 갖춘 법정인증에는 제품의 안전 등을 위해 반드시 받아야 하는 의무인증과 품질향상이나 정책목표달성을 위한 임의인증이 있다. 현재 국가표준인증 통합정보시스템에서 관리하는 등록인증 수는 186개가 있으며, 이중 법정의무인증은 81개, 법정임의인증은 105개가 있다. 의무인증에는 택시미터의 검정(자동차관리법), 식품HACCP(식품위생법), 축산물HACCP(축산물위생관리법), 측량기기 성능검사(측량·수로조사 및 지적에 관한 법률), 전기용품 및 생활용품 안전관리 제도(전기용품안전 관리법) 등이 있으며, 임의인증에는 신기술인증(NET마크, 산업기술혁신촉진법 등), 성능인증(중소기업제품 구매촉진 및 판로지원에 관한 법률), 어린이집평가인증(영유아보육법), 사회적기업(사회적기업 육성법), 농산물우수관리인증(농수산물품질관리법), 녹색인증(저탄소 녹색성장 기본법), KS표시인증제도(산업표준화법) 등이 있다.

또한 국가표준인증 통합정보시스템에 등록되지 않았으나 개별 법률이나 정부 자체적으로 시행하는 '인증'이나 '확인'의 종류도 많이 있다. 예를 들어 벤처기업, 이노비즈기업, 메인비즈기업, 여성기업, 장애인기업이나 중소기업 우수제품, 우수농산물 인증이 그러한 사례이다.

기업이나 제품 혹은 기술에 대해 인증을 받게 되면 정부지원 대상으로 선정되는 데 유리한 고지를 선점했다고 볼 수 있다. 앞서 밝혔듯이 정부가 운영하는 인증은 특정한 정책목표를 위한 것이고 이를 달성하기 위해 각종 지원이 수반되기 때문이다. 또한 기업과 제품·기술의 인증을 획득하면 다양한 정부지원뿐 아니라 시장에서 기업과 제품의 신뢰도 제고로 판로개척에 큰 도움이 될 것이다.

그러나 주의해야 할 점은 인증유효기간이 있다는 점과 인증기관의 사후관리 규정에 부합되지 않을 시 취소될 수 있다는 것이다. 각 법령에서 정한 인증 유지 조건 규정을 따르지 않을 경우 취소와 과태료 등의 처분도 받을 수 있다. 특히 거짓이나 부정한 방법으로 지정받는 등의 경우에는 해당 법률에 의해 인증이 취소될 뿐 아니라 환급조치와 함께 형사상 책임도 피할 수 없다. 인증이 기업에 따라서는 획기적인 성장발판이 될 수도 있으나 이에 지나치게 의존하거나 정부가 정한 요건을 이행하지 못해 취소될 경우 오히려 부정적 효과에 이를 수 있다는 점 또한 염두에 둬야 할 것이다.

인증에는 사회발전과 산업기술의 발달이 투영되어 있다. 국가는 균형과 조화, 성장을 위해 다양한 정책을 수립하고, 이러한 정책을 효과적으로 수행하기 위해 인증제도를 운영한다. 인증은 사회와 경제발전에 따라 폐지되기도 할 것이지만 지속적으로 신설될 것이다. 앞으로 신설될 분야가 있다면 최근 자주 언급되는 4차 산업 관련 분야가 아닐까 한다. 이미 정부에서는 4차 산업을 국가전략 미래산업의 큰 축으로 인식하고 있고, 국제시장에서 치열한 각축이 벌어지고 있는 분야이기도 하다. 국가정책차원에서 4차 산업을 육성하기 위한 다양한 프로그램을 생산하고 있으며, 효율적이고 적극적인 지원을 위해 기존의 인증제도를 개선하거나 새로운 인증제도의 도입 가능성도 높다 하겠다.

이제 기업과 제품·기술의 대표적인 인증제도의 기준이나 요건, 절차와 지원내용을 살펴보고자 한다. 이하에서 소개하는 대표적인 기업·제품·기술의 인증제도와 인증에 따른 각종 정부지원정책은 중소벤처기업부, 조달청, 중소벤처기업진흥공단, 신용보증기금, 기술보증기금, 한국사회적기업진흥원, 한국산업기술진흥원과 협회 등 인증 주무기관 및 위탁기관의 자료와 정부의 관련 고시를 참고하여 정리하였다.

2. 정부 기업인증(확인)의 종류와 지원내용은?

정부는 특정 분야를 육성하거나 보호하기 위하여 여러 정책을 시행하고 있으며 그 정책 달성을 위해 각종 수단을 동원하여 지원하고 있다. 기업인증(확인)제도는 정부가 정책 달성을 위해 지원하기 위한 기준에 부합하는 기업임을 확인하는 제도로 벤처기업, 이노비즈기업, 메인비즈기업, 사회적기업, 중소기업, 중견기업, 여성기업, 장애인기업 등이 있다. 이들 인증기업에 대한 정부의 지원정책에는 소득세·법인세 등 각종 세제지원, 출연·출자·보증 등 금융지원, R&D지원, 인력지원, 홍보 및 판로지원 등이 있다. 따라서 일단 기업이 인증을 받는 것만으로도 각종 지원과 우대정책에 접근할 수 있으며, 기업이 인증 획득을 바탕으로 추가적인 노력에 따라 판로개척 등에 있어서도 큰 혜택을 받을 수 있다. 여기서는 많은 기업인증 중에서 기업의 관심이 높은 대표적인 기업인증제도인 벤처기업, 이노비즈기업, 메인비즈기업, 여성기업, 장애인기업, 사회적기업의 인증 요건과 주요 지원제도, 인증절차를 정리하였고, 다양한 정부지원정책이 있는 기업부설연구소에 대하여도 함께 살펴보았다.

벤처기업

- 정의 : 기술 및 경영혁신에 관한 능력이 우수한 중소기업 중 벤처확인 요건을 갖춘 기업
  - 벤처기업유형 : 벤처투자기업, 연구개발기업, 기술평가보증 또는 대출기업, 예비벤처기업
- 근거법령 : 벤처기업육성에 관한 특별조치법
- 담당기관 : 한국벤처캐피탈협회, 기술보증기금, 중소벤처기업진흥공단
- 기준요건(기술평가보증 또는 대출기업의 경우)
  - 기보 또는 중진공으로부터 기술성이 우수한 것으로 평가
  - 기보의 보증(보증가능금액 포함) 또는 중진공의 대출(대출가능금액 포함)을 순수신용으로 받을것
    - 기보 : 기술평가보증에 한함
    - 중진공 : 중소벤처창업자금 · 개발기술사업화자금 · 신성장기반자금 중 신성장유망 지식서비스 관련 자금
  - 기보보증 또는 중진공대출금액이 8천만 원 이상이고, 당해기업의 총자산에 대한 보증 또는 대출금액 비율이 5% 이상일 것
- 주요지원 :
  - 금융지원 : 코스닥 상장 등록심사 시 우대, 중소기업정책자금 심사 시 우대, 신용보증 심사 시 우대(보증한도 확대, 보증료율 감면)
  - 정책지원 : 창업보육센터 입주기업에 대한 도시형공장 등록 특례, 벤처기업 전용단지의 건축금지에 대한 특례, 각종 세제 지원(법인세, 소득세, 취득세, 재산세 감면)
  - 기타지원 : 특허 및 실용신안 등록출원 시 우선 심사대상, TV · 라디오 광고지원

• 절차

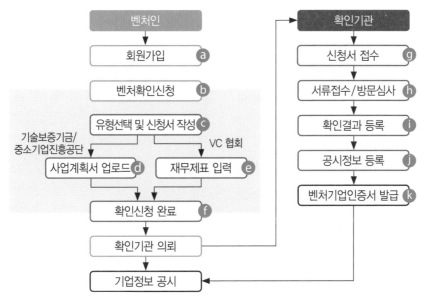

출처 : 벤처확인·공시시스템 벤처인 홈페이지

이노비즈(기술혁신)기업

- 정의 : 기술우위를 바탕으로 경쟁력을 확보한 기술혁신형 중소기업
- 근거법령 : 중소기업 기술혁신 촉진법
- 담당기관 : 중소벤처기업부
- 기준요건 :
  - 「중소기업기본법」 제2조의 중소기업 중 업력 3년 이상의 중소기업으로 정상가동 중인 기업

    ※ 신청 제외 기업 : 신용정보 규제 및 파산, 회생절차 신청기업
  - 기술신용보증기금의 현장 평가와 기술혁신시스템 평가(기술혁신능력, 기술사업화능력, 기술혁신경영능력, 기술혁신성과)로 선정
- 주요지원 :
  - 금융지원 : 기술보증기금 보증료 감면 및 100% 전액보증지원 가능, 기술보증기금 지원한도 확대, 서울보증보험 및 농림수산업자신용보증기금 보증우대, 금융기관의 금리우대, 코스닥 상장요건 완화 등
  - 정책지원 : 산업기능요원제도 · 전문연구요원제도 · 병역특례 연구지관 지정 등에 가점부여, 중소기업 기술혁신개발사업 · 시장창출형 창조기술개발사업 · 중소-중견기업 기술경쟁력강화 파트너십 · 기술보호지원사업 등 R&D 지원, 산학연협력 기업부설연구소 설치지원사업 등
  - 기타지원 : 조달청 물품구매 적격심사 우대, 기술개발제품 우선구매제도의 성능인증 신청대상, 방송광고비 감면, 수출유망중소기업지정, 특허 · 실용신안출원 우선심사, 방송광고비 할인 등

• 절차

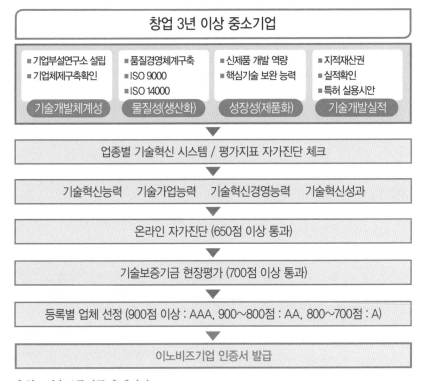

창업 3년 이상 중소기업

■ 기업부설연구소 설립 ■ 기업체제구축확인	■ 품질경영체계구축 ■ ISO 9000 ■ ISO 14000	■ 신제품 개발 역량 ■ 핵심기술 보완 능력	■ 지적재산권 ■ 실적확인 ■ 특허 실용시안
기술개발체계성	물질성(생산화)	성장성(제품화)	기술개발실적

▼

업종별 기술혁신 시스템 / 평가지표 자가진단 체크

▼

기술혁신능력   기술가업능력   기술혁신경영능력   기술혁신성과

▼

온라인 자가진단 (650점 이상 통과)

▼

기술보증기금 현장평가 (700점 이상 통과)

▼

등록별 업체 선정 (900점 이상 : AAA, 900~800점 : AA, 800~700점 : A)

▼

이노비즈기업 인증서 발급

출처 : 기술보증기금 홈페이지

메인비즈(경영혁신)기업

- 정의 : 기존의 벤처, 이노비즈와 같은 높은 기술력을 보유하지 않아도 마케팅·조직관리·생산성 향상 등 경영혁신활동을 통해 탁월한 경영성과를 나타내는 기업
- 근거법령 : 중소기업 기술혁신 촉진법
- 담당기관 : 중소벤처기업부
- 기준요건 :
  - 「중소기업기본법」 제2조의 중소기업 중 업력 3년 이상의 중소기업으로 정상가동 중인 기업
  - 한국생산성본부, 신용보증기금, 기술보증기금, 중소기업기술정보진흥원의 현장평가와 경영혁신시스템평가로 선정
- 주요지원 :
  - 금융지원 : 신용보증기금·기술보증기금·서울보증보험의 보증료율 및 보증한도 우대, 금융기관의 금리 및 자금지원우대, 혁신창업사업화 자금지원, 중소기업육성 자금지원 등
  - 정책지원 : 인력채용 지원, 연구인력파견 및 전문연구요원지원 우대, 생산현장 디지털화 사업 및 기술유출 방지시스템 구축 우대, 글로벌 강소기업 육성사업 지원 시 우대, 공정혁신지원·생산정보화·쿠폰제 경영컨설팅 지원시책 우대
  - 기타지원 : 해외규격인증획득의 시험 및 인증비용 일부지원, 사업물품구매 적격심사 우대, 방송광고비 할인

● 절차

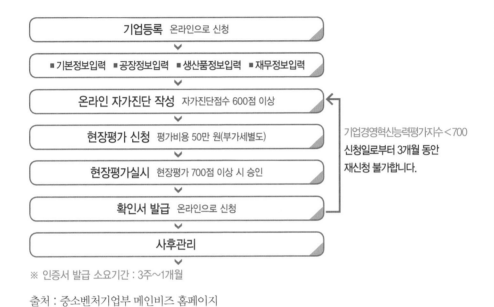

기업등록 온라인으로 신청

∨

■기본정보입력 ■공장정보입력 ■생산품정보입력 ■재무정보입력

∨

온라인 자가진단 작성 자가진단점수 600점 이상

∨

현장평가 신청 평가비용 50만 원(부가세별도)

∨

현장평가실시 현장평가 700점 이상 시 승인

∨

확인서 발급 온라인으로 신청

∨

사후관리

기업경영혁신능력평가지수<700
신청일로부터 3개월 동안
재신청 불가합니다.

※ 인증서 발급 소요기간 : 3주~1개월

출처 : 중소벤처기업부 메인비즈 홈페이지

여성기업

- 정의 : 여성이 소유하고 실질적으로 경영하는 기업
- 근거법령 : 여성기업지원에 관한 법률
- 담당기관 : 중소벤처기업부, 한국여성경제인협회
- 기준요건 :
  - 여성이 소유하고 실질적으로 경영하는 기업으로, 법인의 경우 여성대표자가 최대출자자인 상법상의 회사, 「소득세법」 제168조 또는 「부가가치세법」 제8조에 따라 사업자등록을 한 개인사업자
  - 서면조사를 통한 여성대표의 해당 기업 소유 여부 확인 및 직접방문조사를 통한 여성대표의 직접경영 여부 확인
- 주요지원 :
  - 여성기업제품 공공구매지원(공공기관은 여성기업의 물품 및 용역은 구매총액의 5%, 공사의 경우 3% 이상 구매해야 함)
    - 여성기업제품 공공구매 홍보사이트 제품 등록 · 홍보
    - 입찰정보서비스 운영 및 입찰실무교육을 통해 여성기업 판로 확대 지원
  - 해외진출 지원
    - 신규수출기업화 : 무역전문가와 참가기업 간 1:1 맞춤형 무역 컨설팅 지원
    - 해외지사화 : 바이어 · 파트너 찾기, 전시상담회 참가, 현지 유통망 입점
    - 해외전시회 참가, 무역실무교육
  - 여성경제인 DESK 운영(여성기업의 경영애로를 무료 상담)
    - 경영, 회계, 세무, 인사, 노무, 생산관리 등 경영 분야 애로사항
    - 기술, 특허 등 지적재산권 관련 애로사항
    - 수출/외환, 해외마케팅 등 해외 수출 분야 애로사항
    - 벤처, 투자 등 여성예비창업자 및 창업초기 여성기업 경영 애로사항

- TV 홈쇼핑 판매지원

  • 홈쇼핑 입점교육, 전문가 코칭, 홈쇼핑 인서트영상 제작비 등

• 절차

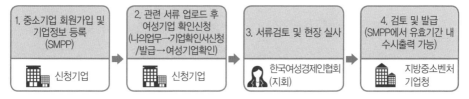

출처 : 공공구매종합정보 홈페이지

장애인기업

- 정의 : 장애인이 실질적으로 소유하거나 경영하는 기업
- 근거법령 : 장애인기업활동 촉진법
- 담당기관 : 중소벤처기업부, 장애인기업종합지원센터
- 기준요건 :
  - 장애인이 실질적으로 소유하거나 경영하는 기업으로 상법상 회사로서 장애인이 그 회사의 대표권 있는 임원으로 등기되어 있는 회사, 장애인이 「소득세법」 제168조 또는 「부가가치세법」 제8조에 따라 사업자등록을 한 사업체
  - 서면조사와 직접방문조사를 통해 확인
- 주요지원 :
  - 장애인기업제품 판로인증지원 및 운영
    - 나라장터 종합쇼핑몰 등록을 위한 컨설팅 지원
    - 장애인기업의 공공구매 시장 진출을 위한 컨설팅 및 기업인증(NET, NEP, GS, KS, 우수조달제품, 녹색기술, 성능인증, 환경마크, KC, GD, GR, 이노비즈메인비즈 인증)획득 지원
  - 장애인기업 성장지원
    - 장애인기업 경쟁력 강화를 위한 시제품제작, 전시회참가지원, 지식재산권출원지원 등
  - 장애인 맞춤형 창업교육사업
    - 특정 업종 창업능력 제고를 위한 업종특화교육, 창업 후 영업지속률 제고 및 경영능력 배양을 위한 역량강화교육, 재창업 및 취업역량 제고를 위한 희망재기교육
  - 장애인 특화창업보육실 운영 및 장애인 창업점포 지원 등
  - 장애인기업제품 공공구매지원(공공기관은 물품·용역 및 공사 등의 장애인기업

제품을 구매총액의 1% 이상 구매해야 함)

● 절차

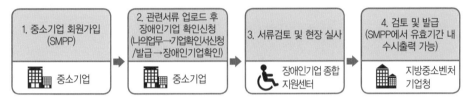

1. 중소기업 회원가입
(SMPP)

중소기업

2. 관련서류 업로드 후
장애인기업 확인신청
(나의업무→기업확인서신청
/발급→장애인기업확인)

중소기업

3. 서류검토 및 현장 실사

장애인기업 종합
지원센터

4. 검토 및 발급
(SMPP에서 유효기간 내
수시출력 가능)

지방중소벤처
기업청

출처 : 공공구매종합정보 홈페이지

사회적기업

- 정의 : 취약계층에게 사회서비스 또는 일자리를 제공하여 지역주민의 삶의 질을 높이는 등의 사회적 목적을 추구하면서 재화 및 서비스의 생산·판매 등 영업활동을 하는 기업
- 근거법령 : 사회적기업 육성법
- 담당기관 : 고용노동부, 한국사회적기업진흥원
- 기준요건 :
  - 민법에 따른 법인·조합, 상법에 따른 회사, 특별법에 따라 설립된 법인 또는 비영리민간단체 등 조직형태를 갖출 것
  - 유급근로자 고용, 사회적 목적의 실현, 이해관계자가 참여하는 의사결정구조 구비, 영업활동을 통한 수입(노무비의 50% 이상) 확보, 이윤의 사회적 목적 사용
- 주요지원 :
  - 금융지원 : 미소금융재단 소액자금 대출, 중소기업진흥공단의 저리 대출로 사업화자금 지원, 지역신용보증재단의 사회적기업 전용 특별보증, 신용보증기금 사회적기업 나눔보증
  - 세제지원 : 각종세제 감면(법인세, 소득세, 취득세, 등록면허세, 재산세) 사회적기업이 제공하는 의료보건 및 교육 용역에 대하여 부가세 면제, 사회적기업에 대한 기부금 인정 등
  - 기타지원 : 근로자 인건비 및 4대보험료 지원, 전문인력 인건비 지원, 공공기관 우선구매 등 판로지원, 사업개발비 지원

• 절차

절차	주관기관
❶ 인증계획 공고	고용노동부
❷ 상담 및 컨설팅	권역별 지원기관, 진흥원
❸ 인증신청 및 접수	진흥원
❹ 신청서류검토 및 현장실사 계획수립	진흥원
❺ 현장실사	진흥원, 권역별 지원기관
❻ 중앙부처 및 광역자치단체 추천	진흥원↔중앙부처, 광역지자체
❼ 검토보고자료 제출	진흥원↔고용노동부
❽ 인증심사	고용노동부 사회적기업육성전문위원회
❾ 인증결과 안내 및 인증서 교부	고용노동부, 고용센터, 진흥원

출처 : 한국사회적기업진흥원 홈페이지

기업부설연구소 및 연구개발전담부서 설립신고

- **정의** : 기업 내 독립된 연구조직을 육성하고 인정받은 연구소 · 전담부서에 대해서는 연구개발활동에 따른 지원혜택을 부여하여 기업의 연구개발을 촉진하는 제도
- **근거법령** : 기초연구진흥 및 기술개발지원에 관한 법률
- **담당기관** : 과학기술정보통신부, 한국산업기술진흥협회
- **기준요건** : 연구소 및 전담부서 설립신고는 先설립 · 後신고 체계이므로 기업은 설립신고를 하기 전에 회사의 조직을 개편하여 연구개발활동을 전담할 수 있는 기구를 조직하고 연구원 등의 인사발령 및 연구시설 등을 확보하여, 인정요건을 갖춘 상태 한국산업기술진흥협회에 접수
- **주요지원(R&D 정책지원 제도)** :
  - 세제지원 : 연구와 인력개발 비용 및 설비투자 세액공제, 기업부설연구소용 부동산 지방세 감면, 연구개발특구 첨단기술기업 등 법인세 감면, 연구원 연구활동비 소득세 비과세, 기술이전, 취득 및 대여, 연구개발 관련 출연금 과세특례
  - 연구사업지원 : 과학기술정보통신부 · 산업통상자원부 · 중소벤처기업부 등의 부처의 R&D 사업 신청대상
  - 금융지원 : 신용보증기금 · 기술보증기금의 보증 우대 및 정부 정책사업 투 · 용자 지원
  - 구매지원 : 중소기업 기술개발제품 우선구매제도, 인증신제품 공공구매제도, 우수발명품 우선구매추천제도, 우수제품 지정제도, 성능인증제도에 따른 지원
  - 기술지원 : 기술개발(투자연계형 기업성장 R&D 지원 등), 기술사업화(사업화연계기술개발사업 등), 특허전략 사업 지원(연구장비 공동활용 지원사업 등)

- 절차

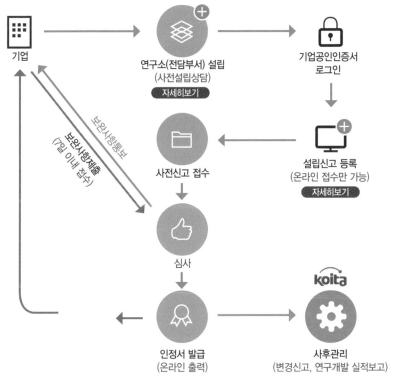

출처 : 한국산업진흥기술협회 연구소/전담부서 신고관리시스템

3. 제품·기술 인증의 종류와 지원내용은?

　인증은 그 자체로 시장에서 공신력을 얻을 수 있는 계기이기도 하지만 더 나아가 가능성 있는 제품과 기술로 정부지원을 받는다면 성장 발판이 될 수 있을 것이다. 유망한 제품과 기술이라 하더라도 시장에서 이를 확인하기는 쉽지 않다. 그 가능성을 시장에서 확인하기 위해서는 자금, 인력, 판로 등의 무수한 난제를 풀어야 한다. 이러한 어려움을 정부지원으로 극복할 수 있다면 선택이 아닌 필수적으로 해야 하는 일일 것이다. 그 시작은 인증을 획득하는 것이다. 인증을 받고자 할 경우 제품과 기술에 맞는 정부사업을 탐색하고 조건에 맞는지 따져봐야 한다. 서류준비와 심사를 받는 일의 모든 과정은 쉬운 일이 아닐 것이다. 또한 인증획득 이후에도 사후관리를 철저히 하여 그간의 노력이 유실되지 않도록 해야 하며 더 나은 성장의 계기로 삼아야 할 것이다.

　제품·기술 인증에는 제품의 표준기준이나 기술규정을 평가하여 안전성을 확인하는 인증과 정부의 정책적 지원을 위한 제품의 인증으로 나누어 볼 수 있다. 대체로 안정성 관련 인증은 검사기관으로부터 의무적으로 받아야 하는 의무인증에 해당하고 후자는 임의인증에 해당한다. 여기서는 대표적인 정책지원 대상이 되는 제품인증인 성능인증, 신제품인증(NEP), 녹색인증제도와 우수 신기술 발굴을 위한 신기술인증(NET)제도, 그리고 인증받은 제품의 판로지원 제도인 우수조달물품 지정제도, 기술개발제품 우선구매제도를 소개하고자 한다.

성능인증

- 정의 : 중소기업의 기술개발 제품에 대해 정부가 성능검사를 거쳐 성능이 확인된 제품을 공공기관이 우선구매 할 수 있도록 지원함으로써, 중소기업의 기술개발 촉진 및 공공구매 확대를 도모하는 제도
- 근거법령 : 중소기업제품 구매촉진 및 판로지원에 관한 법률
- 담당기관 : 중소벤처기업부, 중소기업제품 공공구매 종합정보망(접수)
- 기준요건 : 적합성심사, 공공기관의 규격확인, 공장심사, 성능검사를 실시 성능인증의 기준에 적합한 경우에 한하여 성능인증제품으로 인증
- 신청대상제품 : 우수조달제품, 기술혁신형 중소기업 확인 시 평가받은 기술제조 제품, 환경표지인증제품, 신제품·신기술 이용 제조 제품, 녹색기술인증제품 등
- 주요지원 :
  - 공공기관 및 지자체와 수의계약 및 지명경쟁입찰을 체결할 수 있는 자격 부여
  - 기술개발제품(성능인증 포함)을 생산하는 중소기업이 지방중소벤처기업청에 우선구매(공공기관이 물품구매할 때 물품구매액의 15% 이상 구매)를 요청할 경우, 지방중소벤처기업청은 해당 제품의 수요가 있는 공공기관에 구매요구
- 절차

출처 : 공공구매종합정보 홈페이지

신기술인증(NET ; 과학기술)

※ 신기술인증(NET)의 종류에는 과학기술(산업통상자원부), 방재(행정안전부), 건설교통(국토교통부), 환경(환경부), 보건의료(보건복지부)가 있다.

- 정의 : 국내 기업 및 연구기관, 대학 등에서 개발한 신기술을 조기에 발굴하여 우수성을 인증
- 근거법령 : 산업기술혁신 촉진법
- 담당기관 : 산업통상자원부, 국가기술표준원, 한국산업기술진흥협회
- 기준요건 :
  - 이론으로 정립된 기술을 시제품 등으로 제작하여 시험 또는 운영(이하 실증화 시험)함으로써 정량적 평가 지표를 확보한 개발완료기술로서 향후 2년 이내에 상용화가 가능한 기술
  - 실증화 시험을 통하여 정량적 평가지표를 확보한 개발완료기술로서 향후 기존 제품 성능을 현저히 개선시킬 수 있는 기술
  - 제품의 생산성이나 품질을 향후 현저히 향상시킬 수 있는 공정기술
- 주요지원 :
  - 신기술 적용제품 국가기관 · 지자체 등에 우선구매추천
  - 국가계약법, 지방계약법에 따른 수의계약 가능
  - 우수조달제품 지정 지원
  - 정부 인력지원사업(전문연구요원제도) 신청 시 우대
  - 혁신형 중소기업을 대상으로 우수기술기업을 선별, 민간금융기관에서 보증서 없이 사업화 자금을 신용으로 지원
  - 정부 R&D사업 신청 시 우대
  - 수출지원(수출역량강화사업, 수출유망중소기업 지정사업, 해외지사화사업)

● 절차

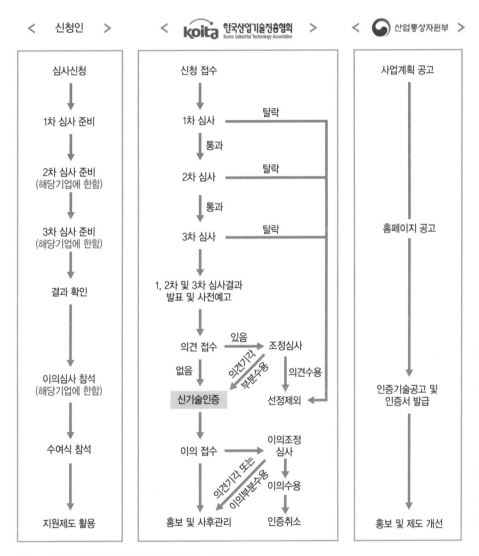

< 신청인 >

심사신청
↓
1차 심사 준비
↓
2차 심사 준비
(해당기업에 한함)
↓
3차 심사 준비
(해당기업에 한함)
↓
결과 확인
↓
이의심사 참석
(해당기업에 한함)
↓
수여식 참석
↓
지원제도 활용

< koita 한국산업기술진흥협회 Korea Industrial Technology Association >

신청 접수
↓
1차 심사 ──── 탈락
↓ 통과
2차 심사 ──── 탈락
↓ 통과
3차 심사 ──── 탈락
↓
1, 2차 및 3차 심사결과
발표 및 사전예고
↓
의견 접수 ── 있음 ── 조정심사
↓ 없음   │ 의견수용
│ 의견기각   │
│ 부분수용   ↓
신기술인증   선정제외
↓
이의 접수 ──── 이의조정
│   심사
│ 의견기각 또는 ↓
│ 이의부분수용   이의수용
↓   ↓
홍보 및 사후관리 인증취소

< 🔆 산업통상자원부 >

사업계획 공고
↓
홈페이지 공고
↓
인증기술공고 및
인증서 발급
↓
홍보 및 제도 개선

출처 : 한국산업기술진흥협회 신기술인증 홈페이지

신제품인증(NEP)

- 정의 : 국내에서 최초로 개발된 기술 또는 이에 준하는 대체기술을 적용한 제품을 인증하고, 제품의 초기 판로지원 지원 및 기술 개발을 촉진하기 위한 제도
- 근거법령 : 산업기술혁신 촉진법
- 담당기관 : 산업통상자원부, 국가기술표준원, 한국산업기술진흥협회
- 기준요건 :
- 신청제품의 핵심기술이 국내에서 최초로 개발된 기술 또는 이에 준하는 대체기술로서 기존의 기술을 혁신적으로 개선·개량한 신기술일 것
- 신청제품의 성능과 품질이 같은 종류의 다른 제품과 비교하여 뛰어나게 우수할 것
- 같은 품질의 제품이 지속적으로 생산될 수 있는 품질경영체제를 구축·운영하고 있을 것
- 타인의 지식재산권을 침해하지 아니할 것
- 수출 증대 및 관련 산업에 미치는 영향 등 경제적 파급 효과가 클 것
- 주요지원 :
- 「산업기술혁신 촉진법」에 따른 공공기관 20% 의무구매
- 국가를 당사자로 하는 계약에서 수의계약 가능, 우선구매 대상인 기술개발제품에 포함(중소벤처기업부)
- 조달우수제품 지정 대상(조달청)
- 정부 기술개발사업 신청 시 우대(가점 부여)
- 기술보증기금의 기술우대보증 및 혁신형중소기업 기술금융지원사업(대출조건 평가 우대)
- 중소기업기술혁신개발사업에 NEP인증기업 가점 부여(중소벤처기업부)
- 자본재공제조합의 품질보장사업(입찰보증, 계약보증, 차액보증, 지급보증, 하자보증 등) 우대 지원
- 기계공제조합의 품질보장사업우대, 각종 전시회 참가 및 제품 홍보지원

● 절차

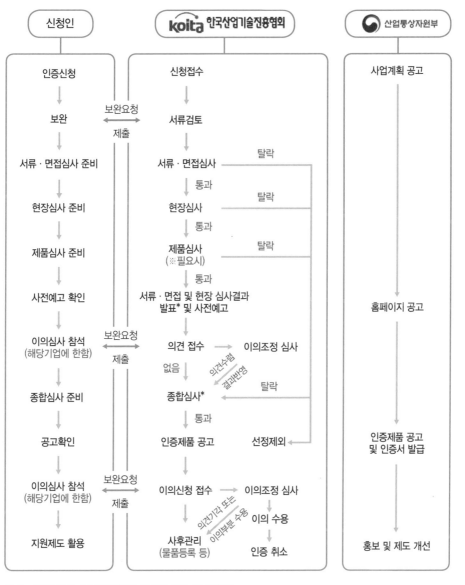

출처 : 한국산업기술진흥협회 신제품인증 홈페이지

녹색인증

- 정의 : 녹색성장 목표 달성 기반을 조성하고, 민간의 적극적인 참여를 유도하여 녹색성장정책의 실질적 성과 창출을 위해 유망한 녹색기술 또는 사업을 인증하고 지원하는 제도
  - 녹색인증유형 : 녹색기술, 녹색기술제품, 녹색사업, 녹색전문기업
- 근거법령 : 저탄소 녹색성장 기본법
- 담당기관 : 산업통상자원부(총괄), 한국산업기술진흥원(전담기관)
- 기준요건 :
  - 녹색기술 : 에너지와 자원을 절약하고 효율적으로 사용하여 온실가스 및 오염물질의 배출을 최소화하는 기술
  - 녹색기술제품 : 인증된 녹색기술을 적용한 제품으로 판매를 목적으로 상용화한 제품
  - 녹색사업 : 녹색성장과 관련하여 경제적, 기술적 파급효과가 큰 사업
  - 녹색전문기업 : 전년도 총 매출액에서 인증받은 녹색기술에 의한 매출이 20% 이상인 기업
- 주요지원 :
  - 다수공급자계약 및 총액계약(조달청)
  - 기술개발제품 우선구매(중소벤처기업부)
  - 특허출원심사 시 우선심사, 사업화견계 특허기술평가 지원(특허청)
  - 녹색성장사업 영위기업 보증 우대(신보, 기보)
  - 중소기업 정책자금 융자(중소벤처기업진흥공단)
  - 해외전시회 참가지원(대한무역투자진흥공사)
  - 방송광고 제작비 지원 및 방송광고비 할인(한국방송광고진흥공사)

● 절차

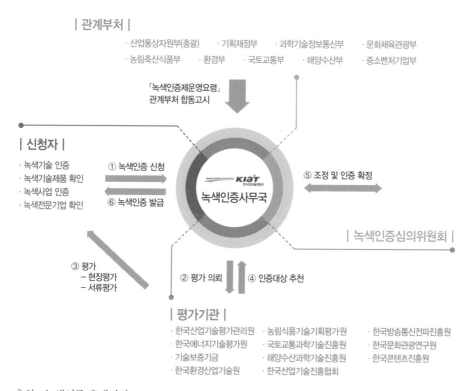

| 관계부처 |

· 산업통상자원부(총괄)　· 기획재정부　· 과학기술정보통신부　· 문화체육관광부
· 농림축산식품부　· 환경부　· 국토교통부　· 해양수산부　· 중소벤처기업부

「녹색인증제운영요령」
관계부처 합동고시

| 신청자 |

· 녹색기술 인증
· 녹색기술제품 확인
· 녹색사업 인증
· 녹색전문기업 확인

① 녹색인증 신청

⑥ 녹색인증 발급

KIAT
녹색인증사무국

⑤ 조정 및 인증 확정

| 녹색인증심의위원회 |

③ 평가
 – 현장평가
 – 서류평가

② 평가 의뢰　④ 인증대상 추천

| 평가기관 |

· 한국산업기술평가관리원　· 농림식품기술기획평가원　· 한국방송통신전파진흥원
· 한국에너지기술평가원　· 국토교통과학기술진흥원　· 한국문화관광연구원
· 기술보증기금　· 해양수산과학기술진흥원　· 한국콘텐츠진흥원
· 한국환경산업기술원　· 한국산업기술진흥협회

출처 : 녹색인증 홈페이지

우수제품지정

- 정의 : 조달물자의 품질향상과 중소·벤처기업의 판로를 지원하기 위해 성능·기술 또는 품질이 뛰어난 물품을 우수조달물품으로 지정하여 수의계약 등을 통해 각 수요기관에 우선 공급하는 제도
- 근거법령 : 조달사업에 관한 법률
- 담당기관 : 조달청, 우수제품협회
- 신청대상 :
  - 「조달사업에 관한 법률」에 따른 기업이 생산하는 물품 및 소프트웨어 제품
    - 신제품(NEP) 또는 신제품(NEP)을 포함한 제품
    - 신기술(NET 등)이 적용된 제품
    - 특허 또는 등록실용신안이 적용된 제품
    - 저작권 등록된 우수품질 S/W 인증(GS)제품
    - 연구개발사업 기술개발성공제품
    - 혁신제품
      * 「중견기업 성장촉진 및 경쟁력 강화에 관한 특별법」에 따른 중견기업 제품도 포함
- 주요지원 :
  - 수의계약을 통해 공공기관에 우선 공급
    - 단가계약 체결 후 나라장터 종합쇼핑몰을 통해 수요기관에 공급
    - 공공기관에 우선구매요청
  - 홍보를 통한 판로지원 : 전시회 개최 등 홍보지원, 해외시장 개척 지원(해외시장 개척단 파견, 영문 홈페이지 개설), 우수조달제품의 브랜드화
  - 우수제품에 대한 지원 : 전시회 참여, 홍보물 제작·배포, 나라장터 종합쇼핑몰의 조달우수제품클럽 운영·관리 등

- 절차

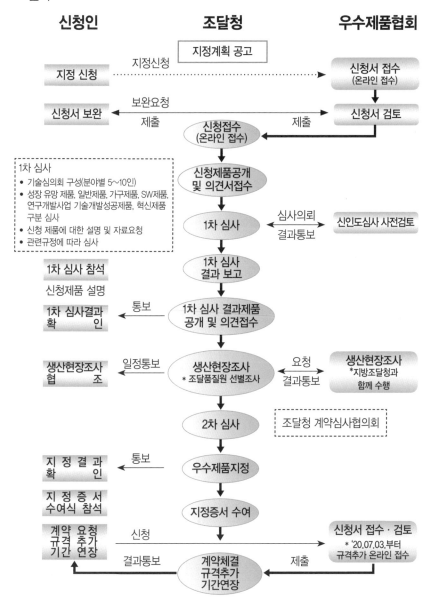

| 신청인 | 조달청 | 우수제품협회 |

지정계획 공고

지정 신청 ·········· 지정신청 ·········· → 신청서 접수 (온라인 접수)

신청서 보완 ← 보완요청 / 제출 ← 제출 ← 신청서 검토

신청접수 (온라인 접수)

1차 심사
- 기술심의회 구성(분야별 5~10인)
- 성장 유망 제품, 일반제품, 가구제품, SW제품, 연구개발사업 기술개발성공제품, 혁신제품 구분 심사
- 신청 제품에 대한 설명 및 자료요청
- 관련규정에 따라 심사

신청제품공개 및 의견서접수

1차 심사 ← 심사의뢰 / 결과통보 → 신인도심사 사전검토

1차 심사 참석
신청제품 설명

1차 심사 결과 보고

1차 심사결과 확 인 ← 통보 ← 1차 심사 결과제품 공개 및 의견접수

생산현장조사 협 조 ← 일정통보 ← 생산현장조사 * 조달품질원 선별조사 ← 요청 / 결과통보 → 생산현장조사 *지방조달청과 함께 수행

2차 심사 ⸽ 조달청 계약심사협의회 ⸽

지 정 결 과 확 인 ← 통보 ← 우수제품지정

지 정 증 서 수여식 참석

지정증서 수여

계 약 요 청 규 격 추 가 기 간 연 장 ← 신청 → 신청서 접수 · 검토 * '20.07.03.부터 규격추가 온라인 접수

결과통보 ← 계약체결 규격추가 기간연장 ← 제출 ←

출처 : 우수조달물품 지정제도 안내, (사)정부조달우수제품협회 · 조달청, 2020.7.

기술개발제품 우선구매

- 정의 : 중소기업 기술개발제품의 판로를 지원하고 기술개발 의욕을 고취시키기 위하여 중소기업이 개발한 기술개발제품을 공공기관에서 우선적으로 구매토록 하는 제도
- 근거법령 : 중소기업제품 구매촉진 및 판로지원에 관한 법률
- 담당기관 : 중소벤처기업부
- 대상물품 : 성능인증(EPC), 신기술인증(NET), 신제품인증(NEP), 품질인증소프트웨어(GS),우수조달물품, 우수조달 공동상표, 구매조건부 신기술개발제품, 민관공동투자 기술개발제품, 녹색기술제품, 성과공유기술개발과제 성공제품, 혁신제품 등
- 주요지원 :
  - 공공기관은 기술개발제품을 구매할 경우 수의계약 가능
  - 기술개발제품을 생산하는 중소기업이 지방중소벤처기업청에 우선구매를 요청할 경우, 지방중소벤처기업청은 해당 제품의 수요가 있는 공공기관에 구매(공공기관이 물품구매할 때 물품구매액의 15% 이상을 중소기업에서 개발한 기술개발제품 우선구매) 요구
- 절차

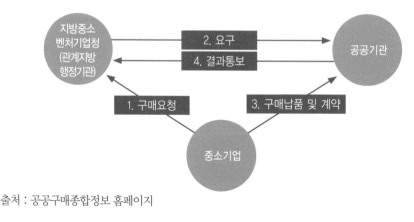

출처 : 공공구매종합정보 홈페이지

04 협회, 조합, 단체에 행정 컨설팅

1. 협회, 조합, 단체의 권익에 힘을 보태보자

사회가 복잡·다양·고도화되면서 개별적인 개인이나 기업 스스로 해결하기 힘든 일에 봉착하는 경우가 많다. 특히 행정 관련 일들은 더욱 그러하다. 불합리한 행정제도의 개선이나 행정기관에 지원정책을 제안하는 일들은 현업에 종사하고 있는 개별 개인이나 기업으로서는 하기 어려운 일이다. 정책의 개선이나 지원사업을 발굴하기도 어려울 뿐 아니라 설령 의욕적으로 제안하더라고 목적한 바를 이루기는 매우 힘든 것이 현실이다. 이러한 문제를 해결하기 위해서 공동의 목적을 추구하는 개인이나 기업이 모여 협회, 조합 등의 단체를 만든다. 이들 단체 중에는 개별법령에 근거하여 설립되고 공적 업무를 위임받아 수행하며 행정부처의 지도·감독을 받는 전국적인 조직망을 구축하고 있는 경우도 있다. 여기서 주목해야 할 것은 이들 단체가 회원의 이익을 위해 수행하는 다양한 사업이다.

협회는 설립목적에 따라 기본적인 업무를 수행한다. 회원이 의무적으로 이행해야 하는 신고나 등록 등의 행정업무 지원이나 위법적 행위 예방을 위한 활동과 회원의 권익을 위한 행정기관과의 업무협력은 협회가 수행해야 하는 기본적인 업무이다. 이러한 업무를 수행하기 위해서는 협회와 관련된 다양한 법령과 조례를 검토해야 하며, 법령의 재개정에도 적절하고 원만하게 대응해야 한다. 특히 협회와 회원의 발전을 위해 새로운 이슈를 발굴하고 제안하며 정책에 반영된다면 더 없이 좋은 일일 것이다. 그러나 이해가 상충하는 정책이나 정부지원을 받고자 하는 등의 사업은 많은 에너지가 소요되고, 목적한 바를 이루기도 쉽지 않다. 따라서 협회의 행정 관련 업무에는 전문성 있는 접근이 필요하다. 행정사가 협회 업무에 조력할 수 있는 지점이기도 하다.

2. 협회, 조합, 단체의 주요 업무 컨설팅

대부분의 협회는 제도개선 및 정책제안사업, 행정자문업무, 회원 교육사업, 정부 위임·위탁사업, 공제사업, 정보서비스 사업 등의 업무를 한다. 협회가 어떤 일을 하는지 구체적인 사례로 외식업중앙회의 주요사업을 보면 ① 자율지도 업무 수행 및 모범음식점 관리 운영 등 정부 위임 위탁사업 ② 법정 위생교육 수행 등 각종 교육사업 ③ 제도개선 및 정책추진(세제 혜택 확대·경영환경 개선)을 통한 회원 권익보호 사업 ④ 전국 지회 무료직업소개소를 통한 무료 구인·구직 사업 ⑤ 세무, 노무, 법률, 신용 상담창구 운영 등 행정사업 ⑥ 회원의 사회 안전망과 경영환경 개선을 위한 공제사업 ⑦ 인력양성사업, 연구사업, 정보서비스 사업 등을 한다. 이처럼 규모가 있고 체계가 갖추어진 협회는 설립취지에 맞는 업무를 무리 없이 수행할 수 있겠으나 대부분의 소규모 협회는 회원에게 더 나은 지원 대책을 모색하는 데 많은 어려움이 따른다. 이러한 문제를 해결하기 위해 협회의 일반적인 주요 행정 관련 업무와 함께 중점적으로 관심을 두어야 하는 내용을 살펴보면 다음과 같다. 이는 행정사가 협회와의 업무협력을 수행함에 있어 참고가 될 수 있을 것이다.

제도개선 및 정책제안

앞서 언급한 외식업중앙회의 경우 설립과 사업 그리고 회원 영업과 관련하여 「식품위생법」에 따라야 한다. 또한 회원의 안정적 운영을 위해 세금 및 신용카드 수수료 관련 법령, 상가·건물 임대차보호법, 소상공인 정부지원 사업, 창업·전환·폐업 사업 등의 관련 규정을 검토해야 할 것이다. 어느 협회이건 직간접적으로 관련 있는 법령이 있게 마련이다. 기본적으로 협회 관련 법령과 조례를 검토해야 하며, 회원의 권익과 안정적 운영을 위한 관련 규정 또한 놓치지 말아야 한다. 특히 수시로 개정되는 법령으로 인해 회원의 예기치 못한 피해가 발생하지 않도록 항상 주의를 기울여야 하며, 불합리한 규제의 개선이나 회원권익을 위한 정책제안 이슈도 발굴해야 한다.

행정업무 컨설팅

행정기관에 신고, 등록하는 업무에서부터 행정처분에 이르기까지 회원이 복잡하고 까다로운 행정업무를 원만하게 처리하기는 쉽지 않다. 또한 회원이 정부지원사업을 일일이 찾으며 지원대상이나 조건이 되는지, 신청절차와 구비서류는 어떻게 되는지를 이해하는 것부터가 어려운 일이다. 협회 차원에서 준비가 된다면 회원은 수월하게 정부지원 사업에 접근할 수 있을 것이다. 또한 의도하지 않은 위법행위에 대한 사전 예방을 위한 다양한 교육 및 정보제공 사업과 함께 혹여 그러한 일로 행정기관의 처분을 받았다 하더라도 적극적인 소명으로 구제받을 수 있는 방안도 제안해볼 수 있을 것이다.

교육 및 정보제공 사업

회원이 의무적으로 준수해야 하는 여러 법령이 있고 이러한 관련 규정이 수시로 제·개정되므로 협회는 이러한 정보를 회원들에게 제공하고 교육한다. 특히 건설이나 제품생산 관련 협회는 규격표준의 정보나 공공기관의 인증업무는 물론이거니와 공공기관 입찰에 관한 조건, 절차 등의 상세한 정보를 제공한다. 또한 세무, 노무, 행정 등에 관한 자문과 정부지원사업 활용을 위한 다양한 방식의 교육과 정보제공 사업을 한다. 이러한 교육과 정보제공 사업에 행정의 현장 실무를 이해하는 전문가의 협력이 필요하다.

정부 위임·위탁 사업

개별 법령에 설립 근거가 있는 협회는 정부로부터 지도감독을 받으며, 위임된 사업도 수행한다. 이러한 협회는 법령에 근거를 두고 주로 회원 교육사업과 점검사업을 한다. 이 외에 외식산업중앙회의 경우와 같이 국제음식박람회를 개최한다거나 서울시 음식문화개선 사업 등 협회의 성격에 맞게 정부와 협력사업을 추진하는 경우도 있다. 이러한 다양한 활동을 통해 협회의 발전을 도모하고 국민인식을 개선하는 효과도 거둘 수 있을 것이다. 또한 협회 활동의 성과를 바탕으로 향후 정부의 정책적 지원을 받는 데에도 도움이 될 것이다.

자격업무 등 기타 사업

이상의 업무 외에도 협회는 공제사업 및 다른 민간단체 연대사업, 사회기여사업, 경력 등 증명사업, 민간자격사업 등을 수행한다. 이러한 사업들 중에 민간자격사업은 협회발전에 기여하는 바도 크고 등록과 운영, 사후관리에 전문성이 요구되는 사업이다. 협회의 민간자격사업에는 한국전문상담협회의 지역아동교육지도사, 국제문화예술코칭협회의 방과후지도자와 진로직업체험지도자, 국제문화예술심리협회의 영어놀이지도사, 한국직업능력교육협회의 드론

운용사, 한국산업직업교육개발협회의 취업지도관리사 등이 있다. 등록민간자격은 국가 외 개인·법인·단체가 만들고 이들이 관리·운영하는 자격으로 등록관리기관에 등록하는 자격이다. 민간자격국가공인제도는 민간자격 중 우수한 자격을 자격정책심의회를 거쳐 공인하는 제도이다. 한국직업능력개발원의 자료로 현재 등록민간자격 현황을 보면 10,694개 기관이 등록한 종목은 41,675개(폐지/취소 종목 제외)에 이르고 공인민간자격은 59개 기관이 96개 종목을 운영하고 있다. 협회의 성격에 맞게 민간자격을 개발·등록하고, 이러한 자격이 공인자격으로 승격된다면 협회 발전을 도모할 수 있고, 자격취득자에게는 새로운 기회가 될 수 있을 것이다.

5장

국민권익 찾는
준사법 절차
— **행정심판**

01 행정의 **일반원칙**

　헌법은 국가사회 최고가치의 명문이며, 법적 기본질서이자 최고 규범성을 갖는다. 이로 인해 헌법은 최고의 효력을 가지며 다른 법률을 규율한다. 헌법을 벗어난 법률은 그 효력을 상실하게 된다. 행정법 역시 헌법의 효력 아래에 있으며, 헌법에 위반되는 법규범은 위헌이 되고, 행정법의 개별 법률을 적용함에 있어 헌법에 벗어나면 위법이 된다.

　행정법에 적용되는 일반원칙은 평등의 원칙, 신의성실의 원칙, 권한남용의 원칙, 비례의 원칙, 신뢰보호의 원칙, 자기구속의 원칙 등이 있으며, 행정법 혹은 행정행위가 이러한 일반원칙을 벗어나면 위헌·위법으로 무효이거나 그 효력은 제한된다. 때문에 행정청의 처분에 행정심판을 청구함에 있어 행정법의 일반원칙에 부합한 처분인지를 우선 따져보는 것이 중요하다.

1. 평등의 원칙
– 같은 것은 같게, 다른 것은 다르게

　평등의 원칙은 같은 것을 다르게, 다른 것을 같게 차별하는 것을 금지하는 것이다. 합리적 이유 없이 동일한 사항을 다르게 취급하거나, 다른 사안이라 하더라도 과도하게 차별적인 처분을 하는 것은 평등의 원칙에 반하는 것이다. 이러한 평등의 원칙은 일체의 차별적 대우를 부정하는 절대적인 평등을 의미하는 것은 아니고 법령의 제정과 적용에 있어 합리적인 근거가 없는 차별을 하면 안 된다는 뜻의 상대적 평등을 의미한다. 행정기본법에서는 평등의 원칙에 대해 '행정청은 합리적 이유 없이 국민을 차별하여서는 아니 된다.'고 명시하고 있다.

 판례 [서울고법 2016. 1. 15., 선고, 2015누37756, 판결 : 상고]

헌법 제11조 제1항은 "모든 국민은 법 앞에 평등하다. 누구든지 성별·종교 또는 사회적 신분에 의하여 정치적·경제적·사회적·문화적 생활의 모든 영역에서 차별을 받지 아니한다."라고 규정하고 있다. 이에 근거를 둔 평등원칙은 본질적으로 같은 것을 자의적으로 다르게 취급함을 금지하는 것으로서, 법령을 적용할 때뿐만 아니라 법령을 제정할 때에도 불합리한 차별취급을 하여서는 안 된다는 것을 뜻한다(대법원 2008. 11. 20. 선고 2007두8287 전원합의체 판결 등 참조). (중략) 평등권의 침해 여부에 관한 판단 기준인 자의금지원칙에 관한 심사요건은 ㉮ 본질적으로 동일한 것을 다르게 취급하고 있는지에 관련된 차별취급의 존재 여부와, ㉯이러한 차별취급이 존재한다면 이를 자의적인 것으로 볼 수 있는지 여부라고 할 수 있다.

 [국민권익위원회 경남행심2013-16, 2013. 2. 27. 인용]

이미 출생 시부터 선천성이상아라는 사실 상태는 동일함에도 불구하고 출생 후 28일 이내에 선천성이상아로 진단을 받은 경우와 그렇지 못한 경우를 구별하여 의료비 지원여부를 달리하는 것은 합리적인 근거가 없는 불합리한 차별로써 헌법상 평등의 원칙에 반하여 위법할 뿐만 아니라, 이 사건과 같이 출생 후 28일 이내에 선천성이상아로 진단을 받지 못한 것이 전적으로 해당 의료기관의 귀책사유에 기인한 것임에도 불구하고, 의료비 지원을 받지 못하는 모든 불이익을 청구인에게 부담시키는 것은 부당하다.

하지만 다른 법인이나 사람의 불법적인 행위에 대하여는 문제 삼지 않으면서 유독 본인에게만 불이익 처분하는 것은 평등의 원칙에 위반된다는 주장이 있을 수 있으나 불법적인 행위에 대한 처분의 구제를 청구함에 있어서의 평등의 원칙 요구는 인정되지 않는다.

 [국민권익위원회 서행심2013-671, 2013. 9. 9. 기각]

청구인이 운영하는 이 사건 업소에서 영업장 외 영업행위를 하여 「식품위생법」을 위반한 사실이 인정된다. 한편, 청구인은 적발된 장소는 주차장으로 이용하고 있는 사유지로 주민들의 통행에 방해가 되지 않으며, 다른 업소에도 이러한 영업행위를 하고 있음에도 민원을 이유로 이 사건 업소에게만 불이익을 주는 이 사건 처분을 부당하다고 주장하나, 위법행위에 평등의 원칙을 주장하는 것은 받아들이기 어려우며 그 외에 청구인에게 이 사건 처분을 감경할 만한 다른 특별한 사정이 있다고 보이지 않는 바, 피청구인이 위와 같은 법 위반 사실에 대하여 적법한 절차를 거쳐 청구인에게 한 이 사건 처분은 위법하거나 부당하다고 할 수 없다.

2. 신의성실의 원칙
－ 믿고 성실히 권리행사·의무이행 해야

신의성실의 원칙은 「민법」 제2조 제1항의 '권리의 행사와 의무의 이행은 신의에 좇아 성실히 하여야 한다.'는 규정에 따른 것으로 "신의칙"이라고도 한다. 이는 모든 사람이 사회공동체의 일원으로 상대방의 이익을 배려하여 형평에 어긋나거나 신뢰를 저버리는 행동으로 권리를 행사하여서는 안 되고, 성실히 행동하여야 한다는 것이다. 대법원은 신의성실의 원칙은 행정청의 법률행위에 대하여는 합법성의 원칙을 고려하여 예외적으로 적용되고, 신의성실의 원칙에 반하는 것은 강행규정에 위배되는 것으로 당사자의 주장이 없더라도 법원은 직권으로 판단할 수 있다고 판시하였다. 행정기본법에서는 신의성실의 원칙에 대해 '행정청은 법령등에 따른 의무를 성실히 수행하여야 한다.'고 명시하고 있다.

 판례 [대법원 2004. 7. 22., 선고, 2002두11233, 판결]

신의성실의 원칙은 법률관계의 당사자는 상대방의 이익을 배려하여 형평에 어긋나거나 신뢰를 저버리는 내용 또는 방법으로 권리를 행사하거나 의무를 이행하여서는 아니 된다는 추상적 규범을 말하는 것으로서, 신의성실의 원칙에 위배된다는 이유로 그 권리의 행사를 부정하기 위하여는 상대방에게 신의를 주었다거나 객관적으로 보아 상대방이 그러한 신의를 가짐이 정당한 상태에 이르러야 하고, 이와 같은 상대방의 신의에 반하여 권리를 행사하는 것이 정의 관념에 비추어 용인될 수 없는 정도의 상태에 이르러야 하고, 일반 행정법률관계에서 행정청의 행위에 대하여 신의칙이 적용되기 위해서는 합법성의 원칙을 희생하여서라도 처분의 상대방의 신뢰를 보호함이 정의의 관념에 부합하는 것으로 인정되는 특별한 사정이 있을 경우에 한하여 예외적으로 적용된다.

[대법원 2015. 3. 20., 선고, 2013다88829, 판결]

신의성실의 원칙 위반 또는 권리남용은 강행규정에 위배되는 것으로서 당사자의 주장이 없더라도 법원은 직권으로 판단할 수 있다(대법원 1995. 12. 22. 선고 94다42129 판결, 대법원 2003. 10. 10. 선고 2001다74322 판결 등 참조).

 [대법원 2005. 8. 19., 선고, 2003두9817, 판결]

실권의 법리는 권리자가 권리행사의 기회를 가지고 있음에도 불구하고, 장기간에 걸쳐 그의 권리를 행사하지 아니하였기 때문에 의무자인 상대방이 이미 그의 권리를 행사하지 아니할 것으로 믿을 만한 정당한 사유가 있게 되거나 행사하지 아니할 것으로 추인케 할 경우에 새삼스럽게 그 권리를 행사하는 것이 신의성실의 원칙에 반하는 결과가 될 때 그 권리행사를 허용하지 않는 것을 의미한다(대법원 1988. 4. 27. 선고 87누915 판결 참조).

3. 권한남용금지의 원칙
– 권한은 정당하게 그리고 남용하지 말아야

권한남용금지의 원칙은 「민법」 제2조 제2항의 '권리는 남용하지 못한다.'는 규정에 따른 것으로 권리를 행사함에 있어 외관상 적법하게 보이지만 실질에 있어 공공성·사회성에 반하여 정당한 권리의 행사로 볼 수 없는 것으로 행정기관은 헌법과 법률에 의하여 부여된 권한을 행사할 때에도 그 권한을 남용하여서는 아니 되고, 그 권한이 법상의 목적과는 다른 공익목적을 위해 행사하는 것 역시 남용에 해당한다. 행정기본법에서는 권한남용금지의 원칙에 대해 '행정청은 행정권한을 남용하거나 그 권한의 범위를 넘어서는 아니 된다.'고 명시하고 있다.

 [전원재판부 2012헌바335, 2013. 5. 30.]

(나) 민법 제2조 제2항은 "권리는 남용하지 못한다."라고 규정하고 있는바, 여기서 말하는 '권리의 남용'이란 권리의 행사가 외관상으로는 적법하게 보이지만 실질에 있어서는 권리의 공공성·사회성에 반하거나 권리 본래의 사회적 목적을 벗어난 것이어서 정당한 권리의 행사로 볼 수 없는 것으로 해석할 수 있다. 비록 위 조항에서 '남용'이라는 다소 추상적이고 광범위한 것으로 보이는 용어를 사용하면서 모든 구성요건을 일일이 규정하고 있지는 않으나, 법률조항에서 권리의 남용에 해당하는 모든 경우를 상정하여 규정하는 것은 입법기술상으로 불가능하다. 나아가 어느 권리행사가 권리남용이 되는가의 여부는 개별적이고 구체적인 사안에 따라 사법심사를 통해 판단되어야 할 사안이고(대법원 2003. 11. 27. 선고 2003다40422 판결), 이러한 법원의 판단은 구체적인 상황에 따라 달라질 수 있는데, 법률조항에서 해당 요건을 모두 규정하는 것은 구체적 타당성을 도모하려는 법관의 재량을 지나치게 제한할 수 있다는 측면에서도 바람직하지 않다. 한편, 법원은 권리남용에 해당하기 위한 요건으로서 "권리의 행사가 주관적으로 오직 상대방에게 고통을 주고 손해를 입히려는 데 있을 뿐 이를 행사하는 사람에게는 아무런 이익이 없고, 객관적으로 사회질서에 위반된다고 볼 수 있으면, 그 권리의 행사는 권리남용으로서 허용되지 아니한다."(대법원 2010. 2. 25. 선고 2008다73809 판결; 대법원 2011. 4. 28. 선고 2011다12163 판결 등)라고 판시하여 권리남용에 해당하는 범위를 합리적으로 제한하고 있으므로, 그 적용 범위가 지나치게 광범위하다고 볼 수도 없다

[대법원 2016. 12. 15., 선고, 2016두47659, 판결]

법치국가원리는 국가권력의 행사가 법의 지배 원칙에 따라 법적으로 구속을 받는 것을 뜻한다. 법치주의는 원래 국가권력의 자의적 행사를 막기 위한 데서 출발한 것이다. 국가권력의 행사가 공동선의 실현을 위하여서가 아니라 특정 개인이나 집단의 이익 또는 정파적 이해관계에 의하여 좌우된다면 권력의 남용과 오용이 발생하고 국민의 자유와 권리는 쉽사리 침해되어 힘에 의한 지배가 되고 만다. 법치주의는 국가권력의 중립성과 공공성 및 윤리성을 확보하기 위한 것이므로, 모든 국가기관과 공무원은 헌법과 법률에 위배되는 행위를 하여서는 아니 됨은 물론 헌법과 법률에 의하여 부여된 권한을 행사할 때에도 그 권한을 남용하여서는 아니 된다.

4. 비례의 원칙
- 처분은 적정, 최소, 균형 있게

비례의 원칙은 행정작용에 있어 한계를 두는 것으로 행정의 목적, 수단, 집행에 있어 합리적이어야 한다는 것으로 목적이 정당해야 하고, 목적을 달성하기 위한 수단이 적합해야 하며, 피해를 최소화면서 공익과 사익의 이익형량이 균형적이어야 한다는 것으로 과잉금지의 원칙이라고도 한다. 특히 제재처분의 경우 의무위반의 내용과 제재처분의 양정사이에 비례관계가 인정되어야 하며, 제재처분이 사회통념에 비추어 현저하게 과중할 경우에는 재량권의 일탈·남용에 해당하여 위법하다. 행정기본법에서는 비례의 원칙에 대해 '행정작용은 ① 행정목적을 달성하는 데 유효하고 적절할 것, ② 행정목적을 달성하는 데 필요한 최소한도에 그칠 것, ③ 행정작용으로 인한 국민의 이익 침해가 그 행정작용이 의도하는 공익보다 크지 아니할 것을 따라야 한다.'고 명시하고 있다.

 [전원재판부 92헌가8, 1992. 12. 24., 위헌]

국가작용 중 특히 입법작용에 있어서의 과잉입법금지의 원칙이라 함은 국가가 국민의 기본권을 제한하는 내용의 입법활동을 함에 있어서 준수하여야 할 기본원칙 내지 입법활동의 한계를 의미하는 것으로서, 국민의 기본권을 제한하려는 입법의 목적이 헌법 및 법률의 체제상 그 정당성이 인정되어야 하고(목적의 정당성), 그 목적의 달성을 위하여 그 방법이 효과적이고 적절하여야 하며(방법의 적정성), 입법권자가 선택한 기본권제한의 조치가 입법목적달성을 위하여 설사 적절하다 할지라도 보다 완화된 형태나 방법을 모색함으로써 기본권의 제한은 필요한 최소한도에 그치도록 하여야 하며(피해의 최소성), 그 입법에 의하여 보호하려는 공익과 침해되는 사익을 비교형량할 때 보호되는 공익이 더 커야한다(법익의 균형성)는 법치국가의 원리에서 당연히 파생되는 헌법상의 기본원리의 하나인 비례의 원칙을 말하는 것이다.

 [대법원 2019. 9. 9., 선고, 2018두48298, 판결]

비례의 원칙은 법치국가 원리에서 당연히 파생되는 헌법상의 기본원리로서, 모든 국가작용에 적용된다(헌법재판소 1992. 12. 24. 선고 92헌가8 전원재판부 결정 참조). 행정목적을 달성하기 위한 수단은 그 목적달성에 유효·적절하고, 또한 가능한 한 최소침해를 가져오는 것이어야 하며, 아울러 그 수단의 도입으로 인한 침해가 의도하는 공익을 능가하여서는 아니 된다(대법원 1997. 9. 26. 선고 96누10096 판결 참조). 특히 처분상대방의 의무위반을 이유로 한 제재처분의 경우 의무위반의 내용과 제재처분의 양정(量定) 사이에 엄밀하게는 아니더라도 대략적으로라도 비례 관계가 인정되어야 하며, 의무위반의 내용에 비하여 제재처분이 과중하여 사회통념상 현저하게 타당성을 잃은 경우에는 재량권 일탈·남용에 해당하여 위법하다고 보아야 한다(대법원 2007. 7. 19. 선고 2006두19297 판결 참조).

[대법원 2010. 1. 14., 선고, 2009두11843, 판결]

과징금을 부과할 때 위반행위의 내용과 정도, 기간과 횟수 외에 위반행위로 인하여 취득한 이익의 규모 등도 아울러 참작하도록 규정하고 있으므로, 과징금의 액수는 당해 위반행위의 구체적 태양 등에 기하여 판단되는 그 위법성의 정도뿐 아니라 그로 인한 이득액의 규모와도 상호 균형을 이루어야 하고, 이러한 균형을 상실할 경우에는 비례의 원칙에 위배되어 재량권의 일탈·남용에 해당할 수가 있다.

5. 신뢰보호의 원칙
– 신뢰하고 한 행위는 보호해야

신뢰보호의 원칙은 행정청의 말과 행동으로 국민이 신뢰하고 행위를 한 경우 그 행위를 보호할 가치가 있는 경우 보호하는 원칙이다. 이러한 신뢰보호의 원칙이 성립하기 위해서는 행정청의 공적인 견해표명, 개인이 그 견해표명을 신뢰하는 데 있어 귀책사유가 없어야 하며, 이에 기초하여 어떠한 행위를 하고 행정청이 당초 견해표명에 반하는 처분을 함으로써 개인의 이익이 침해되는 결과가 초래되어야 한다. 또한 공익 또는 제3자의 정당한 이익을 현저히 해할 우려가 있지 않아야 한다. 그리고 단순히 착오로 어떠한 처분을 계속한 경우는 이에 해당되지 않고, 따라서 처분청이 추후 오류를 발견하여 합리적인 방법으로 변경하는 것은 신뢰보호의 원칙에 위배되지 않는다. 행정기본법에서는 신뢰보호의 원칙에 대해 '① 행정청은 공익 또는 제3자의 이익을 현저히 해칠 우려가 있는 경우를 제외하고는 행정에 대한 국민의 정당하고 합리적인 신뢰를 보호하여야 한다. ② 행정청은 권한 행사의 기회가 있음에도 불구하고 장기간 권한을 행사하지 아니하여 국민이 그 권한이 행사되지 아니할 것으로 믿을 만한 정당한 사유가 있는 경우에는 그 권한을 행사해서는 아니 된다. 다만, 공익 또는 제3자의 이익을 현저히 해칠 우려가 있는 경우는 예외로 한다.'고 명시하고 있다.

판례 [대법원 2008. 1. 17., 선고, 2006두10931, 판결]

일반적으로 행정상의 법률관계에 있어서 행정청의 행위에 대하여 신뢰보호의 원칙이 적용되기 위하여는, 첫째 행정청이 개인에 대하여 신뢰의 대상이 되는 공적인 견해표명을 하여야 하고, 둘째 행정청의 견해표명이 정당하다고 신뢰한 데에 대하여 그 개인에게 귀책사유가 없어야 하며, 셋째 그 개인이 그 견해표명을 신뢰하고 이에 기초하여 어떠한 행위를 하였어야 하고, 넷째 행정청이 위 견해표명에 반하는 처분을 함으로써 그 견해표명을 신뢰한 개인의 이익이 침해되는 결과가 초래되어야 하는바, 어떠한 행정처분이 이러한 요건을 충족하는 때에는 공익 또는 제3자의 정당한 이익을 현저히 해할 우려가 있는 경우가 아닌 한 신뢰보호의 원칙에 반하는 행위로서 위법하다(대법원 1999. 3. 9. 선고 98두19070 판결, 대법원 2006. 6. 9. 선고 2004두46 판결 등 참조). 한편, 행정청의 공적 견해표명이 있었는지의 여부를 판단함에 있어서는, 반드시 행정조직상의 형식적인 권한분장에 구애될 것은 아니고, 담당자의 조직상의 지위와 임무, 당해 언동을 하게 된 구체적인 경위 및 그에 대한 상대방의 신뢰가능성에 비추어 실질에 의하여 판단하여야 하고(대법원 1997. 9. 12. 선고 96누18380 판결 등 참조), 그 개인의 귀책사유라 함은 행정청의 견해표명의 하자가 상대방 등 관계자의 사실은폐나 기타 사위의 방법에 의한 신청행위 등 부정행위에 기인한 것이거나 그러한 부정행위가 없더라도 하자가 있음을 알았거나 중대한 과실로 알지 못한 경우 등을 의미한다고 해석함이 상당하고, 귀책사유의 유무는 상대방과 그로부터 신청행위를 위임받은 수임인 등 관계자 모두를 기준으로 판단하여야 한다(대법원 2000. 11. 8. 선고 2001두1512 판결 등 참조).

특정 사항에 관하여 신뢰보호원칙상 행정청이 그와 배치되는 조치를 할 수 없다고 할 수 있을 정도의 행정관행이 성립되었다고 하려면 상당한 기간에 걸쳐 그 사항에 관하여 동일한 처분을 하였다는 객관적 사실이 존재할 뿐만 아니라, 행정청이 그 사항에 관하여 다른 내용의 처분을 할 수 있음을 알면서도 어떤 특별한 사정 때문에 그러한 처분을 하지 않는다는 의사가 있고 이와 같은 의사가 명시적 또는 묵시적으로 표시되어야 한다. 단순히 착오로 어떠한 처분을 계속한 경우는 이에 해당되지 않고, 따라서 처분청이 추후 오류를 발견하여 합리적인 방법으로 변경하는 것은 신뢰보호원칙에 위배되지 않는다(대법원 1993. 6. 11. 선고 92누14021 판결 등 참조).

6. 자기구속의 원칙
– 행정관행에 어긋나지 않게

자기구속의 원칙은 행정청이 처분함에 있어 행정규칙에 정한 바에 의해 반복적으로 시행되어 행정관행이 성립되어 있는 경우 신뢰보호의 원칙과 평등의 원칙에 따라 행정기관은 행정규칙을 따라야하는 자기구속을 받는다는 원칙으로 주로 행정청의 재량이 인정되는 영역에서 적용될 수 있다. 그러나 행정처분이 행정규칙이나 내부지침에 위반되었다고 하여 곧바로 자기구속의 원칙을 위반한 것으로 볼 수는 없으며, 다른 한편 위법한 행정처분이 수차례 반복적으로 행하여졌다 하더라도 그러한 처분이 위법한 것인 때에는 행정청에 대하여 자기구속력을 갖게 된다고 할 수 없다.

판례 [대법원 2009. 12. 24., 선고, 2009두7967, 판결]

[1] 상급행정기관이 하급행정기관에 대하여 업무처리지침이나 법령의 해석적용에 관한 기준을 정하여 발하는 이른바 '행정규칙이나 내부지침'은 일반적으로 행정조직 내부에서만 효력을 가질 뿐 대외적인 구속력을 갖는 것은 아니므로 행정처분이 그에 위반하였다고 하여 그러한 사정만으로 곧바로 위법하게 되는 것은 아니다. 다만, 재량권 행사의 준칙인 행정규칙이 그 정한 바에 따라 되풀이 시행되어 행정관행이 이루어지게 되면 평등의 원칙이나 신뢰보호의 원칙에 따라 행정기관은 그 상대방에 대한 관계에서 그 규칙에 따라야 할 자기구속을 받게 되므로, 이러한 경우에는 특별한 사정이 없는 한 그를 위반하는 처분은 평등의 원칙이나 신뢰보호의 원칙에 위배되어 재량권을 일탈·남용한 위법한 처분이 된다.

판례 [대법원 2009. 6. 25., 선고, 2008두13132, 판결]

일반적으로 행정상의 법률관계에 있어서 행정청의 행위에 대하여 신뢰보호의 원칙이 적용되기 위하여는 행정청이 개인에 대하여 신뢰의 대상이 되는 공적인 견해표명을 하였다는 점이 전제되어야 한다(대법원 1998. 5. 8. 선고 98두4061 판결 등 참조). 그리고 평등의 원칙은 본질적으로 같은 것을 자의적으로 다르게 취급함을 금지하는 것이고, 위법한 행정처분이 수차례에 걸쳐 반복적으로 행하여졌다 하더라도 그러한 처분이 위법한 것인 때에는 행정청에 대하여 자기구속력을 갖게 된다고 할 수 없다.

02 행정심판 개요

1. 행정심판이란?

행정심판이란 행정청의 위법 또는 부당한 처분이나 부작위에 대한 다툼이 행정기관에 의해 이루어지는 절차를 말하며, 행정심판의 대상은 행정청의 처분 또는 부작위에 대해서 타 법률에 정한 경우를 제외하고는 제한 없이 행정심판을 제기할 수 있다.

법령 　행정심판법

제3조(행정심판의 대상) ① 행정청의 처분 또는 부작위에 대하여는 다른 법률에 특별한 규정이 있는 경우 외에는 이 법에 따라 행정심판을 청구할 수 있다.

즉, 행정심판을 제기할 수 있는 대상을 별도로 열거하여 제한한 것이 아니라 사실상 모든 위법·부당한 처분이 행정심판의 대상이 되며, 이의신청, 심사청구, 심판청구 등으로 표현되고 있다. 행정심판에서의 중요용어인 처분, 부작위,

재결, 행정청의 정의는「행정심판법」제2조에 규정되어 있다.

제2조(정의) 이 법에서 사용하는 용어의 뜻은 다음과 같다.

1. "처분"이란 행정청이 행하는 구체적 사실에 관한 법집행으로서의 공권력의 행사 또는 그 거부, 그 밖에 이에 준하는 행정작용을 말한다.
2. "부작위"란 행정청이 당사자의 신청에 대하여 상당한 기간 내에 일정한 처분을 하여야 할 법률상 의무가 있는데도 처분을 하지 아니하는 것을 말한다.
3. "재결(裁決)"이란 행정심판의 청구에 대하여 제6조에 따른 행정심판위원회가 행하는 판단을 말한다.
4. "행정청"이란 행정에 관한 의사를 결정하여 표시하는 국가 또는 지방자치단체의 기관, 그 밖에 법령 또는 자치법규에 따라 행정권한을 가지고 있거나 위탁을 받은 공공단체나 그 기관 또는 사인(私人)을 말한다.

이의신청은 행정심판의 성질을 갖는 경우와 그렇지 않은 경우가 있는데 행정처분으로 인하여 권리나 이익이 침해당한 상대방의 권리구제에 목적이 있다는 점에서 그 본질은 동일하나 행정심판의 성질을 갖는 이의신청은「행정심판법」제3조 제1항에 규정된 '다른 법률에 특별한 규정이 있는 경우'의 이의신청에 해당한다.

통상의 이의신청은 행정처분청에 제기하는 불복절차로 행정심판의 성질은 갖지 않는 경우를 일컫는다. 다만 행정청에 이의신청의 표현으로 제기하며 행정심판청구서의 형식을 다 갖추지 않았다 하더라도 문서의 기재내용에 따라 심판청구로 볼 수 있다.

건축불허가처분취소
[대법원 2000. 6. 9. 선고 98두2621 판결]

기록에 의하면 위 진정서에는 이 사건 처분을 통지받지 못한 경위를 알려달라는 내용뿐만 아니라 이 사건 처분을 재고하여 달라거나 이 사건 처분에 불복한다는 취지도 포함되어 있음을 알 수 있는바, 위 문서는 비록 제목이 "진정서"로 되어 있고, 재결청의 표시, 심판청구의 취지 및 이유, 처분을 한 행정청의 고지의 유무 및 그 내용 등 행정심판법 제19조 제2항 소정의 사항들을 구분하여 기재하고 있지 아니하여 행정심판청구서로서의 형식을 다 갖추고 있다고 볼 수는 없으나, 피청구인인 처분청과 청구인의 이름과 주소가 기재되어 있고, 청구인의 기명이 되어 있으며, 위 문서의 기재 내용에 의하여 심판청구의 대상이 되는 행정처분의 내용과 심판청구의 취지 및 이유, 처분이 있은 것을 안 날을 알 수 있고, 여기에 기재되어 있지 않은 재결청, 처분을 한 행정청의 고지의 유무 등의 내용과 날인 등의 불비한 점은 보정이 가능하므로 이를 이 사건 처분에 대한 행정심판청구로 보는 것이 옳을 것이다.

행정심판제도는 행정의 자율적 통제기능과 사법 보완적 기능을 통한 국민의 권리구제에 있다.

행정의 자율적 통제기능

행정기관의 처분에 불복한 청구인의 제기에 따라 행정기관 스스로 한 처분에 대한 심판으로 내부적 판단의 종결을 의미하며, 행정처분의 하자를 자율적으로 시정하도록 하는 기능이다.

사법적 보완 및 부담 경감

행정기관의 전문성을 활용함으로써 법원의 전문성을 보완하며, 행정심판단계에서 분쟁을 해결함으로써 법원의 부담을 경감할 수 있다.

신속하고 경제적인 권익구제

소송절차에 비하여 신속, 간편하고 경제적이므로 권리구제에 드는 시간과 비용을 절약하는 측면도 있고 또한 처분의 적법성 여부뿐만 아니라 법원이 판단할 수 없는 처분의 당·부당의 문제에 관해서도 심사받을 수 있다.

 도로교통법 제101조의3 위헌소원
[전원재판부 2001헌바40, 2002. 10. 31.]

헌법 제107조 제3항 제1문은 "재판의 전심절차로서 행정심판을 할 수 있다."고 하여 행정심판의 헌법적 근거를 제공하고 있다. 행정심판이라 함은 행정청의 위법·부당한 처분 또는 부작위에 대한 불복에 대하여 행정기관이 심판하는 행정쟁송절차를 말한다.

행정심판의 기능 및 존재이유로서는 첫째, 행정청에게 먼저 재고와 반성의 기회를 주어 행정처분의 하자를 자율적으로 시정하도록 하는 '자율적 행정통제'의 기능, 둘째, 행정의 전문·기술성이 날로 증대됨에 따라 행정기관의 전문지식을 활용할 수 있도록 함으로써 법원의 전문성 부족을 보완하는 기능, 셋째, 분쟁을 행정심판단계에서 해결하도록 함으로써 분쟁해결의 시간과 비용을 절약하고 법원의 부담을 경감할 수 있다는 기능 등을 들 수 있다.

 행정심판법 제49조 제1항 위헌소원
[전원재판부 2013헌바122, 2014. 6. 26.]

헌법 제107조 제3항은 "재판의 전심절차로서 행정심판을 할 수 있다. 행정심판의 절차는 법률로 정하되, 사법절차가 준용되어야 한다."라고 규정하고 있으나, 이는 행정심판제도의 목적이 행정의 자율적 통제기능과 사법 보완적 기능을 통한 국민의 권리구제에 있으므로 행정심판의 심리절차에서도 관계인의 충분한 의견진술 및 자료제출과 당사자의 자유로운 변론 보장 등과 같은 대심구조적 사법절차가 준용되어야 한다는 취지일 뿐, 사법절차의 심급제에 따른 불복할 권리까지 준용되어야 한다는 취지는 아니다.

행정청의 자율적 통제와 국민 권리의 신속한 구제라는 행정심판의 취지에 맞게 행정청으로 하여금 행정심판을 통하여 스스로 내부적 판단을 종결시키고자 하는 것으로서 그 합리성이 인정되고, 반면 행정청의 행위에 대해 행정심판이 이루어졌다는 이유로 국민이 행정청의 행위를 법원에서 다툴 수 없도록 한다면 재판받을 권리를 제한하는 것이 되므로 국민은 행정심판의 재결에도 불구하고 행정소송을 제기할 수 있도록 한 것일 뿐이므로, 이 사건 법률조항이 평등권을 침해하거나 평등원칙에 위배된다고 볼 수 없다.

행정심판제도는 국민의 권리 또는 이익을 보호하기 위하여 행정청의 처분이나 부작위의 위법성 또는 부당성을 행정기관이 심판하는 것으로서, 이러한 행정통제기능을 수행하기 위해서는 중앙정부와 지방정부를 포함하여 행정청 내부에 어느 정도 그 판단기준의 통일성이 갖추어져야 한다. 또한 행정심판제도가 행정청이 가진 전문성을 활용하고 신속하게 문제를 해결하여 분쟁해결의 효과성과 효율성을 높이려는 취지로 마련되었음을 고려할 때, 사안에 따라 지방자치단체가 개별적으로 행정심판의 기능을 갖는 것보다 국가단위로 행정심판이 이루어지는 것이 더욱 바람직할 수 있다. 이 사건 법률조항은 다층적·다면적으로 설계된 현행 행정심판제도 속에서 각 행정심판 기관의 인용재결의 기속력을 인정한 것으로서, 이로 인하여 중앙행정기관이 지방행정기관을 통제하는 상황이 발생한다고 하여 그 자체로 지방자치제도의 본질적 부분을 훼손하는 정도에 이른다고 보기 어렵다.

 국세기본법 제56조 제2항 등 위헌소원
[전원재판부 2015헌바229, 2016. 12. 29]

행정심판절차는 소송절차에 비하여 신속, 간편하고 경제적이므로 권리구제에 드는 시간과 비용을 절약하는 긍정적 측면도 있고, 또한 처분의 적법성 여부뿐만 아니라 법원이 판단할 수 없는 처분의 당·부당의 문제에 관해서도 심사받을 수 있다.

2. 행정심판의 종류

「행정심판법」에 행정심판의 종류에는 취소심판, 무효등확인심판, 의무이행심판으로 정하고 있다.

취소심판

취소심판은 행정청의 위법 또는 부당한 처분을 취소하거나 변경하는 행정심판으로 심판청구 기간은 처분이 있음을 알게 된 날부터 90일 이내, 처분이 있었던 날부터 180일 이내이며, 행정청이 규정보다 긴 기간으로 잘못 고지한 경우에는 그 기간을 행정심판청구 기간으로 본다. 이 기간의 규정은 무효등확인심판청구와 부작위에 대한 의무이행심판청구에는 적용되지 않는다. 위원회는 이 청구가 이유 있다고 인정하면 처분을 취소 또는 다른 처분으로 변경하거나 처분을 다른 처분으로 변경할 것을 피청구인에게 명한다(제43조 제3항).

법령 행정심판법

제27조(심판청구의 기간) ① 행정심판은 처분이 있음을 알게 된 날부터 90일 이내에 청구하여야 한다.
③ 행정심판은 처분이 있었던 날부터 180일이 지나면 청구하지 못한다. 다만, 정당한 사유가 있는 경우에는 그러하지 아니하다.
⑤ 행정청이 심판청구 기간을 제1항에 규정된 기간보다 긴 기간으로 잘못 알린 경우 그 잘못 알린 기간에 심판청구가 있으면 그 행정심판은 제1항에 규정된 기간에 청구된 것으로 본다.

무효등확인심판

무효등확인심판은 행정청의 처분의 효력 유무 또는 존재 여부를 확인하는 행정심판으로 권리의무에 직접 영향을 미치는 행정청의 공법상의 행위인 처분에 대한 청구이다. 위원회는 이 청구가 이유 있다고 인정하면 처분의 효력 유무 또는 처분의 존재 여부를 확인한다(제43조 제4항).

의무이행심판

의무이행심판은 당사자의 신청에 대한 행정청의 위법 또는 부당한 거부처분이나 부작위에 대하여 일정한 처분을 하도록 하는 행정심판으로, 위원회는 이 청구가 이유 있다고 인정하면 지체 없이 신청에 따른 처분을 하거나 처분을 할 것을 피청구인에게 명한다(제43조 제5항).

법령 행정심판법

제5조(행정심판의 종류) 행정심판의 종류는 다음 각 호와 같다.
1. 취소심판 : 행정청의 위법 또는 부당한 처분을 취소하거나 변경하는 행정심판
2. 무효등확인심판 : 행정청의 처분의 효력 유무 또는 존재 여부를 확인하는 행정심판
3. 의무이행심판 : 당사자의 신청에 대한 행정청의 위법 또는 부당한 거부처분이나 부작위에 대하여 일정한 처분을 하도록 하는 행정심판

3. 행정심판의 당사자 및 관계인

당사자

행정심판의 당사자는 법률상 이익이 있는 청구인과 심판의 대상이 되는 처분을 한 행정청이 피청구인이 된다.

행정심판법의 청구인은 법률상 이익이 있는 자가 청구할 수 있고(제13조), 자연인 또는 법인뿐 아니라 사단 또는 재단으로서 대표자나 관리인이 정하여져 있는 경우에는 그 사단이나 재단의 이름으로 심판청구 할 수 있고(제14조), 법률상 이익이 있는 행정처분의 제3자도 청구인이 될 수 있다. 그리고 청구인이 사망한 경우에는 상속인이, 법인이 합병한 경우 합병 후 존속 법인이나 신설된 법인이 청구인의 지위를 승계하며(제16조 제1항, 제2항), 심판청구의 대상과 관계되는 권리나 이익을 양수한 자는 위원회의 허가를 받아 청구인의 지위를 승계할 수 있다(제16조 제5항).

법령 　　　 행정심판법

제13조(청구인 적격) ① 취소심판은 처분의 취소 또는 변경을 구할 법률상 이익이 있는 자가 청구할 수 있다. 처분의 효과가 기간의 경과, 처분의 집행, 그 밖의 사유로 소멸된 뒤에도 그 처분의 취소로 회복되는 법률상 이익이 있는 자의 경우에도 또한 같다.

② 무효등확인심판은 처분의 효력 유무 또는 존재 여부의 확인을 구할 법률상 이익이 있는 자가 청구할 수 있다.

③ 의무이행심판은 처분을 신청한 자로서 행정청의 거부처분 또는 부작위에 대하여 일정한 처분을 구할 법률상 이익이 있는 자가 청구할 수 있다.

법률상 이익이 있는 자가 아닌 자의 심판청구는 부적법한 청구가 되는 것이다. 그렇다면 법률상 이익이란 무엇인가? 대법원은 처분의 근거 법규 및 관련 법규에 의하여 보호되는 개별적·직접적·구체적 이익이 있는 경우를 말하며, 처분의 행정목적을 달성하기 위한 단계적인 관련 처분들의 근거법규에 의하여 명시적으로 보호받는 법률상 이익과 법규의 합리적 해석상 개별적·직접적·구체적 이익을 보호하는 취지가 포함되어 있다고 해석되는 경우까지를 말한다고 판시하였다. 그러나 공익보호의 결과로 국민 일반이 공통적으로 가지는 일반적·간접적·추상적 이익과 같이 사실적·경제적 이해관계를 갖는 데 불과한 경우는 법률상 이익에 포함되지 않는다.

 이사선임처분취소
[대법원 2015. 7. 23. 선고 2012두19496, 19502 판결]

> 법률상 보호되는 이익은 당해 처분의 근거 법규 및 관련 법규에 의하여 보호되는 개별적·직접적·구체적 이익이 있는 경우를 말하고, 공익보호의 결과로 국민 일반이 공통적으로 가지는 일반적·간접적·추상적 이익과 같이 사실적·경제적 이해관계를 갖는 데 불과한 경우는 여기에 포함되지 아니한다. 또 당해 처분의 근거 법규 및 관련 법규에 의하여 보호되는 법률상 이익은 당해 처분의 근거 법규의 명문 규정에 의하여 보호받는 법률상 이익, 당해 처분의 근거 법규에 의하여 보호되지는 아니하나 당해 처분의 행정목적을 달성하기 위한 일련의 단계적인 관련 처분들의 근거 법규에 의하여 명시적으로 보호받는 법률상 이익, 당해 처분의 근거 법규 또는 관련 법규에서 명시적으로 당해 이익을 보호하는 명문의 규정이 없더라도 근거 법규 및 관련 법규의 합리적 해석상 그 법규에서 행정청을 제약하는 이유가 순수한 공익의 보호만이 아닌 개별적·직접적·구체적 이익을 보호하는 취지가 포함되어 있다고 해석되는 경우까지를 말한다.

　피청구인은 청구인에 의해 심판청구를 제기받은 행정청이며, 심판청구의 대상과 관계되는 권한이 다른 행정청에 승계된 경우에는 권한을 승계한 행정청을 피청구인으로 하여야 한다. 또한 청구인이 피청구인을 잘못 지정한 경우에는 경정할 수 있다.

제17조(피청구인의 적격 및 경정) ① 행정심판은 처분을 한 행정청(의무이행심판의 경우에는 청구인의 신청을 받은 행정청)을 피청구인으로 하여 청구하여야 한다. 다만, 심판청구의 대상과 관계되는 권한이 다른 행정청에 승계된 경우에는 권한을 승계한 행정청을 피청구인으로 하여야 한다.
② 청구인이 피청구인을 잘못 지정한 경우에는 위원회는 직권으로 또는 당사자의 신청에 의하여 결정으로써 피청구인을 경정(更正)할 수 있다.

관계인

관계인은 행정심판 참가인과 대리인을 말하며, 참가인은 행정심판의 결과에 이해관계가 있는 제3자나 행정청으로 위원회에 참가 신청하여 허가를 받거나 위원회가 필요하다고 인정하여 해당 심판에 참가하는 자이다. 참가인은 행정심판 절차에서 당사자가 할 수 있는 심판절차상의 행위를 할 수 있다(제20조, 제21조, 제22조). 대리인은 청구인이 법정대리인 외에 선임한 자로 배우자, 청구인 또는 배우자의 사촌 이내의 혈족, 법인의 임직원, 변호사, 다른 법률에 따라 심판청구를 대리할 수 있는 자, 위원회 허가를 받은 자이다(제18조 제1항). 또 피청구인은 그 소속직원, 변호사, 다른 법률에 따라 심판청구를 대리할 수 있는 자, 위원회 허가를 받은 자를 대리인으로 선임할 수 있다(제18조 제2항). 또한 사회적 약자에 대해 실질적 권익구제 확대를 위해 청구인의 경제적 능력으로 인해 대리인을 선임할 수 없는 경우에는 위원회에 국선대리인을 선임하여 줄 것을 신청할 수 있는 제도를 새로이 도입하여 시행을 앞두고 있다(제18조의2).

4. 행정심판법상의 임시구제

집행정지

「행정심판법」에서 심판청구는 처분의 효력이나 그 집행 또는 절차의 속행에 영향을 주지 아니한다고 규정하여 집행부정지를 원칙으로 하고 있다(제30조 제1항). 다만 예외적으로 위원회는 처분, 처분의 집행 또는 절차의 속행 때문에 중대한 손해가 생기는 것을 예방할 필요성이 긴급하다고 인정할 때에는 직권으로 또는 당사자의 신청에 의하여 처분의 효력, 처분의 집행 또는 절차의 속행의 전부 또는 일부의 정지를 결정할 수 있다고 하여 집행정지의 요건을 정하였다(제30조 제2항). 나아가 집행정지 결정에 있어 '중대한 손해가 생기는 것을 예방'이 아닌 '중대한 손해가 생길 우려'있다고 인정되면 위원장이 직권으로 결정할 수 있고 위원회에 추인 받도록 하였다(제30조 제6항). 집행정지는 공공복리에 중대한 영향을 미칠 우려가 있는 때는 허용되지 아니한다(제30조 제3항)고 하여 예외적인 집행정지의 요건을 부가하여 규정하였다.

여기서 주목할 점은 2010년 1월 시행된 「행정심판법」에는 '회복하기 어려운 손해'에서 '중대한 손해'로 집행정지의 요건이 개정되었다는 점이다. 행정심판법 개정안에 대한 국회 검토보고에 따르면, '회복하기 어려운 손해'에 대한 판례는 특별한 사정이 없는 한 금전으로 보상할 수 없는 손해로 금전상 손해에 대하여는 중대한 손해일지라도 집행정지를 인정하는 데 오히려 제약요인으로 작용한다고 보고 '중대한 손해'로 완화하여 임시적 구제를 확대하려는 취지로, 이는 청구인의 권리를 더욱 두텁게 보호할 수 있을 것으로 기대한다고 밝히고 있다.

집행정지
[대법원 2012. 2. 1. 자 2012무2 결정]

집행정지의 요건인 '회복하기 어려운 손해'라 함은 특별한 사정이 없는 한 금전으로 보상할 수 없는 손해로서, 금전보상이 불능인 경우 내지는 금전보상으로는 사회관념상 행정처분을 받고 있는 당사자가 참고 견딜 수 없거나 또는 참고 견디기가 현저히 곤란한 경우의 유형, 무형의 손해를 말한다(대법원 1986. 3. 21. 자 86두5 결정, 대법원 2011. 4. 21. 자 2010무111 전원합의체 결정 등 참조).

　집행정지 신청은 심판청구와 동시에 또는 심판청구에 대한 위원회나 소위원회의 의결이 있기 전까지 신청의 취지와 원인을 적은 서면을 위원회에 제출하여야 하며 심판청구서를 피청구인에게 제출한 경우로서 심판청구와 동시에 집행정지 신청을 할 때에는 심판청구서 사본과 접수증명서를 함께 제출하여야 한다(제30조 제5항).

 행정심판법

제30조(집행정지) ① 심판청구는 처분의 효력이나 그 집행 또는 절차의 속행(續行)에 영향을 주지 아니한다.
② 위원회는 처분, 처분의 집행 또는 절차의 속행 때문에 중대한 손해가 생기는 것을 예방할 필요성이 긴급하다고 인정할 때에는 직권으로 또는 당사자의 신청에 의하여 처분의 효력, 처분의 집행 또는 절차의 속행의 전부 또는 일부의 정지(이하 "집행정지"라 한다)를 결정할 수 있다. 다만, 처분의 효력정지는 처분의 집행 또는 절차의 속행을 정지함으로써 그 목적을 달성할 수 있을 때에는 허용되지 아니한다.
③ 집행정지는 공공복리에 중대한 영향을 미칠 우려가 있을 때에는 허용되지 아니한다.

임시처분

위원회는 처분 또는 부작위가 위법·부당하다고 상당히 의심되는 경우로서 처분 또는 부작위 때문에 당사자가 받을 우려가 있는 중대한 불이익이나 당사자에게 생길 급박한 위험을 막기 위하여 임시지위를 정하여야 할 필요가 있는 경우에는 직권으로 또는 당사자의 신청에 의하여 임시처분을 결정할 수 있다(제31조 제1항). 임시처분은 공공복리에 중대한 영향을 미칠 우려가 있는 때는 허용되지 아니한다(제31조 제2항)는 규정과 집행정지로 목적을 달성할 수 있는 경우에는 허용되지 아니한다(제31조 제3항)의 규정으로 임시처분의 요건을 부가하였다.

임시처분제도는 2010년 1월 시행된 「행정심판법」에 새로이 신설된 제도로서 거부처분이나 부작위의 경우 집행정지대상이 되지 않는다는 다수의 견해에 따라 집행정지제도로 구제할 수 없는 권리에 있어서 임시적 구제제도로 도입되었다. 당시 국회는 이 제도의 도입으로 거부처분이나 부작위에 대한 임시적 구제의 제도적 공백상태를 해소함으로써 청구인의 권리를 더욱 두텁게 보호할 수 있을 것으로 판단하였다.

법령 　행정심판법

제31조(임시처분) ① 위원회는 처분 또는 부작위가 위법·부당하다고 상당히 의심되는 경우로서 처분 또는 부작위 때문에 당사자가 받을 우려가 있는 중대한 불이익이나 당사자에게 생길 급박한 위험을 막기 위하여 임시지위를 정하여야 할 필요가 있는 경우에는 직권으로 또는 당사자의 신청에 의하여 임시처분을 결정할 수 있다.
② 제1항에 따른 임시처분에 관하여는 제30조 제3항부터 제7항까지를 준용한다. 이 경우 같은 조 제6항 전단 중 "중대한 손해가 생길 우려"는 "중대한 불이익이나 급박한 위험이 생길 우려"로 본다.
③ 제1항에 따른 임시처분은 제30조 제2항에 따른 집행정지로 목적을 달성할 수 있는 경우에는 허용되지 아니한다.

5. 행정심판의 재결

재결의 종류

재결이란 행정심판의 청구에 대하여 행정심판위원회가 행하는 판단으로 행정심판위원회의 종국적 판단이며 준사법적 행위의 성질을 갖는다. 재결기간은 피청구인 또는 위원회가 심판청구서를 받은 날부터 60일 이내에 하여야 하며, 부득이한 사정이 있는 경우에는 위원장이 직권으로 30일을 연장할 수 있다(제45조). 재결은 서면으로 하며(제46조), 심판청구의 대상이 되는 처분과 부작위 외의 사항에 대하여는 재결하지 못하고 본래의 처분보다 청구인에게 불리한 처분을 하지 못하도록 규정하였다(제47조). 재결에는 각하재결, 기각재결, 인용재결, 사정재결이 있다.

각하재결은 심판청구가 적법하지 아니하면 청구의 실체적 내용에 대한 심리, 즉 본안심리를 거절하는 재결로, 구체적인 사례로는 심사청구기간 도과 후에 제기된 심사청구, 행정심판의 재결로 법률상 이익이 있는 자가 아닌 자의 심판청구, 대통령의 처분 또는 부작위에 대한 심판청구 등이 있다. 위원회는 심판청구가 적법하지 아니하나 보정할 수 있다고 인정하면 기간을 정하여 청구인에게 보정할 것을 요구할 수 있다. 다만, 경미한 사항은 직권으로 보정할 수 있다. 위원회의 보정요구에 대해 청구인은 서면으로 보정하여야 하며, 보정을 한 경우에는 처음부터 적법하게 행정심판이 청구된 것으로 보며, 보정기간은 재결기간에 산입하지 아니한다(제23조).

기각재결은 청구인의 심판청구가 이유 없다고 판단하는 재결로, 행정심판의 대상이 된 처분이 유지되는 효과가 있다. 기각재결 이후에도 원처분청은 본래 처분에 대한 취소나 변경은 가능하다.

인용재결은 청구의 본안심리 결과 청구인의 청구가 이유 있다고 인정되어 청구를 받아들이는 재결이다. 취소심판 인용재결은 처분을 취소 또는 다른 처분으로 변경하거나 처분을 다른 처분으로 변경할 것을 피청구인에게 명하는 것으로 형성재결과 이행재결의 성질이 있으며, 무효등확인심판 인용재결은 처분의 효력 유무 또는 처분의 존재 여부를 확인하는 것으로 확인재결의 성질이 있다. 또 의무이행심판 인용재결은 지체 없이 신청에 따른 처분을 하거나 처분할 것을 피청구인에게 명하는 것으로 형성재결과 이행재결의 성질이 있다.

사정재결은 심판청구가 이유가 있다고 인정하는 경우에도 이를 인용하는 것이 공공복리에 크게 위배된다고 인정하면 그 심판청구를 기각하는 재결을 말한다. 이는 처분이 위법·부당함에도 공익을 위해 예외적으로 용인하는 것으로, 이 경우 위원회는 재결의 주문에서 그 처분 또는 부작위가 위법하거나 부당하다는 것을 구체적으로 밝혀야 하며, 청구인에 대하여 상당한 구제방법을 취하거나 상당한 구제방법을 취할 것을 피청구인에게 명할 수 있다.

 행정심판법

제43조(재결의 구분) ① 위원회는 심판청구가 적법하지 아니하면 그 심판청구를 각하(却下)한다.
② 위원회는 심판청구가 이유가 없다고 인정하면 그 심판청구를 기각(棄却)한다.
③ 위원회는 취소심판의 청구가 이유가 있다고 인정하면 처분을 취소 또는 다른 처분으로 변경하거나 처분을 다른 처분으로 변경할 것을 피청구인에게 명한다.
④ 위원회는 무효등확인심판의 청구가 이유가 있다고 인정하면 처분의 효력 유무 또는 처분의 존재 여부를 확인한다.
⑤ 위원회는 의무이행심판의 청구가 이유가 있다고 인정하면 지체 없이 신청에 따른 처분을 하거나 처분을 할 것을 피청구인에게 명한다.

제44조(사정재결) ① 위원회는 심판청구가 이유가 있다고 인정하는 경우에도 이를 인용(認容)하는 것이 공공복리에 크게 위배된다고 인정하면 그 심판청구를 기각하는 재결을 할 수 있다. 이 경우 위원회는 재결의 주문(主文)에서 그 처분 또는 부작위가 위법하거나 부당하다는 것을 구체적으로 밝혀야 한다.

② 위원회는 제1항에 따른 재결을 할 때에는 청구인에 대하여 상당한 구제방법을 취하거나 상당한 구제방법을 취할 것을 피청구인에게 명할 수 있다.

③ 제1항과 제2항은 무효등확인심판에는 적용하지 아니한다.

재결의 효력

재결의 효력은 재결서의 정본이 청구인에게 송달되었을 때에 효력이 생기며(제48조), 재결은 행정행위의 일종으로 행정행위의 효력인 공정력, 불가변력 등의 효력을 갖는다. 또한 재결의 형성력이 발생하여 별도의 당해 행정처분은 별도의 행정처분 없이 재결내용에 따라 당연히 취소되어 소멸된다.

판례 **개발부담금부과처분취소**
[대법원 1994. 4. 12. 선고 93누1879 판결]

행정심판에 있어서 재결청의 재결내용이 처분청에 취소를 명하는 것이 아니라 처분청의 처분을 스스로 취소하는 것일 때에는 그 재결에 형성력이 발생하여 당해 행정처분은 별도의 행정처분을 기다릴 것 없이 당연히 취소되어 소멸되는 것이어서 그 후 동일한 사안에 대해 처분청이 또 다른 처분을 하였다면 이는 위 소멸된 처분과는 완전히 독립된 별개의 처분이라 할 것이고, 따라서 새로운 처분에 대한 제소기간 준수 여부도 그 새로운 처분을 기준으로 판단하여야 한다.

행정심판을 인용하는 재결은 피청구인과 그 밖의 관계 행정청을 기속한다(제49조 제1항)고 하여 인용재결에 대한 효력을 규정하였다. 따라서 각하나 기각

재결에는 기속력이 인정되지 않는다. 당사자의 신청을 거부하거나 부작위로 방치한 처분의 이행을 명하는 재결이 있으면 행정청은 지체 없이 이전의 신청에 대하여 재결의 취지에 따라 처분을 하여야 하며(제49조 제2항), 신청에 따른 처분이 절차의 위법 또는 부당을 이유로 재결로써 취소된 경우 제49조 제2항을 준용한다(제49조 제3항).

그런데 행정청이 재결에 따라 이행하지 않을 경우, 즉 피청구인인 행정청이 처분의 이행을 명하는 재결에도 불구하고 처분을 하지 아니하는 경우에는 당사자가 신청하면 기간을 정하여 서면으로 시정을 명하고 그 기간에 이행하지 아니하면 직접 처분을 할 수 있다(제50조 제1항)고 규정하여 위원회에 기속력 이행 수단을 부여하였다.

 행정심판법

제49조(재결의 기속력 등) ① 심판청구를 인용하는 재결은 피청구인과 그 밖의 관계 행정청을 기속(羈束)한다.

② 당사자의 신청을 거부하거나 부작위로 방치한 처분의 이행을 명하는 재결이 있으면 행정청은 지체 없이 이전의 신청에 대하여 재결의 취지에 따라 처분을 하여야 한다.

③ 신청에 따른 처분이 절차의 위법 또는 부당을 이유로 재결로써 취소된 경우에는 제2항을 준용한다.

④ 법령의 규정에 따라 공고하거나 고시한 처분이 재결로써 취소되거나 변경되면 처분을 한 행정청은 지체 없이 그 처분이 취소 또는 변경되었다는 것을 공고하거나 고시하여야 한다.

⑤ 법령의 규정에 따라 처분의 상대방 외의 이해관계인에게 통지된 처분이 재결로써 취소되거나 변경되면 처분을 한 행정청은 지체 없이 그 이해관계인에게 그 처분이 취소 또는 변경되었다는 것을 알려야 한다.

6. 행정심판 기관, 청구, 심리, 고지

행정심판 기관

행정심판 기관은 행정청의 처분 또는 부작위에 대한 행정심판의 청구에 대하여 심리·재결하는 위원회로, 행정심판법에 따른 행정심판위원회, 중앙행정심판위원회와 다른 개별법에 따른 특별행정심판위원회가 있다. 행정심판위원회와 특별행정심판위원회는 각 행정청에, 중앙행정심판위원회는 국민권익위원회에 있다. 행정심판위원회는 심판청구사건을 심리하고 의결하는 권한이 부여되어 있는데 심리권, 재결권, 집행정지권(제30조), 임시처분권(제31조), 자료제출요구권(제35조), 증거조사권(제36조), 시정조치요구권(제59조), 조사지도권(제60조) 등이다.

행정심판 청구

행정심판 청구는 서면인 심판청구서에 청구인의 이름과 주소, 피청구인과 위원회, 심판청구의 대상이 되는 처분의 내용, 처분이 있음을 알게 된 날, 심판청구의 취지와 이유, 피청구인의 행정심판 고지 유무와 그 내용을 포함(제28조)하고 서명 또는 날인하여 피청구인 또는 위원회에 제출한다. 청구의 기간은 처분이 있음을 알게 된 날부터 90일 이내에 청구하거나 처분이 있었던 날부터 180일 이내에 청구하여야 한다(제27조). 청구인은 이미 제출된 청구를 위원회의 허가를 받아 변경할 수 있는데 청구의 기초에 변경이 없는 범위에서 청구의 취지나 이유를 변경할 수 있고(제29조 제1항), 행정심판이 청구된 후에 피청구인이 새로운 처분을 하거나 심판청구의 대상인 처분을 변경한 경우에는 청구인은 새로운 처분이나 변경된 처분에 맞추어 청구의 취지나 이유를 변경할 수 있다(제29조 제2항).

행정심판 심리

심리는 위원회가 재결의 기초가 되는 사실 및 근거를 확인하기 위해 당사자의 주장을 통해 조사하는 활동이다. 심리절차의 성격은 준사법적으로 헌법 제107조 제3항에서 '재판의 전심절차로서 행정심판을 할 수 있다. 행정심판의 절차는 법률로 정하되, 사법절차가 준용되어야 한다'고 하여 심리의 공정성을 보장하고 있다.

심리를 진행함에 있어 위원회에 부여된 권한은 심판청구가 적법하지 아니하나 보정할 수 있다고 인정하면 기간을 정하여 청구인에게 보정할 것을 요구할 수 있다(제32조). 또한 사건 심리에 필요하면 관계 행정기관이 보관 중인 관련 문서, 장부, 그 밖에 필요한 자료를 제출할 것을 요구할 수 있고(제35조 제1항) 사건과 관련된 법령을 주관하는 행정기관이나 그 밖의 관계 행정기관의 장 또는 그 소속 공무원에게 위원회 회의에 참석하여 의견을 진술할 것을 요구하거나 의견서를 제출할 것을 요구할 수 있다(제35조 제2항). 이 외에도 위원회는 직권으로 또는 당사자의 신청에 의하여 다음 각 호의 방법에 따라 증거조사를 할 수 있고(제36조), 당사자가 주장하지 아니한 사실에 대하여도 심리할 수 있다(제39조). 심리 방식은 구술심리나 서면심리로 한다(제40조).

행정심판 고지

행정심판의 고지는 행정청이 처분할 때와 이해관계인이 요구할 때로 구분된다. 행정청이 처분을 할 때에는 처분의 상대방에게 해당 처분에 대하여 행정심판을 청구할 수 있는지와 행정심판을 청구하는 경우의 심판청구 절차 및 심판청구 기간을 알려야 하며(제58조 제1항), 행정청은 이해관계인이 요구하면 해당 처분이 행정심판의 대상이 되는 처분인지와 행정심판의 대상이 되는 경우 소관 위원회 및 심판청구 기간을 알려야 한다(제58조 제2항).

행정심판법에서 고지의무를 규정해 놓았음에도 이를 제대로 이행하지 않았을 경우에 처분의 상대방과 이해관계인의 권리구제 방안도 함께 규정하였다. 즉, 행정청이 고지를 하지 아니하거나 잘못 고지하여 청구인이 심판청구서를 다른 행정기관에 제출한 경우에는 그 행정기관은 그 심판청구서를 지체 없이 정당한 권한이 있는 피청구인에게 보내도록 하고(제23조 제2항), 지체 없이 그 사실을 청구인에게 알려야 하며(제23조 제3항), 심판청구 기간을 계산할 때에는 피청구인이나 위원회 또는 제23조 제2항에 따른 행정기관에 심판청구서가 제출되었을 때에 행정심판이 청구된 것으로 본다(제23조 제4항).

행정청이 이러한 고지의무를 제대로 이행하지 않았을 때, 판례는 행정심판의 제기기간에 영향이 있을 뿐 행정처분 효력에 직접적인 영향을 미치지 않는다고 본다.

 차량면허취소처분취소
[대법원 1987. 11. 24. 선고 87누529 판결]

고지절차에 관한 규정은 행정처분의 상대방이 그 처분에 대한 행정심판의 절차를 밟는 데 있어 편의를 제공하려는 데 있으며 처분청이 위 규정에 따른 고지의무를 이행하지 아니하였다고 하더라도 경우에 따라서는 행정심판의 제기기간이 연장될 수 있는 것에 그치고 이로 인하여 심판의 대상이 되는 행정처분에 어떤 하자가 수반된다고 할 수 없다.

부록

01 행정사와 유사 국가자격사의 업무영역은

1. 유사 국가자격사의 업무는?

「자격기본법」에 따르면 '국가자격'은 법령에 따라 국가가 신설하여 관리·운영하는 자격을 말하고 '민간자격'은 국가 외의 자가 신설하여 관리·운영하는 자격으로 규정하고 있다. 민간자격에는 등록자격과 공인자격으로 다시 분류하는데 '등록자격'은 해당 주무부처장관에게 등록한 민간자격 중 공인자격을 제외한 자격이며, '공인자격'이란 주무부처장관이 공인한 민간자격이다.

행정사는 개별법령에 근거한 국가자격에 해당한다. 변호사, 법무사, 공인노무사, 세무사, 관세사, 공인회계사도 각각의 법령에 따른 국가자격이다. 이들은 국민이 생활과 경제활동을 함에 있어 반드시 해야 하는 일임에도 까다롭고 복잡하여 스스로 처리하기 어려운 사무로 전문가의 도움을 필요로 할 때 찾게 되는 국가 인정 전문가들이다.

행정사의 업무에 대해서는 이미 살펴본 바와 같고, 여기서는 업무영역에 혼선이 있을 수 있는 변호사, 법무사, 공인노무사, 세무사의 업무를 살펴보겠다.

제2조(업무) ① 행정사는 다른 사람의 위임을 받아 다음 각 호의 업무를 수행한다. 다만, 다른 법률에 따라 제한된 업무는 할 수 없다.

1. 행정기관에 제출하는 서류의 작성
2. 권리·의무나 사실증명에 관한 서류의 작성
3. 행정기관의 업무에 관련된 서류의 번역
4. 제1호부터 제3호까지의 규정에 따라 작성된 서류의 제출 대행(代行)
5. 인가·허가 및 면허 등을 받기 위하여 행정기관에 하는 신청·청구 및 신고 등의 대리(代理)
6. 행정 관계 법령 및 행정에 대한 상담 또는 자문에 대한 응답
7. 법령에 따라 위탁받은 사무의 사실조사 및 확인

변호사

변호사는 당사자와 그 밖의 관계인의 위임이나 국가·지방자치단체와 그 밖의 공공기관의 위촉 등에 의하여 소송에 관한 행위 및 행정처분의 청구에 관한 대리행위와 일반 법률 사무를 하는 것을 그 직무로 한다(변호사법 제3조).

일상생활에서 당사자 간에 해결되지 않는 다툼이 발생할 경우 우리는 흔히 '소송'을 떠올리게 되고, 소송을 하게 될 경우 변호사를 선임한다. 물론 당사자가 직접 해도 되지만 복잡한 절차와 전문성 부족으로 직접 나서는 경우는 드물다. 변호사의 법률 관련 업무는 광대하기도 하지만 독점적이기도 하다.

만약 변호사가 아닌 사람이 변호사 업무를 하게 되면 변호사법에 규정된 벌칙을 받게 된다. 「변호사법」에는 '변호사가 아니면서 금품이나 이익을 받거나 받기로 약속하고 소송이나 심판사건 등에 감정·대리·중재·화해·청탁·법률상담 또는 법률 관계 문서 작성, 그 밖의 법률사무를 취급하는 경우에는 처벌을 받을 수 있다'고 되어 있다. 다른 국가자격자의 법률 관련 업무는 별도의 전문자격 법령에 근거하여 업무를 수행해야 한다.

제3조(변호사의 직무) 변호사는 당사자와 그 밖의 관계인의 위임이나 국가·지방자치단체와 그 밖의 공공기관(이하 "공공기관"이라 한다)의 위촉 등에 의하여 소송에 관한 행위 및 행정처분의 청구에 관한 대리행위와 일반 법률 사무를 하는 것을 그 직무로 한다.

법무사

법무사는 다른 사람의 위임을 받아 법원과 검찰청에 제출하는 서류의 작성, 법원과 검찰청의 업무에 관련된 서류의 작성, 등기 기타 등록신청에 필요한 서류의 작성 및 작성된 서류의 제출 대행 그리고 등기·공탁사건의 신청대리 등의 사무를 하며(법무사법 제2조) 법무사가 아닌 자는 이러한 사무를 업으로 하지 못하게 되어 있다.

흔히 집을 매매했을 때나 주택담보대출을 받았을 때 등기를 하게 되는데 이러한 서비스를 제공해주는 자격이 법무사이다. 또한 변호사를 선임하지 않고 나홀로 소송을 하는 경우에 법무사에게 서류 서비스를 요청할 수 있을 것이다.

법령 법무사법

제2조(업무) ① 법무사의 업무는 다른 사람이 위임한 다음 각 호의 사무로 한다.
1. 법원과 검찰청에 제출하는 서류의 작성
2. 법원과 검찰청의 업무에 관련된 서류의 작성
3. 등기나 그 밖에 등록신청에 필요한 서류의 작성
4. 등기·공탁사건(供託事件) 신청의 대리(代理)
5. 「민사집행법」에 따른 경매사건과 「국세징수법」이나 그 밖의 법령에 따른 공매사건(公賣事件)에서의 재산취득에 관한 상담, 매수신청 또는 입찰신청의 대리
6. 「채무자 회생 및 파산에 관한 법률」에 따른 개인의 파산사건 및 개인회생사건 신청의 대리. 다만, 각종 기일에서의 진술의 대리는 제외한다.
7. 제1호부터 제3호까지의 규정에 따라 작성된 서류의 제출 대행(代行)
8. 제1호부터 제7호까지의 사무를 처리하기 위하여 필요한 상담·자문 등 부수되는 사무

공인노무사

공인노무사는 노동 관계 법령의 규정에 의하여 관계기관에 대하여 행하는 신고·신청·보고·진술·청구(이의신청·심사청구 및 심판청구를 포함한다) 및 권리구제 등의 대행 또는 대리, 노동 관계 법령에 따른 모든 서류의 작성 및 확인, 노동 관계 법령 및 노무관리에 관한 상담·지도, 근로기준법의 적용을 받는 사업 또는 사업장에 대한 노무관리진단, 사회보험 관계 법령에 따라 관계기관에 대하여 행하는 신고·신청·보고·진술·청구(이의신청·심사청구 및 심판청구를 포함한다) 및 권리 구제 등의 대행 또는 대리의 업무를 수행한다.(공인노무사법 제2조).

여기서 노무관리진단이란 사업 또는 사업장의 노사 당사자 일방 또는 쌍방의 의뢰에 의하여 당해 사업 또는 사업장의 인사·노무관리·노사관계 등에 관한 사항을 분석·진단하고 그 결과에 대하여 합리적인 개선방안을 제시하는 일련의 행위를 말한다.

그리고 공인노무사법 시행령에서 정한 노동 관계 법령과 사회보험 관계 법령 일부를 소개하면「근로기준법」,「최저임금법」,「산업안전보건법」,「국민연금법」,「국민건강보험법」 등이다.

이상의 법령에 근거하여 공인노무사는 노동과 사회보험 관련 업무를 하는데, 노동 관련 업무는 부당해고나 비정규직 차별시정의 사건과 산재신청, 임금체불 등의 사건을 대리하며, 노사분쟁조정 및 중재와 기업 및 노조 법률 정책 자문 등이며, 사회보험 관련 업무는 가입자 등과 관련된 신고·신청·보고·진술·청구 등의 업무를 한다.

제2조(직무의 범위) ① 공인노무사는 다음 각 호의 직무를 수행한다.

1. 노동 관계 법령에 따라 관계 기관에 대하여 행하는 신고·신청·보고·진술·청구(이의신청·심사청구 및 심판청구를 포함한다) 및 권리 구제 등의 대행 또는 대리

2. 노동 관계 법령에 따른 서류의 작성과 확인

3. 노동 관계 법령과 노무관리에 관한 상담·지도

4. 「근로기준법」을 적용받는 사업이나 사업장에 대한 노무관리진단

5. 「노동조합 및 노동관계조정법」 제52조에서 정한 사적(私的) 조정이나 중재

6. 사회보험 관계 법령에 따라 관계 기관에 대하여 행하는 신고·신청·보고·진술·청구(이의신청·심사청구 및 심판청구를 포함한다) 및 권리 구제 등의 대행 또는 대리

세무사

세무사는 납세자의 위임에 의하여 조세에 관한 신고·신청·청구(과세전적부심사청구, 이의신청, 심사청구 및 심판청구를 포함한다) 등의 대리, 세무조정계산서 기타 세무 관련 서류의 작성, 조세에 관한 신고를 위한 기장의 대행, 조세에 관한 상담 또는 자문, 세무관서의 조사 또는 처분 등과 관련된 납세자의 의견진술의 대리 등과 그에 부대되는 업무를 수행하는 것을 그 직무로 한다(세무사법 제2조).

구체적으로 세무사는 복잡하고 어려운 세금문제를 다루는 국가자격사로 회계장부 작성을 대행하며, 국세청을 상대로 한 심사청구나 국세심판원을 상대로 심판청구 등의 행정심판을 대리하는 업무 등을 한다.

제2조(세무사의 직무) 세무사는 납세자 등의 위임을 받아 다음 각 호의 행위 또는 업무(이하 "세무대리"라 한다)를 수행하는 것을 그 직무로 한다.

1. 조세에 관한 신고·신청·청구(과세전적부심사청구, 이의신청, 심사청구 및 심판청구를 포함한다) 등의 대리(「개발이익환수에 관한 법률」에 따른 개발부담금에 대한 행정심판청구의 대리를 포함한다)
2. 세무조정계산서와 그 밖의 세무 관련 서류의 작성
3. 조세에 관한 신고를 위한 장부 작성의 대행
4. 조세에 관한 상담 또는 자문
5. 세무관서의 조사 또는 처분 등과 관련된 납세자 의견진술의 대리
6. 「부동산 가격공시에 관한 법률」에 따른 개별공시지가 및 단독주택가격·공동주택가격의 공시에 관한 이의신청의 대리
7. 해당 세무사가 작성한 조세에 관한 신고서류의 확인. 다만, 신고서류를 납세자가 직접 작성하였거나 신고서류를 작성한 세무사가 휴업하거나 폐업하여 이를 확인할 수 없으면 그 납세자의 세무 조정이나 장부 작성의 대행 또는 자문 업무를 수행하고 있는 세무사가 확인할 수 있다.
8. 「소득세법」에 따른 성실신고에 관한 확인
9. 그 밖에 제1호부터 제8호까지의 행위 또는 업무에 딸린 업무

2. 행정사의 업무 구분은?

행정사와 유사 국가자격은 각각의 법령에 업무가 규정되어 있다. 따라서 행정사는 「행정사법」에서 정한 업무를 하는 것은 당연하지만 다른 법의 규정도 함께 살펴야 한다. 「행정사법」에도 다른 법률에 따라 제한된 업무는 할 수 없다

고 규정되어 있다. 그런데 법에 근거하여 업무를 진행함에도 그 구분이 명확하지 않아 주무부처나 법제처에 문의해야 하는 경우도 있고, 판례를 잘 살펴보기도 해야 한다.

예를 들어 행정기관에 제출하는 서류의 작성은 모든 것을 다 할 수 있는가? 인가·허가 및 면허 등을 받기 위하여 행정기관에 하는 신청·청구 및 신고 등의 대리 업무에는 제한이 없는가? 이의신청이나 행정심판 대리는 가능한가? 사실증명에 관한 서류작성에 제한은 없는가? 등이다. 아래의 몇 가지 사례를 통해 행정사가 업무를 함에 있어 특히 주의하여 법령에서 정한 유사 국가자격의 업무를 침해하지 않도록 해야 할 것이다.

행정사는 행정기관에 제출하는 서류의 작성과 제출 대행 등을 할 수 있으나 고소·고발장은 작성할 수 없다. 헌재결정례에 따르면 이는 법원과 검찰청의 업무에 관련된 서류로 법무사의 업무라는 것이다.

행정사는 신청·청구 및 신고 등의 대리를 업무로 행정심판 청구서 작성은 가능하나 행정심판의 청구 대리는 포함되지 않는다는 것과 이의신청 역시 행정기관에 제출하는 서류로 행정사가 작성과 제출은 가능하나 대리를 할 수 없다는 게 법제처의 해석이다.

또한 행정사가 세무지식이 있다 하더라도 세무관서 업무에 대한 상담을 해주거나 간단한 세무신고서를 대필하는 것은 세무사의 업무영역을 침범하는 것이고, 국민연금, 장애연금 및 노령연금 청구 시 청구권자의 대리인으로 심사청구하는 것 역시 행정사의 업무가 아니라는 것이다. 하지만 서류의 작성 및 제출 대행은 가능하다.

행정사는 권리·의무나 사실증명에 관한 서류의 작성 및 제출 대행의 업무를 할 수 있으나 「보험업법」에 따른 '손해 발생 사실의 확인' 및 '손해액 및 보험금의 사정' 업무는 금융위원회에 등록된 손해사정사의 업무이다.

3. 행정사와 유사 자격사 간의 업무 갈등은?

「행정사법」 개정법률안 입법예고(2016. 9. 13.)로 행정사와 유사 국가자격 간 업무영역에 대한 갈등이 있었다. 이 법안의 개정 취지는 행정사 업무영역을 확대(이의신청, 심사청구 및 심판청구의 대리)하여 국민들이 행정 관련 업무를 보다 간편하게 처리하고, 또한 다양한 행정수요에 조직적·전문적으로 대응하도록 하기 위해 행정법인을 설치할 수 있도록 개정하는 것이다.

이러한 개정안에 변호사협회와 세무사회는 입법예고에 대한 반대의견을 표명하였다. 변호사협회의 주장은 첫째, 공무원 출신 행정사들이 로비과정에서 전관예우를 받게 되고 로비가 가능한 행정사에게 사건을 의뢰하게 되어 국민의 수임료 부담이 높아진다. 둘째, 대부분의 행정사가 공무원이라는 이유로 자동으로 자격을 취득했기 때문에 행정심판에 대해 전문성을 보유하고 있다고 보기 어렵다. 셋째, 소관 전문분야의 행정심판 대리권만 부여받거나(세무사, 변리사, 노무사), 행정심판 대리권을 전혀 부여받지 못한(법무사) 다른 자격사와 형평의 문제가 있다. 넷째, 많은 수의 변호사가 배출되고 있고, 다른 자격사가 각각의 소관 전문분야의 법률서비스를 제공하고 있는 점을 고려해야 한다는 등의 이유로 행정사에게 행정심판 대리권을 부여하는 것에 반대하는 것이다.

세무사회 역시 「행정사법」 개정법률안에 반대하고 있다. 세무사, 변리사, 노무사 등 전문자격사의 업무 중 행정심판 대리 업무는 해당 전문자격사가 구비해야 하는 전문지식 및 실무능력을 전제로 해야 하며, 해당 전문분야의 교육과정만 이수하면 일반행정심판 및 특별행정심판분야를 가리지 않고 이의신청, 심사청구, 심판청구 업무를 전문성과 상관없이 할 수 있도록 해서는 안 된다는 주장이다.

이에 행정사 측에서는 첫째, 일반행정 업무에 관련된 법령 모두를 자격시험

과목으로 정한 점과 시험면제 행정사도 공무원 시험을 통과하고 오랜 기간 현직에서 수련된 행정업무를 수행한 점을 고려할 때 전문성을 재론할 필요가 없다. 또한 행정사가 행정심판 대리를 하려면 특정교육 이수 과정을 거친 경우에만 허용하도록 엄격한 규정을 두었다. 둘째, 소송대비 시간과 비용 측면에서 유익한 행정심판 활성화로 국민의 편리한 구제에 기여할 것이다. 셋째, 개정안은 공무원에 있다가 퇴직한 행정사는 퇴직 1년 전부터 퇴직한 때까지 근무한 기관과 관련한 업무는 수임할 수 없도록 하는 등의 전관예우의 소지를 원천적으로 차단했다. 넷째, 복잡한 법령체계를 감안할 때 체계적인 행정법률 서비스 제공과 시장개방에 따른 행정 수요를 고려한 조치이다. 다섯째, 행정사의 행정심판 대리권 부여는 다른 자격사법 등과 균형·조화를 이룬 입법조치이다는 주장이다.

이상의 논란으로 인해 납득되지 않는 이유로 행정사에게 행정심판 대리권 부여를 제외한「행정사법」개정법률안이 다시 입법예고(2017. 5. 18.)되었다. 당초 주무부처는 충분한 검토를 통해 법률안을 고시했을 터이고, 고시한 법률안으로 의견을 수렴하여 국회에 제출하면 될 일이다. 입법기관인 국회에서 각계의 의견을 듣고 국민 편익을 고려하여 판단할 일이기 때문이다.

행정심판 대리권을 두고 전문자격사 간의 팽팽한 주장은 국민의 입장에서 보면 자칫 밥그릇 싸움이라는 오해를 받을 만하다. 국민 권익을 보호함에 역량을 갖춘 유사 자격자들이 좀 더 만족스러운 서비스 제공을 위해 노력해야 한다. 또한 위법행위는 엄단하고, 자격자 스스로 자정 노력을 게을리하지 말아야 한다. 더불어 자격자들이 각각의 전문성을 기반으로 책임감을 갖고 함께 협력하여 질 좋은 서비스 제공을 위한 방안을 모색해야 할 것이다.

4. 최근 개정된 행정사법 주요 내용은?

2020년에 개정하여 이번에 시행되는 행정사법에는 매우 중요한 개정 내용이 담겨 있다. 그것은 그간 난립되어 있던 여러 행정사 협회가 "대한행정사회"로 통합단일화 되는 것과 "행정사법인" 설립의 법적 근거가 마련되었다는 것이다.

우선 대한행정사회로의 통합단일화를 살펴보면, 그간 행정사 협회는 8개 협회(대한행정사협회, 한국일반행정사협회, 전국행정사협회, 공인행정사협회, 한국행정사협회, 대한외국어번역행정사협회, 한국해양기술행정사협회, 대한기술행정사협회)가 난립되어 있어, 국민편익증진, 행정사제도발전, 행정사권익증진의 역할을 하는데 한계가 있다는 주장이 제기 되어 왔고, 각 협회의 통합단일화 필요에 대한 공감이 널리 형성되어왔다. 이러한 주장과 필요성이 반영되어 대한행정사회로 통합단일화되었다. 앞으로 행정사의 역할과 위상이 크게 제고될 것으로 기대된다.

여기서 현업 행정사분들이 관심 가져야 할 부분은 대한행정사회는 전국 단일조직으로 이후 광역·기초 지자제 조직이 정비되어야 한다는 점이다. 이러한 과정에서 현업 행정사분들의 참여 공간이 확대될 것이며, 또 조직이 정비된 후에는 각 지자체 단위 행정기관과의 업무 협의를 긴밀하고 내실 있게 진행함으로써 행정사 서비스가 개선될 것이며 업무도 크게 확대될 것은 자명한 일이다. 자연스럽게 행정사의 위상이 새롭게 정립될 것이다.

둘째로 "행정사법인" 설립이 가능하게 되었다는 점이다. 다른 유사 자격사는 '법인'을 설립할 수 있으나, 유독 행정사만이 개인사무소 또는 합동사무소만 가능하고 '법인'을 설립할 수 있는 법적근거는 미비했다. 매우 뒤늦은 개정이지만 이제 행정사법인을 설립하여 좀 더 조직적이고 전문적인 업무를 수행할 수 있게 되어 그나마 다행 아닌가 한다.

이제 곧 소속행정사가 수백 명 아니 천 명이 넘는 행정사법인도 탄생할 것이다. 행정사업을 준비하거나 현업 행정사분들도 소속행정사의 지위로 조직적·전문적인 업무 수행이 가능하여 기회가 더욱 넓어질 것이고, 또 공신력이 제고되어 규모 있는 업무를 수임할 있는 계기가 마련되었다.

이 외에서 시행되는 행정사법에는 '공무원직에 있다가 퇴직한 행정사는 퇴직 전 1년부터 퇴직까지 근무한 행정기관에 대한 신청·청구 및 신고 등의 대리 업무를 퇴직 후 1년간 수임할 수 없도록 하고, 관련 공무원과의 사적 관계를 드러내며 영향력을 미칠 수 있는 것으로 선전하는 행위나 행정사 업무에 관하여 소비자를 오도할 수 있는 광고행위 금지'와 '연수교육' 등의 규정이 신설되었고 위반 시 처벌규정을 두었다. 이러한 규정을 꼼꼼하게 살펴 예기치 못한 불이익을 사전에 예방해야 할 것이다.

끝으로 국민을 향한 양질의 서비스 제공을 위해 행정사제도가 개선되어야 할 점은 아직 많이 남아 있다. 특히 현재와 같이 제한된 "대리권"으로는 민원인의 요구를 담아내기에는 한계가 명확하다. 다른 유사 자격사에게는 이미 부여되어 있는 이의신청이나 행정심판 청구의 대리권이 유독 행정사에게만 제한하는 이유가 무엇인지 궁금할 따름이다. 이는 마땅히 그리고 조속히 개선하여야 하며, 더불어 행정사 업무에 부수되는 사무를 수행할 수 있도록 법에 규정하여 업무수행에 있어 법적 문턱을 낮춰야 할 것이다.

이제야 행정사제도가 자리 잡아가는 느낌이다. 이는 최근 역량과 경험, 경륜을 갖춘 많은 행정사가 현업에 종사하면서 수준 높은 서비스를 제공해왔기 때문이라 생각한다. 하지만 앞으로 가야할 길은 더 멀다. 그 길에 지름길이 있다면 "국민이 신뢰하는 행정사"가 되도록 하는 것이 아닌가 한다.

02 행정사사무소 개업을 하려면

1. 개인사무소, 합동사무소, 법인사무소 중 어떤 게 좋을까?

행정사사무소의 운영 형태는 행정사 개인이 단독으로 운영하는 방식, 여러 명의 행정사가 필요경비에 대해 공동부담하고 능력껏 수익을 가져가는 합동사무소, 3인 이상의 행정사를 구성원으로 하는 행정사법인을 구성하여 운영하는 방법 등이 있다.

개인사무소

행정사 1인이 단독으로 운영하는 경우 영업시간을 탄력적으로 운영하는 등 운영자 본인의 책임하에 모든 것이 운영되므로 능력껏 수익을 가져갈 수 있는 반면, 전문성 향상, 정보 공유, 네트워크 확장 등에 한계가 있을 수 있다.

합동사무소

하나의 사무소에 3명 이상의 행정사가 함께 영업 중인 경우에는 합동사무소로 신고해야 한다. 합동사무소는 필요경비에 대해 공동부담을 원칙으로 각자의 능력에 따라 민원업무를 수행하게 되므로 다소 적은 비용으로 사무소를 운영할 수 있고 조직적이고 전문적인 운영이 가능하다는 장점이 있다. 또 소속 행정사의 수를 넘지 않는 범위 내 분사무소 설치, 탄력적 영업시간 운영, 당번제 운영 등 공동의 목적을 가지고 구성원 간 업무 효율을 극대화할 수 있는 반면, 구성원 간 의견충돌에 대한 갈등 조율이나 중재 역할을 하는 수행자가 조직내 필요할 것으로 예상된다. 합동사무소 신고 시에는 합동사무소 운영규약을 제출해야 한다. 이 운영규약에는 합동사무소 및 분사무소의 명칭, 주소, 조직 및 운영에 관한 사항, 구성원의 가입과 탈퇴에 관한 사항이 포함되어야 한다.

행정사법인

행정사는 행정사 업무를 조직적이고 전문적으로 수행하기 위해 3명 이상의 행정사를 구성원으로 하는 행정사법인을 설립할 수 있다. 법인을 설립하려면 행정사법인의 구성원이 될 행정사가 정관을 작성하여 행정안전부장관의 설립인가를 받아야 한다.

행정사법인은 법인구성원의 수를 넘지 않는 범위에서 주사무소와 분사무소를 설치할 수 있다. 이 경우 주사무소와 분사무소에는 각각 1명 이상의 법인구성원이 상근하여야 한다. 또 행정사법인은 주사무소 소재지 시장 등에게 행정사를 고용한다는 사실을 신고하고 고용할 수 있다('소속행정사'라 함). 행정사법인은 법인의 명의로 업무를 수행해야 하고, 수임한 업무마다 그 업무를 담당할 법인구성원 또는 소속행정사('담당행정사'라 함)를 지정해야 한다. 다만, 소속행정사를 담당행정사로 지정할 경우에는 법인구성원과 공동으로 지정해야한다. 그 외에도 행정사법인은 담당행정사가 지정된 업무에 관해 그 법인을 대표하게 되고, 업무에 관해 작성한 서면에 대해 행정사법인의 명의를 표시하고 담당행정사가 기명날인해야 할 것이다.

2. 행정사 업무 신고는
이렇게 하자

행정사업을 하려는 자는 먼저 행정안전부장관이 한국산업인력공단에 위탁하여 시행하는 시험에 응시하여 자격증을 취득해야 한다. 2012년 12월 31일까지는 신고제로 운영하여 경력이 있는 사람이 행정사업을 하려면 시군구청에 신고하면 영업을 할 수 있었지만 2013년 1월 1일부터는 경력자라도 모두 자격시험에 응시하여 자격증을 취득해야 한다.

자격취득 후 실무교육 이수 필수

행정사 자격증을 취득한 후 시·도지사가 실시하는 실무교육을 받아야만 사무소를 개설할 수 있다. 실무교육에는 기본소양교육, 실무수습교육이 있으며 행정사 개업을 위해서는 반드시 받아야 한다. 또 행정사 업무신고를 하고 업을 하는 자는 정기적으로 연수교육을 받아야 한다. 업무신고는 주된 사무소 소재지를 관할하는 특별자치도지사, 시·군·구청장에게 신고를 하면 된다. 3개월이 넘도록 휴업(업무신고를 하고 업무를 시작하지 않은 경우 포함)한 행정사 또는 휴업한 후 업무를 다시 시작하려는 행정사도 업무신고를 다시 해야 한다.

제출해야 할 서류는 ① 행정사 업무신고서(별지 제8호 서식) ② 행정사 자격증 사본 ③ 실무교육 증명서 사본 ④ 신분증 ⑤ 반명함판 사진 1매를 시군구청 민원실에 접수하면, 해당 관청에서는 자격취득 및 실무교육 이수 여부, 복수의 사무소 개설 여부, 결격사유 해당 여부를 검토한 후 행정사 업무신고 확인증과 함께 등록면허세 납부고지서를 발급해준다.

자격증 양도·양수·대여 금지

행정사는 다른 사람에게 신고확인증을 양도하거나 대여해서는 안 되며(행정사법 제13조 제1항), 누구든지 다른 사람의 신고확인증을 양도하거나 대여받아 사용해서도 안 된다(행정사법 제13조 제2항). 이를 위반하여 다른 사람에게 양도·대여한 행정사는 자격취소 사유가 되고, 양도·양수·대여한 사람은 3년 이하의 징역 또는 1천만 원 이하의 벌금에 처해진다.

행정사는 사무소를 하나만 설치할 수 있고, 이를 위반하여 2개 이상 사무소를 설치한 경우에는 6개월의 범위에서 업무정지를 명할 수 있다. 단, 행정사합동사무소와 행정사법인은 구성하는 행정사의 수를 넘지 않는 범위에서 주사무소와 분사무소를 설치할 수 있는데, 주사무소와 분사무소에는 행정사합동사무소 또는 행정사법인을 구성하는 행정사가 각각 1명 이상 상근해야 한다.

사무소 명칭

행정사는 사무소의 종류별로 사무소의 명칭 중에 '행정사사무소', '행정사합동사무소', '행정사법인'이라는 글자를 사용하고, '행정사합동사무소' 또는 '행정사법인'의 분사무소에는 '그 분사무소임을 표시'해야 한다. 행정사가 아닌 사람은 행정사사무소 또는 이와 비슷한 명칭을 사용하지 못하며, '행정사합동사무소' 또는 '행정사법인'이 아닌 자는 이와 비슷한 명칭을 사용할 수 없고, 그 분사무소가 아니면 이 명칭 또는 이와 비슷한 명칭을 사용할 수 없다.

수임의 제한

공무원직에 있다가 퇴직한 행정사는 퇴직 전 1년부터 퇴직할 때까지 근무한 행정기관에 대한 '인가·허가 및 면허 등을 받기 위하여 행정기관에 하는 신청·청구 및 신고 등의 대리(代理)'(행정사법 제2조제1항제5호)에 따른 업무를 퇴직한 날부터 1년 동안 수임할 수 없다. 이는 행정사법인의 법인구성원 또는 소속행정사에게도 적용된다.

사무소 휴업

행정사가 3개월 이상 휴업(업무신고를 하고 업무를 시작하지 않는 경우 포함)하거나 휴업한 행정사가 업무를 다시 시작하려면 시군구청장에게 신고해야 한다.

사무소 폐업

행정사가 폐업한 경우에는 본인이, 사망한 경우에는 가족이나 동거인 또는 그 사무직원이 지체없이 그 사실을 시군구청장에게 신고해야 한다. 폐업한 행정사가 업무를 다시 시작할 때도 동일하다. 다만, 휴업한 행정사가 2년이 지나도 업무를 다시 시작하지 않으면 폐업한 것으로 본다.

3. 업무신고확인증이 나오면 사업자등록을 하자

사업자등록

행정사 업무신고확인증을 교부받았다면 사업 개시 전 또는 사업을 시작한 날로부터 20일 이내에 구비서류를 갖추어 사무소 소재지 관할 세무서에 사업자등록을 해야 한다.

이때 제출하는 서류는 ① 사업자등록신청서 ② 행정사업무신고확인증 사본 ③ 사무실 임대차계약서 사본 ④ 본인신분증 ⑤ (공동사업자가 있다면) 동업계약서를 준비해야 한다.

사업자등록신청서는 사업자 본인이 자필로 서명해야 한다. 대리인이 신청할 경우 대리인과 위임자의 신분증을 반드시 지참해야 한다. 사업자등록신청서에 사업자 본인 및 대리인 모두 인적사항을 기재하고 자필 서명해야 한다.

만약 2인 이상의 행정사가 공동사업을 하는 경우에는 사업자등록신청 시 공동사업자 중 1인을 대표로 하여 대표자 명의로 신청하면 된다.

행정사법인이 사업자등록신청을 할 경우에는 행정사법인의 등기사항전부증명서, 법인 인감증명서, 정관, 총회 또는 이사회 회의록, 주주 또는 출자자 명부 등 법인에 관련된 서류를 추가로 준비해야 한다.

국세청 홈페이지(www.hometax.go.kr)에 가입하고 공인인증서가 있다면 세무서에 방문하지 않고 인터넷을 통해 사업자등록을 신청할 수 있다. 구비서류는 스캔, 디지털카메라, 휴대폰 등으로 찍어 전자문서 형태로 제출하면 된다. 사업자등록이 완료되면 사업자등록 발급도 홈택스에서 받을 수 있다.

사무직원 채용

행정사는 사무직원을 둘 수 있고, 소속 사무직원을 지도·감독할 책임이 있다. 행정사가 사무직원을 채용한 경우 4대 보험 가입과 근로계약서 등을 작성하여 비치해야 한다. 행정사가 채용한 사무직원의 직무상 행위는 그를 고용한 행정사의 행위로 본다.

행정사의 보수

행정사는 업무 위임 시 위임자와 계약한 보수만 받을 수 있다. 행정사와 그 사무직원은 업무와 관련하여 보수 외에 다른 명목으로 위임인으로부터 금전 또는 재산상 이익이나 그 밖의 반대급부를 받으면 안 된다. 이를 위반하면 업무정지와 벌금에 처할 수 있다. 단, 업무 유형별 보수기준은 정해져 있지 않으므로 위임·위탁자 간에 자율적으로 결정하면 된다.

업무처리부 작성 보관

행정사는 업무를 위임받으면 업무처리부를 작성하여 3년간 보관해야 하며, 업무처리부를 작성하지 않거나 거짓으로 작성한 행정사는 100만 원 이하의 과태료 부과대상이 된다. 업무처리부에는 일련번호, 위임받은 연월일, 위임받은 업무의 내용, 보수액, 위임인 성명, 위임인 주소 등을 적어야 한다.

4. 부과되는 세금과 절세 노하우를 찾아보자

(사업)소득세와 부가가치세

사업을 하는 사람이 납부하는 대표적인 세금은 (사업)소득세와 부가가치세이다. 소득세는 말 그대로 사업을 통해 수입을 올리면 그 수입액에서 지출된 경비를 공제한 금액에 대하여 세금을 부과하는 것을 말하고, 부가가치세는 사업자가 물건을 판매하거나 용역(서비스)을 공급하면 그 공급가액 상당의 부가가치를 창출한 것으로 보고 그 부가가치에 대하여 부과하는 세금을 말한다.

특히 부가가치세는 면세사업자를 제외한 모든 사업자에게 부과되는 세금이므로 사업자가 개인이든 법인이든 구분 없이 내야 한다. 반면, 소득은 사업자가 개인이면 소득세, 법인이면 법인세가 부과된다.

부가가치세는 '전(前)단계세액공제법'을 적용하는데, 매출세액에서 매입세액을 공제하여 양(+)이 되면 그 금액만큼 부가가치세를 국가에 납부하고, 음(-)이 되면 그 금액만큼 국가로부터 환급받는 방식이다. 부가가치세율은 일반과세자의 경우 판매금액의 10%로 한다.

사업자등록을 미리 해야 절세가 가능하다

사업 개시일로부터 20일 이내 또는 사업 개시 전에 사업장 관할 세무서에 사업자등록을 해야 하는데, 사업장이 여러 개인 경우 사업장마다 등록해야 한다. 세무서장은 통상 3일 이내에 사업자의 인적사항과 등록번호, 그 밖의 필요한 사항을 기재한 사업자등록증을 발급해준다. 만약 사업 개시일로부터 20일 이내에 등록 신청하지 않으면 미등록 가산세를 부과한다. 또 사업자등록을 하지 않는 경우 사업자등록 전의 매입세액은 원칙적으로 매출세액에서 공제해주지 않으므로 공제받지 못하는 매입세액만큼 부가가치세 부담이 커지는 불이익이 생길 수 있으므로 주의해야 한다.

수입이 없어도 세금신고는 꼭 하자

사업자등록을 해놓고 사업 개시를 하지 않았거나 폐업한 경우 수입이 없다는 이유로 세금신고를 하지 않는 사업자가 있는데, 세무관청은 사업을 하고 있는 것으로 간주하므로 각종 신고의무를 이행하는 것이 유리하고 신고를 하지 않으면 세금혜택을 받을 수가 없으니 잘 점검해야 한다.

특히 물품·용역(서비스) 등을 구입하고 매입세액을 공제받기 위해서는 매입처별 세금계산서 합계표를 제출해야 하고 이를 제출하지 않으면 매입세액을 공지받지 못한다. 항상 세금계산서 및 영수증 챙기는 것을 잊지 않아야 한다.

부가가치세나 소득세를 신고하지 않거나(납부세액의 20% 가산세), 부당한 방법으로 무신고한 경우(납부세액의 40% 가산세) 신고불성실가산세가 부과된다. 또 부가가치세 신고와 함께 세금을 납부하지 않은 경우 미납 세액에 대해 납부불성실가산세가 부과되므로 세금 납부 일정은 반드시 챙겨야 한다. 그 외에도 매출처별 세금계산서 합계표와 매입처별 세금계산서 합계표를 제출하지 않을 경우에도 가산세가 부과될 수 있으므로 잊지 말아야 한다.

세금계산서를 철저히 관리해야 절세할 수 있다

부가가치세는 매출세액에서 매입세액을 공제하여 계산하므로 부가가치세를 적게 내려면 매입세액 공제를 가능한 다 받아야 한다. 매입세액 공제를 받으려면 거래 상대방으로부터 매입세금계산서를 빠짐없이 받아두는 것이 필요하다.

간이과세자는 세금계산서를 발행할 수 없으므로 사업자의 경우 간이과세자보다는 일반과세자와 거래하는 것이 좋다.

세금계산서는 공급시기에 발행해야 한다

세금계산서는 원칙적으로 공급시기에 발행·교부해야 한다. 재화의 공급시기는 대체로 재화가 인도되거나 사용가능하게 된 때를 말하며 용역(서비스)의 경우 대체로 역무의 제공이 완료된 때를 뜻한다. 다만, 일이 완성되는 정도에 따라 대가를 지급하기로 한 경우에는 각 대가를 받기로 한 때를 공급시기로 본다.

공급시기 이후에 세금계산서를 발급받은 경우에는 가산세가 부과되지만 공급시기와 같은 과세기간 내에 세금계산서를 발급받았다면 매입세액을 공제받을 수 있다. 예를 들어 공급시기가 2015년 3월 2일이고 세금계산서를 2015년 6월 8일에 발급받았다면 공급시기와 세금계산서가 모두 2015년 제1기 과세기간이므로 매입세액을 공제받을 수 있다. 그러나 세금계산서를 2015년 7월 2일에 발급받았다면 공급시기는 2015년 제1기 과세기간이고 세금계산서는 2015년 제2기 과세기간이므로 매입세액 공제를 받을 수 없다.

그 외에도 간이과세자와 일반과세자 중 어느 것으로 등록하는가에 따라 세금의 납부 여부가 결정된다. 영세사업자라면 일반과세자보다는 세금계산서 발급의무가 면제되는 간이과세자제도를 이용할 필요가 있으나 매출세액의 규모나 업종에 따라 등록 여부가 다르므로 사전에 세무사나 세무관청에 문의하여 알아보는 것이 좋다.